BLACK SWAN 黑天鹅图书

为 人 生 提 供 领 跑 世 界 的 力 量

BLACK SWAN

越不怕死
活得越好

星云大师谈人间万事

星云大师/著

上海文化出版社

图书在版编目（CIP）数据

越不怕死，活得越好 / 星云大师著. —上海：上海文化出版社，2014.5
ISBN 978-7-5535-0224-3

Ⅰ.①越… Ⅱ.①星… Ⅲ.①佛教—人生哲学—通俗读物 Ⅳ.①B948-49

中国版本图书馆CIP 数据核字（2014）第030846号

出 版 人　王　刚
责任编辑　熊雪芳
装帧设计　棱角视觉

书　　名　越不怕死，活得越好
作　　者　星云大师

出　　版　世纪出版集团
　　　　　上海文化出版社
地　　址　上海市绍兴路7号
邮政编码　200020
发　　行　上海世纪出版股份有限公司发行中心
印　　刷　北京慧美印刷有限公司
开　　本　700×1000　1/16
印　　张　18.5
字　　数　282千字
版　　次　2014年6月第1版　2017年4月第4次印刷
书　　号　ISBN 978-7-5535-0224-3/G · 032
定　　价　39.80元

敬告读者　本书如有质量问题可联系调换
电话：010-82069336

星云大师谈人间万事

越不怕死，活得越好

目录

壹·生命的层次

贰·四季人生

叁·与病为友

肆 · 向死而生

伍 · 去留之间

陆 · 生命的流动

柒 · 人生的方向

捌 · 走更远的路

壹·生命的层次

在一年当中，都市里的人们至少要有一个月的安静生活。否则，长期陷入浮躁、动荡、嘈杂的生活中，人们会迷失方向、不辨是非，被人趁乱牵着鼻子走。而沉静下来以后，才能真正面对问题，与自己对望，与佛、与天地、与古今圣贤交谈，才能最终达到“身心安泰”的平安境界。

生命在哪里？

每个人都有生命，有生命才能生存，但是如果提出一个有趣的问题——“生命在哪里？”那就不是人人都能回答的。生命到底在哪里？答案如下：

一、生命在活动里。无论什么东西，只要是会动的，我们都说他有生命。人死了，就算有身体，但不会活动，就说他没有生命迹象了。也不一定是人类，就拿植物如海藻来说，它们有生长，有活动，就算是跟人的生命不同，但也有生机，我们仍然认为它们有生命的现象。

二、生命在呼吸间。佛陀说“生命在呼吸间”，人死就是呼吸停止了。有呼吸才有生命，所以一些溺水、悬梁的人，我们要抢救他们的生命，第一步都是先让他们恢复呼吸。

三、生命在循环中。人的生命，是靠种种的因缘维护，尤其是循环系统，这是维护生命的重要根本，例如血液循环、新陈代谢、日夜轮转、劳逸均衡、呼吸通畅等。假如循环系统出了问题，要让生命继续维持，就有困难了。

四、生命在摄取时。生命的存在，最重要的就是要摄取养分，所以要日食三餐。有时饮食不够，还要吃各种滋补的药物。甚至嘴巴吃东西之外，眼睛也要摄取绿色草原为养分，耳朵要摄取柔美声音为养分，鼻子要摄取新鲜空气为养分，舌头要摄取各种美味为养分。就是害病了，眼耳鼻舌都不能吸收养分，医生就病情的需要，也会替病人打营养针，补充他所需要的各种养分。甚至人的皮肤，也要有润肤液的滋养。假如不能摄取这些滋养，人的生命也就维持不下去了。

五、生命在群众中。生命是不能单独存在的，要靠其他生命相互依存。例如，肚子饿了，要靠农夫耕种粮食来充饥；天气寒冷了，要靠工人织布为衣来御寒。人类都喜欢群居，相互照顾，以策安全。一个有生命的活人，他的亲朋好友绝不忍心让他孤单一个人，在一个地方孤独地生活，除非他没有生命了，埋葬在荒郊野外之中。所以，群居的关系非常重要。

六、生命在大地上。生命在哪里？在大地上！活人固然要在大地上走动，没有生命的尸体，也要大地的一抔之土给他埋葬；游鱼在水中悠游的生命，也要依赖大地，野兽雄踞在山林，也要依靠大地；飞鸟栖息在树木之上，树木也要靠大地生长。离开了大地，只有空中楼阁；离开大地，没有悬在空中能生存的生命。

所以，生命在哪里？生命在因缘和合之中，生命在大地万有之中。

生命的拥有

在现实生活里，一般人都希望拥有钱财，如果能够拥有万贯家财，良田万顷，甚至儿孙满堂，就觉得人生真是美满无比。然而拥有钱财不一定幸福，金钱是水、火、盗贼、贪官污吏、不肖子孙等“五家共有”，就算拥有它，也是烦恼重重，危险不已。儿孙绕膝，虽是福气，但有“福”必定也会有“气”，所以也不是最好的拥有。那么生命中应该拥有一些什么？

一、要拥有时间。佛经说：“生命在呼吸间。”有时间才有生命，没有时间就没有生命，所以有时间的人要爱惜时间。爱惜时间就是爱惜生命。不守时，不惜时，浪费时间就是浪费生命。中国俗谚有谓“阎王叫人三更死，绝不留人到五更”，所以当我们拥有时间、享有生命时，就要好好利用时间，为人服务、奉献，让生命发光发热。

二、要拥有安全。安全是生命最基本的需求，因为拥有财富，财富不安全；拥有权力，权力不安全。拥有财富的人，容易遭人觊觎；拥有权力的人，容易遭人嫉妒、障碍。一般人为了求得安全的生活，必须建房子，住在房子里面才安全；出门行走时，道路要平坦才安全；航海的人要有救生艇才安全。但其实真正能保障一生安全的，是要培福修慧，要积德行善，要有高尚的人格，这才是人生最好的保障。

三、要拥有因缘。人是活在因缘里，没有阳光、空气、水，乃至士农工商的助缘，生命就无法存活。例如，有人因为没有空气而闷死，有人因为缺少温暖而冷死。生命要具足各种因缘才能生存，人要具足各种因缘才能成事，所以做人要广结善缘。

四、要拥有希望。人的日子不是一天就过完的，也不可能天天是过年，在平常的生活里，要拥有希望，有希望才有动力。尤其人要有未来，有未来才有希望，人是活在希望里。为什么有的人会自杀，就是因为没有了希望。小孩希望长大，青年希望创业，老人希望儿孙成才，穷人希望致富，凡人希望成圣。有希望才有未来，有未来生命才有存在的意义与价值。

所以，人不一定要拥有一时的、有限的金钱财富，最重要的是拥有时间、安全、因缘，以及无限的希望与未来，这才是人生应该拥有的宝藏。

活　着

现在二十一世纪，有一个热门的新兴学说为人所重视，那就是“生命学”。生命学最大的意义，就是要“活着”。人要活着，才有意义；人要活着，才有作为；人要活着，才有语言、文字，以及各种文化的产生。假如生命不能活着，一堆枯骨，一座墓园，有什么意义呢？就是活着，也要讲究道德、人格、奉献、欢喜。假如活着没有感觉自己的生命不断在升华，对别人也没有任何贡献，那么又为什么要活着呢？所以，试论“活着”的意义有四：

一、有的人为自己而活，太自私了。当今之世，为自己活着的人为数最多。所谓“人不为己，天诛地灭”，强调人应该要为自己而活。但是为自己活着，凡事都想到自己的利益、自己所要、自己所得，岂不是太自私了吗？这个世间是众缘和合而有，别人制造了因缘，让我们享有，而我只想到自己，自己之外没有别人，这种人生观对世间大众有何利益呢？人活着的意义，是在给人因缘，给人帮助，如果“我”之外都没有别人，这个世间有你无你，都已经不是重要的事了。

二、有的人为别人而活，太辛苦了。为自己而活太自私，为别人而活着又太辛苦了。所以，佛教都讲“自度度人，自利利人，自觉觉人”，重视自他两利、自他共有。不过，一个人肯为国家而活，为家人、朋友、社会活着，为责任、意义活着，虽是辛苦，也是心甘情愿，那是最为难得的。现在社会上流行一首歌，歌词说“你中有我，我中有你”，确实不错。人活着的意义，要将个人的生命流入大众团体的生命里，共同为世间美好的未来谱写乐章，能够将辛苦转为成就，转为活着的意义，那么生命的存在就很可贵了。

三、有的人为理想而活，太空洞了。世间务实的人，勤劳负责，为己、为家、为人、为国而努力不懈，所有世间所得，十方来十方去，都用于回馈社会大众，最有意义。但是有些人，只为自我空洞不实的理想而活，凡事喜欢唱高调，虚浮妄想，不切实际，于人丝毫无益。如东晋时代的玄谈，在历史上为人所诟病，就是因为空洞不切实际；道家主张“清净无为”，也让人批为消极遁世。佛教的菩提心，能以菩提心出发，以出世的精神做入世的事业，把理想与实践合而为一，那才是活着的意义。

四、有的人为使命而活，太沉重了。世间上有一些能人、智人，他们秉持圣贤之心，抱持使命之感，如理学家张载“为天地立心，为生民立命，为往圣继绝学，为万世开太平”。虽然为了使命感，活得很沉重，但如孟子说：“天将降大任于斯人也，必先苦其心志，劳其筋骨，饿其体肤，空乏其身，行拂乱其所为，所以动心忍性，曾（增）益其所不能。”我们应该庆幸我们有生命，我们的生命是活着的。我们要让自己的生命活得有价值，就应发心立愿，愿为国家社会，为人民大众而活着，这才是活着的意义。

为何而活

常有人问：我们为什么要活在人间？如果人生连“活”的意义都不能了解，那就活得没有意思了！

活，就是生命的意义！活，就是要动，所以要办活动。要活，就要能动。动，就要和时代共同启动，和人类共同活动，所以每一个人都要知道“活”的意义，如此才能动员起来。

活的意义是什么呢？人到底为何而活呢？

一、为求学而活。人在幼年的时候，不是只为了喝奶水、吃糖果而活，他是为了长大而活，为了求学而活，为了读书将来孝养父母而活，为了在社会上成功立业而活，甚至为了普利天下而活。人生要活在希望里，要活在未来里。有未来，才有希望，有读书，才能成“人”。

二、为生计而活。人之生，就是为“活”而生，不是为“死”而生。有的人一天到晚希望“了生脱死”，如果生活都不能解决，如何了生脱死呢？所以，活的目的，就要先讲究生计。我有家庭日用的计划，我有谋求衣食温饱的计划，我有利济群生的计划。我不但要有个人生存的计划，还要有安顿亲人生活的计划，甚至要有社会发展的计划，要有国家强大的计划。人类要谋生，就要为活着做种种有益的计划。

三、为服务而活。人的活命，不是只为了一己之生存，人活着，要扩大活的范围，扩大活的意义。活着的意义，就是要为大众服务！人与生俱来，就有“自私”的习性，但是自私的活，只有萎缩，只有渺小，只有狭隘。广义的活，就在服务。过去的历史人物，为人所歌颂、赞叹，都是因为他有服务的性格；今后的时代、社会，必定也是一个服务的时代与社会。现在的服务业非常盛行，交通、餐饮、旅游，都是服务业，未来必将扩及金融、养老、育幼、医疗等，都是无国界的服务业。

四、为修道而活。人活着，也不能只是一味的、茫然的只为苟且偷生，做个行尸走肉。人活着，应该要为学、为道，所以在为学、为人之外，更要为修道而活。人所以要修道，就是要提升自己、规范自己，要让自己因信仰而超凡入圣，这就是活着最大的意义了。

五、为救世而活。人可以在活着的时候，为自己规划人生。你是为一人而活呢，还是为一家而活呢？你是为一国而活呢，还是为世界众生而活呢？假如你是为世界众生而活，就要努力谋求世界的和平、人民的安乐，就要为社会和谐、众生普度而牺牲奉献。尤其要发愿，我是为救人而来活着，我是为救世而来活着。舍去救人救世的慈心悲愿之外，世间还有什么呢？

流　传

生命重视流传。尽管虎豹狮狼等动物，要靠杀戮来维持生命，要靠弱肉强食来维持生存，但是每个生命对自己的种族，宁可牺牲自己，也要让种族能流传。

在一个山区里，羚羊繁殖迅速，牧人为了维持生态平衡，又不愿意浪费子弹射杀羚羊，于是把成群的羚羊赶到悬崖边，想要让它们投崖而亡。就在千钧一发之际，有一只带头的老羊迅速集合所有羚羊，分成老幼两组，每一次一只老羊向悬崖纵身一跳时，后面紧接着一只年轻的羚羊也即时向山谷一纵，利用老羊坠谷前一秒，把老羊的身体当成跳板，一跃而越过山谷。如此一来，虽然老羊一只只牺牲了，却成就了一只只年轻的羚羊存活下来。

牧人见此情景，不禁深受感动，原来生命为了传宗接代，竟能演出如此惊心动魄的一幕。所以，为了流传，就要牺牲；有了牺牲，就能流传。

什么是流传呢？

一、子女是父母的流传。世间的残杀，是为了生态平衡；世间的牺牲，则是为了爱的流传。父母爱护子女是天性，为什么会那么爱护子女？因为子女是他的流传，是生命的继承者，所以父母甘愿为子女做种种的牺牲。甚至没有子女的人，也要收养义子义女，希望借助义子女的关系，让他的族姓得以流传。

二、宽恕是仁爱的流传。人与人相处，最宝贵的就是相互原谅，给予他人宽恕。所谓“冤家宜解不宜结”，蒋经国先生到美国纽约访问时遭人暗杀，当时他就表明，要宽恕凶手；教皇约翰·保罗二世，也曾宽恕暗杀他的人。对于仇恨，唯有宽恕才能化解，以仇恨对仇恨，仇恨永远不能解。

三、助人是快乐的流传。“助人为快乐之本”，帮助别人，就是在散播快乐，不但别人快乐，自己也会获得快乐。因为你乐于助人，本身就是一种快乐，而受你帮助的人，困难获得解决，自然也会欢喜快乐。因此，获得快乐最好的方法，就是帮助别人快乐。你能随喜随缘帮助一些残障朋友，帮助遭受苦难的人，帮助一时落魄的人。助人，就是散播快乐，就是快乐的流传。

四、信仰是精神的流传。现在有一些父母，喜欢送子女到佛教所办的学校读书，为的是希望他们的信仰能有所传承。甚至有的父母经常带着儿女到寺院礼佛，听经闻法，也是希望他的信仰能贯注到下一代的生活与精神里。其实，佛陀降诞人间，目的也是为了示教利喜，也是为了佛法的流传而已。

生命四层次

随着时代进步，现在社会已渐渐懂得关心“生命”的议题。从过去只重视“天命”“皇命”“父命”，到现在能关心一切众生，乃至大地山河皆有的生命。“生命学”为今日社会所研究、提倡的重要课题，这是值得欣喜的事。

生命，是结合宇宙万有所共成，然而每一个人的生命，是要活出成圣成贤的生命，还是与草木同腐朽的生命；是要活出与宇宙同体的生命，还是活成自生自灭的生命，就看个人如何塑造了。

兹将生命分为四个层次，略述如下：

一、自私自利、苟且偷生的生命。一个人的生命，如果只想到自己，不懂关心他人，甚至连父母都不孝，兄弟也不友，对国家社会不但没有“体肤共存”的理念，甚至对自己的同胞“同类相残”，为了维护一己之生命，不惜残害其他诸多之生命，是为生命中的败类。因为社会上有这种自私自利、藐视法律、违法犯纪之人，所以国家要有司法，要建设监狱，要浪费不少社会成本，真是可惜之至。

二、漠不关心、待人冷淡的生命。有的人虽然不至于违法犯纪，但是为人生性冷淡，对社会大众漠不关心，对社会的福利、人权的存危，一概无动于衷。他只关心自己的生存，殊不知如果没有大众，如何有自己？没有士农工商的因缘，自己如何能存在？人类不能离群独居，我们的一切都仰赖全宇宙万有供给才能存在。因此，父母师长、社会大众给我们多少因缘，我们能不回馈别人的因缘吗？

三、惜缘惜福、有益人群的生命。以上两种人都不健全，第三种人就比较像个人了，因为他懂得爱惜世间因缘，也很珍惜自己所拥有的福报。他把自己与他人的生命结合在一起，所以自己得到多少，也肯付出多少，于是有的人用体力为人群服务，有的人用智慧为社会奉献，有的人用心力为人类祝福。这个世界，就是靠着这许多像样的人在行人道，发展人的本怀，乃至社会各界孜孜不息，努力于造福人群，所以社会才能正常发展，否则人间真是不堪设想。

四、牺牲奉献、同体共生的生命。世间许多人默默在为人间奉献，例如一些修桥铺路的善人、冒险拓荒的能人、创造福利的仁人、维护公众安全的侠士，他们有的著书立说，有的出钱出力，有的研究发明，有的甚至自我牺牲，把一生的岁月、时间，奉献给人间共有。所以，抱有“同体共生”之观念的生命，给予无缘的大慈，施以同体的大悲，像佛陀、菩萨，以及其他宗教的教徒，牺牲小我、完成大我的志士仁人，这种生命才是最崇高伟大的生命。

我们每一个人都有生命，在生命的层次里，自己是属于哪一种，不妨三思。

生命七件事

过去的家庭主妇，每天从早到晚忙着一家人的三餐饮食，生活里时时都离不开“开门七件事”，也就是柴米油盐酱醋茶。所谓“民以食为天”，生活上的开门七件事，其实就是生命交关的七种资粮，略述其义如下：

一、柴——生命的热力。中国人向来习惯以热食为主，上古时代，先民发明了火，这是对人类的一大贡献。利用柴火，把东西煮成熟食，这就好比生命中的热力。人毕竟不是冷血动物，人类生命的意义，要讲究热力。有热力才能动员，有热力才能前进，有热力才能向上，有热力才能有所作为。所以，一个人的生命中，不能少了热力，就如一个家庭中不能没有柴火一样。

二、米——生命的资粮。人要维持生命，必须靠三餐饮食。人类的饮食，主要有五谷杂粮，其中又以米食居多。米煮成了饭，饭食供给人体所需的热能，让人能生存下去，不至于像打野食的动物，有一餐没一餐的。如果生活不正常，性格自然难以温和。

三、油——生命的滋润。机械少了机油的润滑，转动不灵活。人的身体里，少了食油的养分，营养不均衡，缺乏体力，就像机器运转不顺，所以食油也是生命中不可少的重要成分。

四、盐——生命的动力。任何美味的佳肴，都少不得加一点盐巴。我们不能小看一点点的盐巴，它不但能使饮食更加美味，尤其人体如果缺少盐分，就会甲状腺机能失调，甚至失去生命的动力，所以盐不容小视。

五、酱——生命的作料。一道菜，有时加一点酱料爆炒一番，不但色泽更美，而且更加香气四溢；一盘美味的佳肴，有时再蘸一点酱料，更加可口下饭。所以，酱是三餐不可少的作料。就像我们的人生，不能一成不变地生活，偶尔做一些调剂，可以让人生更加多彩多姿。

六、醋——生命的免疫。醋是酸味的，一般人以“吃醋”形容女性的嫉妒，所谓“醋性大发”。其实在我们的生命里，吃醋可以增强身体的免疫力，而不至于经常患病，所以三餐偶尔也要吃一点醋。尤其喜爱面食的人，加一点醋，味道鲜美无比；主妇做菜时，加一点醋，更增美味。醋的可贵，不容曲解。

七、茶——生命的品位。西洋人喜欢喝咖啡，东方人喜欢喝茶。咖啡的刺激性，不若茶的温和滋润。中国人为了提倡喝茶，发明了茶道，客人来了，都会请喝一杯茶，以示礼貌。茶有消暑解渴、清痰润喉的作用。一个家庭里，要常备柴米油盐酱醋等，同样也要备上一杯茶，除了待客交际，有时自己疲劳了，清茶一杯，借着喝茶，稍事休息一番，不但蓄积生命的能量，同时也可品评一下生命的味道。

中国人的开门七件事——柴米油盐酱醋茶，不但是生命的资粮，也是人生的动力。假如生活中没有了这些能源，生命就失去了动力。因此，对于人生的开门七件事，千万不能小看它。

维生之计

人的一生，首先最需要解决的，莫过于如何维持生活。生活能维持，生命才能延续，进一步才能谈到如何发展理想，所以“维生之计”是人生首要的课题。针对怎样维生，提供数点如下：

一、开源节流。维持家庭生活，当然要有经济来源，因此人要有工作，要懂得开发财源。有了正当的经济来源与稳定的收入，还要懂得节约用度，否则再雄厚的财力，也经不起挥霍无度，所以“开源节流”是维持生活的长久之计。

二、量入为出。家庭生活要安定，每个月收入多少不是最主要的因素，重要的是会规划、预算，要能“量入为出”。如果经常支出超出预算，“入不敷出”的结果，自然是出现财务危机。

三、要有余粮。人要有“忧患意识”，晴天要备妥雨伞，以防下雨；白天要准备好手电筒，以免晚间停电。所谓“有时要想无时苦”，“家有余粮”就不会有断炊之苦。

四、勤劳作务。无边功德，在于一个“勤”字。最大罪恶，在于一个“懒”字。勤劳作务才能正常营生，因此训练家人养成勤劳的习惯与观念，就不怕生存无道。

五、珍惜机缘。一个家庭的发展，固然要靠家人同心协力、努力开创，有时也要靠亲朋好友给我们帮助，或是社会大环境来成就我们的机缘。不管我们曾经受惠于谁，都应该珍惜，同时要给予回报，不能过河拆桥。有时过了桥的人，更应该要拜桥。

六、会用时间。时间不但是生命，时间也是财富。春夏播种，秋冬收藏；今年耕耘，明年收成，一切都需要时间成就。时间也要懂得善用，才能发挥价值。我们要利用时间养深积厚，利用时间广结善缘，未来的路才能走得远，走得平顺。

七、建立诚信。维生不是一时的，生命是一世的，甚至还有后代子孙，是生生不已的，所以要建立诚信。家有诚信，受人尊敬。如无诚信，纵使一时繁荣，也不能持久。

八、乐天知命。人不能过分贪求，钱财过多，不见得是福气，有时“人为财死”。名位太高，也不一定最好，爬得高，跌得重。利益再多，也要懂得分享社会大众，才能平安。从历史上看，多少豪门巨贾，富能过几代？所谓“积善之家，必有余庆”，所以维生之计，必须懂得“积德重于积财”，而且要能“知足常乐”“能忍自安”，这就是乐天知命的生活。

综上八点，虽非金科玉律，却是人间的常道、常理。既是常道、常理，自然不应等闲视之。

怎样活下去?

佛经讲“人身难得”，生命无比地尊贵，人好不容易来到世间走一遭，应该好好地活下去。但是有的人因为遇到人事、情爱、财务等困境，整天烦恼愁闷，觉得活不下去。因此，不由得让人想到，人要活下去，确实需要具备一些条件。例如:

一、要有钱财。俗语说：“一文钱逼死英雄汉。”生活是很现实的，每日衣食住行，样样都需要有钱才能打点，没有钱真是“贫贱夫妻百事哀”。没有钱的悲哀不只是生活艰难，有时生了病，也没有钱付医药费，甚至有的人需要紧急开刀，却因为无力交保证金，因此延误就医，生命就这样枉送了。所以活下去的第一要件，非钱财不能救命。

二、要有物质。有了钱财，也还不能解决人生全部的问题，钱财必须能变换成物质。例如，冬天到了，要有御寒的衣物；夏天来临，要有遮阳避雨的房舍；甚至吃饭要有碗筷，睡觉也要有床铺。所以，生活上的资生物用，也是活命的要件。

三、要有安全。人生存下去的基本条件有了，但是如果生命朝不保夕，每天都在担惊受怕中过日子，活得有什么意义呢? 所以，生命的最大需求就是“安全”。人不但要预防自然灾害，还要防备社会上的各种陷阱，才能安全地生活。

四、要有健康。生命获得外在的安全保障还不够，最重要的是有健康的身体。一个全身病痛不断的人，活着也非常辛苦，所以要保持身体的健康。平时不仅生活要正常，观念尤其要正确，如此才有健全的身心，才能活出生命的意义来。

五、要有爱心。生命不是一己所有，生命乃宇宙众缘共同成就而存在，所以每个人对世间、社会、他人，乃至对自己都要有爱心。甚至要把爱人的心升华为对众生的慈悲，能够“无缘大慈，同体大悲”，才能活出“同体共生”的最高生命价值。

六、要有因缘。人生在世，不能独自存在，举凡衣食住行，无一不是仰赖社会大众的供应。有了众缘成就，人才能生存。因此，大众给我们因缘，我们也要给别人因缘。如果每个人都能为国家社会创造因缘，这个国家才能强大，社会才能进步。

七、要有智慧。每个人的生命，同样一天有二十四小时，但是有的人活得既充实又有意义，有的人活得糊里糊涂，甚至苦苦恼恼。此中最大的差别，就是有无智慧。现在有很多人活不下去、想不开而自杀，就是缺乏智慧来解决困境所致，所以智慧的重要，由此可知。

八、要有信仰。信仰才是最真实的生命，世界上的宗教很多。每个宗教的教主我们不一定要信仰他，但不能不信仰自己的良心，不能不信仰因果。信仰是道路，信仰是纪律，信仰是秩序，有信仰才能把三世的生命贯穿起来，有信仰才有目标，心中才有主。信仰的层次，从邪信、不信、迷信，而到正信，尤其不能不知也。

人要活下去，应该具备的条件很多。以上所述，更是不能不具。

活　力

活力，就是旺盛的生命力。有的人精力充沛，因为生命充满活力，因此生活过得多彩多姿，生命活得有声有色。

人的生命要有活力。读书要有活力，办事要有活力；为自己、为家人，要有活力；为社会、为国家，当然更要有活力。活力也要靠各种因缘培养，我们要如何培养活力呢？

一、活力来自生活正常。人的活力，首先要讲究生活起居正常。生活作息不正常，精神懒洋洋的，怎么能有活力呢？所谓作息正常，除了早睡早起以外，每天必定要吃早餐，因为早餐之后，一天才正式开始。吃了早餐，才有活力按照预定计划，从容不迫地展开一天的工作。因此，规律的生活作息，是活力的来源。

二、活力来自心情愉快。心情愉快、心胸开阔、心境明朗，都是活力的来源。人如同一部机器，每日三餐，就像汽车加油，也为人生增加活力，增加动力；乐观进取、欢喜助人、喜爱工作、培养多方面的兴趣，例如听一次音乐会，心情愉快就增加许多活力；和家人逛一次公园，精神放松也在培养活力；处理公务，召开会议，圆满所做，都能产生活力。随时保持心情愉快，则人生更是活力无穷。

三、活力来自思想积极。思想积极，凡事看得开、提得起、放得下的人，能增加活力；时时抱持明天会更好、明年会更好的想法，永远对自己的人生感到希望无穷，内心自然活力充沛。平时生活里，经常感觉这个朋友很好，那个朋友也不错，都会增加活力；家庭中，夫妻之间的爱语，儿女的天真、贴心，都可以增加活力。人的思想要宏观，心胸要开阔，凡所思所想都是世界人类的未来，不要只想到自我。能够以大众第一，以人类的幸福安乐为念，就是自己思想上的活力。

四、活力来自友谊鼓舞。襁褓中的婴儿，母亲的儿歌就是他的活力；读书时，成绩优秀、老师赞美，就是他的活力；朋友间的鼓舞，更是活力的源泉。交朋友，不是为了吃喝玩乐，朋友要能相互切磋、砥砺，所以我们要结交正直无私、乐观进取、奋发有为的朋友。这样的朋友，当我们遇到挫折、苦难时，能适时给我们安慰、鼓舞，就有活力重新再起。

五、活力来自善缘助长。人生的活力，有时也会消减，就像马达的动力不够、引擎的发条松软，又像汽车没有油、树木没有水、皮球没有气，这时候善缘的助长，就显得非常重要。例如，善友的一句好话、师长的一番开导、上司的一个提携、父母的一份关怀，都能带来活力的增加。但是，善缘要靠自己平时广结人缘，有结缘，才有善缘。

六、活力来自正确信仰。人生要能不被外境击败，必须强化活力。活力的源头，来自信仰。信仰因果不会错乱，信仰正义不会失败。信仰告诉我们，不要有太多的人我计较，不要有太多的是非执著。信仰能化解烦忧，信仰能增添光明，信仰能带来正确的目标。有了光明、正确的目标，人生怎么会没有活力呢！

希望在哪里？

一个国家没有希望，就不能富强；一个族群没有希望，就不能延续；一个组织没有希望，就不能发展，所以，人要活在希望里，才能有美丽的未来。有时候希望来自别人的鼓励，但更多时候要靠自己立定目标，以完成希望。

人生有希望就会活得精彩。希望明天天气晴朗，希望明天朋友来访，希望明天新书寄到，希望后院小花早日开放……甚至希望听一场好的讲演，希望读一本好的书籍，希望交一个善良的朋友，希望找一份好的职业，希望有一份固定的薪水，希望拥有一间小屋，希望有一个知心的朋友，希望不如意的事情都能远离。人生因为有这许多希望，日子才会过得快乐，生活才会富有情调。

希望是生命的动力，有希望的人生才能活出意义。我们的希望到底在哪里呢？略述如下：

一、希望在明天。经过一夜的休息，精神、体力恢复，明天又可以活力充沛地在自己喜爱的工作上继续冲刺，怎么不令人欢喜，怎么不是充满希望的一天呢？

二、希望在前面。有一只小狗一直绕着自己的尾巴转，大狗问它：“为什么你要这样转呢？”小狗说：“听说狗的幸福、希望就在尾巴上，我要把它抓住。”大狗说：“只要你往前走，幸福、希望不就跟着你走了吗？”所以，希望在哪里呢？希望就在你的前面。

三、希望在早起。所谓“早起的鸟儿有虫吃”，早起可以享受新鲜的空气，享受宁静的环境。早起可以读读书、看看报，计划一天的工作，如此从容不迫地过一天，怎么会不感到欢喜呢?

四、希望在勤劳。成功是每个人的希望，要让希望不落空，就必须勤劳付出。所以，勤劳就有希望。

五、希望在学习。学习一种语言，学习一项技能，学习慈悲，学习给予，学习快乐，学习热诚。学习是人生的原动力，是人生的希望所在。

六、希望在主动。希望不能等别人给我，希望要自己主动去创造。主动把家里打扫干净，主动拜访朋友，主动完成作业，主动计划未来。凡事主动，就有热诚，就有希望。

七、希望在发心。发心帮助他人完成一件好事，发心帮助他人阅读一本好书，发心到医院里做义工，发心到寺院里礼佛诵经。有了发心就有动力，有动力就有希望。

八、希望在结缘。每天要想：我今天如何与朋友结缘呢？我今天能为社会做些什么好事呢？我今天能帮助弱势者做些什么呢？就把今天当作“为人日”吧！为你、为他、为大众，心里所想都是助人，就不会为自己的一切患得患失，人生自然会充满希望。

希望是非常美好的，有希望就有乐趣，有希望就有成就，有希望就有未来。希望在哪里呢？希望原来就在我们的心里！

开　始

人生都有一个起点，其实也不只有一个起点，而是有许多个起点。每一个起点，都是人生的开始，都有其意义，试说如下：

一、出生是生命的开始。人自母胎中呱呱坠地，有了身体，有了心识，就有了生命。虽然是襁褓人生，懵懂无知，但在父母心目中，这个生命的诞生，一颦一笑，一哭一闹，都有生命的意义。经过父母悉心照顾，渐渐长大，天真烂漫，童稚无邪，在欢乐中成长，虽然不知人生沧桑，不知天高地厚，但是童心玩乐，是生命中可贵的时光。

二、入学是求知的开始。及至长大，到了入学之龄，往昔古礼都讲求为子女入学行拜师之礼。今日的启蒙入学，父母也会亲自送子女入幼儿园或小学，一直寄以殷殷之望，希望子女成龙成凤，尤其盼望在名师指导下，将来一举成名，光宗耀祖。父母虽然不寄望养儿防老，但也祝福子女成长有为，自己就心满意足了。

三、婚姻是成家的开始。男子弱冠、女子及笄，就算成年人了。当大婚之日，无论男女，都是成家立业的开始。过去仰赖父母生活，结婚之后就应自立自主，不但不能再靠父母养活，甚至要反哺回馈，孝养父母，担当养家之责。现代社会，虽不像古代男耕女织，但人们也有正当职业，一方面服务社会，同时维持家庭温饱。所以，夫妻结婚成家之后，人生数十年的岁月，都要相互提携、相互体谅、相互帮助，共创美好的人生。

四、就业是服务的开始。孙中山先生说："人生以服务为目的。"工作不只是为了赚钱养家糊口，更重要的意义在于服务社会。人生要光大社会、贡献社会，要以爱家之心来爱社会、爱人类。因为人生的目的，不是为了做大官、赚大钱，而是在于对社会有所服务、有所贡献，对社会要热诚、慈悲地施以无限欢喜，对工作要能做出可观的贡献。一个有心的人，能把一件小事做成大事。无志之人，就是大事交给他，也会成为无声息的歌唱。所以，就业之后，要健全服务的人生，成就益世利民的事业。

五、退休是传承的开始。人生服务到某一个阶段，总有退休的时日。退休的意义，就是要把所学、所有、所能，传承给下一代。人之一生，家庭有家庭的退休，公司有公司的退休，因为界临退休，才好借此传承，让接班的下一代顺利接棒，全权领导，更加发展。而自己退休之后，也可以颐养天年，含饴弄孙，游山玩水，是为人生第二度的开始，其乐也融融，何乐而不为呢?

六、死亡是移民的开始。气候有春夏秋冬，人生有生老病死。但是人死了还会再生，就像时钟，走到终点，总要回头。所谓生命的流转，死亡不是结束，而是移民到另一个国度，是另一个阶段的开始。现在大家流行用“往生”一词，“往生”者，就是生命去到另一个国土，生命又再生也，所以死亡不是结束，是另一个生命的起点。人生，生生死死，死死生生，生命就这样轮转不停。

方 向

人生不能没有方向。没有方向，不知前途何去何从，就好像飞机在高空中飞行，没有导航就会失去方向；轮船在大海里航行，没有指南针也会迷失方向；旅人在沙漠中行走，没有识途老马的引导，可能迷途难返；修行的人，没有善知识的开示，走错了路更是难以回头。所以，人的一生当中，要有一生的方向；一日当中，要有一日的方向。甚至不管任何时刻，都要把人生的方向定位好，确立做人处事的方向，人生才会安全、顺利。

人生有些什么方向呢？下列四点非常重要：

一、忠勇爱国的方向。人不能没有国家的观念，因为“皮之不存，毛将焉附”，所谓“在一家，保一家；在一国，保一国”，所以忠勇爱国，必定是人生应该确立的第一个方向。

二、操守坦荡的方向。在广大的国家人群里，做事要奉公守法，尤其居上位者，行为要坦荡磊落，不能贪污腐败，否则做人都成问题，还求什么上进呢？

三、慈善公益的方向。所谓“人不自私，天诛地灭”。做人固然要为自己，但也要有为众的发心。对公益事业完全漠不关心，自私自利，这也就迷失了人生的方向。

四、精勤向学的方向。一个人不管做什么事，都不能自满，所谓“天外有天，人外有人”，所以必须精勤向学，要“活到老，学到老”，学习愈多，受用愈大，人生的发展方向愈广。

中国人最早发明指南针，让全世界的文化都有了方向；儒家发扬四维八德，也是替人的立身处事定了方向；佛教提出五戒十善、六度四摄、八正道等，都是指引人生的方向，尤其“五乘佛法”，就是指引你做人，或是做罗汉，乃至当菩萨的方向。

平时的生活里，白天上班，要知道前面的方向在哪里；晚间下班回家，也要知道自己的方向怎么走。走错了方向，背道而驰的结果，当然是永远也达不到目的地，就会成为迷失的飞鸟。

社会上的灾难，大都是迷失方向所造成。人生失去了方向是很悲哀的！人生要确立什么方向呢？慈悲为人、正直无私、仗义为公、牺牲奉献、希圣希贤等。以上的一切，都是吾人立身处世应该建立的方向。

目 标

人活着，要有目标。目标就像人生的指南针，有目标才不会迷失方向，所以探险家先要为自己定下目标，军事家在战场上也要有战略的目标。甚至航海的人有航海的目标，经商的人有经商的目标。有目标就会不辞辛苦，就能不怕困难地朝着目标奋进。

在人生的旅途上，有多少人完成目标，但也有一些人“壮志未酬身先死，长使英雄泪满襟”。没有完成目标的人，悲凉的心情虽然值得同情，不过人生只要立志，朝着目标迈进，成功与否不一定要看得太重。再说，自己没能完成的目标，还有后人继续努力，人类就是靠着传承。所谓“愚公移山”的精神，就是高山挡在眼前，我立定目标要铲平此山，我无法完成，有儿子继续，儿子不能，有孙子继承。儿会生子，子又生孙，子子孙孙，孙孙子子，一代又一代，永远接续不断。高山的泥土不会增加，但我们日日工作，还怕道路没有开通的一天吗？所以，人生要有目标。目标的重要，略述如下：

一、目标是奋斗的动力。小学生立定目标，要做个伟大的工程师，他将来就可能是工程界的佼佼者。大学生立定目标，要远渡重洋留学，可能要不了几年，他就是国际名校里的硕士、博士。工人想要设厂开公司，只要他努力不懈，正正派派奋斗，当个总经理、董事长的目标，还怕没有达成的一天吗？

二、目标是合作的共识。目标也不一定要一个人独力完成，所谓“众擎易举”，现在的时代都讲究“集体创作”，如日本人开立“会社”，中国人则成立“公司”，只要大家志同道合，可以结合起来共同完成目标。有目标，参与的人就有共识；有共识，就能发挥团队的力量，就能为共同的目标打拼。只要大家精诚合作，公平合理，就不怕不能达到目标。

三、目标是成功的捷径。有目标就能避免走错方向，浪费时间，所以目标清楚、目标明显的人，容易成功。有的人前途没有方向，没有目标，盲冲瞎撞。甚至有的人目标不正确，奋斗了几年，才发现距离目标愈来愈远。目标不怕大，不怕远，但要衡量自己的能力，具备达到目标的实力，才能事半功倍。想要达成目标，尤其要有计划、有进度、有预算。光有目标，没有后援，也只是幻想、空想，所以人生要有目标，但要有确实的目标才好。

四、目标是人生的灯塔。船只航行在海上，有灯塔的指引才能安全进港；行走在人生的旅途上，有正确的目标指引，才不至于迷失方向，误入歧途。目标是前途的明灯，但是目标也要有志愿做后盾。目标定在成为王侯将相，你的立志、动力能达到那个目标吗？目标志在成为亿万富翁，你的资本、条件都能具备吗？目标在于服务乡里，你有恒心、愿力去为大众服务吗？因此，定一个目标容易，达到目标所要付出的代价、辛劳，则是难以估计的。但是没有目标，人生前途一片茫茫，何去何从？就像一个无祀孤魂，不知去向。所以，有目标的人，前途才是光明的。有目标的人，才能活出向前、向上的人生。

幸 福

幸福人人追求，人人需要！但是幸福难有标准，因为人往往“身在福中不知福”，总要等到失去了幸福，才知道幸福的可贵。

谈到幸福，有的人认为儿孙满堂，就是幸福。儿孙很多，所谓“福气”，有“福”也有“气”。有人说，金钱财宝很多，就是幸福。富有物质，也容易有烦恼。所以，幸福不是那么单纯就能拥有，幸福和烦恼宛如难兄难弟，总是结伴同行。

一般的幸福，应该就是感到满足的人生、平安的人生。幸福不在物质上享有多少，而是感觉拥有多少；幸福不是靠物质积聚而来，而是要在精神上升华才能获得。当然，从现实生活来讲，幸福也有下列五个层面：

一、生活上的幸福。生活中的家居日用，衣食都能温饱，资用都不觉得匮乏缺少，家中人等都很本分，不求大富大贵，只求天伦之乐，家人平安，这就是幸福的事了。

二、身体上的幸福。人的身体，五官端正，五体俱全，少病少恼，这就是幸福。不过，有的人四肢发达，头脑简单，也会遭人嘲笑。如果身康体健，聪敏有智，这就是真的幸福了。日本梦窗国师说：“无病第一贵。”一个人即使拥有再多的钱财，再怎么成功的事业，如果身体上经常不是这里有病，就是那里感觉不快，在身体变幻中，怎么能体会得出人生的幸福呢?

三、财物上的幸福。财物欠缺，当然不幸福；钱财太多，挂念被人敲诈，被人绑架，天天为了钱财忧烦，也是不幸。所以，钱财不宜太多，也不能没有，最好日用宽裕，不觉匮乏，但也不积聚，够用就好，这应该就是最幸福的了。

四、精神上的幸福。人的财产再多，物质再丰富，但是精神空虚，那样也不觉幸福。精神上，有知识，有慈悲，有人缘，有欢喜，有人关怀，脸上不时露出微笑，口中偶尔哼哼歌曲，这应该就是人生的幸福事了。人生最大的幸福，就是没有忧愁烦恼，你拥有世间再多的东西，如果忧愁烦恼不除，都不是最幸福的。人生最幸福的事，就是感觉日日月月都是过年。

五、信仰上的幸福。人生幸福的事情，只要你欢喜满足，就是幸福。其实宗教的信仰，是人生最大的幸福。因为信仰里有力量，信仰里有希望，信仰里有依靠，信仰里有无比的幸福。因为，我们信佛，佛是我们不必花钱的老师；我们信法，法是解决我们苦难的良方；我们信僧，僧是我们人生旅途上的善友；我们信仰教团，教团是我们精神生活的家园。我们信仰的最大目的，就是找到生命的归属。信仰里有自在，有解脱，那不就是人生最高、最大的幸福事吗?

爱

爱，是人类生命延续的泉源，是促进社会发展的动力。人间有爱，这是非常美好的事，诸如父母子女之爱、夫妻男女之爱、亲人朋友之爱、社会大众之爱。人活在爱里，才会感到幸福、甜蜜，一个人如果没有爱，就觉得生命失去了意义，所以有的人为情伤风，为爱感冒，有的人为了爱不到，不惜伤害自我和他人，造下无边祸端，正如《瑜伽焰口》中说：“爱河千尺浪，苦海万重波。”

人生需要爱，但是爱有幸福甜蜜的一面，却也是烦恼痛苦的根源，所以要懂得“以智化爱”“以慈作爱”“以法范爱”“以德导爱”，以免爱欲泛滥，造成灾害。

世间除了人类有爱以外，其他万物其实也无不是在“爱”的里面挣扎、生存，兹举其例：

一、苍蝇爱烂腿。人的身体如果溃烂流脓，有时连自己都不敢碰触，但是苍蝇就是喜欢烂腿。常有人比喻“人和人好，鬼和鬼好，苍蝇和烂腿好”，这都是因为有爱的摄受，才会进而追求。

二、昆虫爱花草。世上有千百种昆虫，当然有的躲在泥土里，但是多数皆以花草树丛为伴。昆虫所以爱花草，因为花草是滋养它的温床，能保护它的安全。没有花草，昆虫寄托何处？所以，昆虫爱花草，这是理所当然的事。

三、鱼虾爱海洋。鱼虾的生存，必须有水，有水才能活着。没有水，如同人缺乏空气，生命就无法存活。所以海洋、流水都是鱼虾的世界，是鱼虾的生命之所寄，因此鱼虾怎能不爱海洋呢？

四、鸟兽爱森林。飞禽走兽一般都是聚集在高山森林里，森林是鸟兽的家，也是它们繁殖后代的地方，它们靠着森林的掩护饮食起居，甚至养育后代。所以，鸟兽爱森林，这也是很自然的事。

综上观之，“爱”是万物有情的生命之所寄，所以佛教把众生称为“有情”，意即以情爱维护生命。然而水能载舟，也能覆舟；爱能成长生命，也能毁灭生命。所以，佛教总希望人间能把私爱化为慈悲，所谓爱他就要尊重他，爱他就要为他奉献，爱他就要甘心承受委屈。一旦爱的因缘不具备了，则“天涯何处无芳草”，何必作茧自缚，把自己困在爱的泥沼里而无法自拔呢？

一般来说，人总是爱财富、爱自己、爱亲人，这也人之常情。不过重要的是，爱要爱得正当，爱得无私，爱得清净，爱得理智。爱应该是成就彼此的，而不是毁灭彼此的，因此不能不慎。

播　种

胡适之先生说：“要怎么收获，先那么栽。”农夫因为勤于播种，才能丰衣足食，果农也要勤于种植，才有累累果实可以收获。有播种才有收获，这是必然的因果道理。

世间有播种者、有收成者，有生产者、有消费者、有浪费者。每一个人都要做播种者，因为对世间最有贡献的人，就是那些播种者。播种有什么好处呢？我们又要如何播种呢？

一、布施的播种可以发财致富。布施的播种就是“舍”，“舍”才能“得”，舍得，舍得，没有“舍”的播种，哪里能“得”呢？一亩良田，你不播种，也不能有所收成。所谓“三宝门中福好修，一文施舍万文收”，喜舍也不一定要布施给宗教，社会上的弱势群体、残障人士，还有各种好事都需要善心人士给予布施。佛陀曾经对着一群人赞叹布施的好处说：“种一收百，种百收万，种万可以收到千千万万。”信者听后难以信服，佛陀于是指着一棵尼拘陀树说：这原来只是一颗小小种子，播种下去之后却能长出如此方圆数里的大树，并且结出无数果实，这不就证明一粒种子可以收成无限吗？

二、知识的播种可以提高品质。一个国家，人民的素质要靠教育来提升。教育要发达，必须有很多人来从事知识的播种。几千年来，从释迦牟尼佛、孔夫子开始，历代都有不少先贤圣杰，从事知识的播种。这里设立书院，那里设立学堂，乃至佛陀各种说法的盛况、孔子周游列国的用心等，都是播种。近代的胡适之先生倡导科学，他虽不是科学家，但他说“能救中国的，就是一个赛先生和一个德先生”，这就是科学和民主的播种者。再如现在的天下文化公司，以及一些宣扬教育的刊物，都是知识的播种者。所以，经济的成长，人民素质的成长，都是这些人的贡献。

三、人缘的播种可以增加和谐。人也是我们应该耕耘的一块田地，我们在这块田地里也需要播种，才能为我的人缘开花结果。人缘和能力不一样，和学问也不同。有学问的人应该受人尊重，但是如果没有人缘，别人反轻蔑而看不起他。有能力的人也应该是受人尊敬的，但由于没有人缘，人家也不喜欢和他来往。人不一定要有学问、能力，只要有人缘，到处都能受人欢迎、拥戴。所以，人要广结善缘，有人缘的人到处都能与人和谐相处。

四、健康的播种可以养生立命。健康的身体需要保养，也需要投资，更需要为健康做一些播种的工作。营养的补充，饮食的均衡，运动的充分，休息的适当，都是在维护身体的健康，也是为健康播种。其实，一个重视健康的人，也不只是注重饮食、运动而已。道家讲究健康要有“清心寡欲”的播种，儒家要有“立德养心”的观念，佛教更主张以“慈悲”“智慧”来养生，这不但是为健康播种，更是养生立命之道。

跨 越

“跨越”是人所要学习的本领，因为在人生的道路上，有许多鸿沟需要跨越，有许多障碍需要跨越，就是居家的门槛很高，也要跨越。婴儿在成长时，父母就训练他走路，帮助他跨出第一步。长大后，社会上许多的人情，都需要我们去跨越。甚至人的内心存在着许多阴影，也要自我跨越。

有一位旅居香港的台湾人，驾驶汽车飞越黄河，轰动一时，但最后却猝不及防地骤逝，难以跨越生死。人生虽然难以跨越生死，但有很多事需要我们去跨越。例如：

一、跨越执著。一个人的执著，好像绳索，把自己紧紧地束缚住；又像牢笼，把我们局限在某一处，使我们不容易融入社会大众，使我们不能悠游于自由开放的世界。执著缩小了自己，不能开阔，不能扩大，所以必须跨越执著。我们可以用公义来取代执著，可以请教智者来修正执著，可以修养真心本性来放下执著，可以博览群书来通达各方道理，不一定要执著。

二、跨越人我。人我就是人际之间的鸿沟，人不是我，我不是他，彼此之间有了界限，就有了距离。世间不但贫富之间难以跨越，智愚之间也难以超脱。男女之间，更是壁垒分明，甚至种族之间心存芥蒂，宗教之间互相排斥。人可以用“同体”来看人我之间，能够相互尊重，就是桥梁；能够相互包容，就能平坦；能够相互友爱，就能拆除人我的藩篱；能够利行于人，就是最好的摄受；能够拆除人我之间的障碍，你中有我，我中有你，则促进世界大同，实现世界和平，也才有成功的希望。

三、跨越国界。现在的社会，已经慢慢从家族延伸到对社区的关怀。现代人，不管你居住在哪里，能对社区有所贡献，最容易获得别人的尊重。当然，只做到社区服务还是不够，应该要跨越时空，要能超越国界，如《礼运大同篇》说“老吾老，以及人之老；幼吾幼，以及人之幼”，就是要我们能有“世界大同”的超越思想。孙中山先生说“四海之内皆兄弟”，现代人也有建设“地球村”、做个“地球人”的观念，这都是超越国界的思想。能够融和地球上一切有情的生命，这是一件很有意义的事，值得大家全心全力来提倡。

四、跨越传统。传统是我们的固有文化，有些优秀的传统价值，值得保留、传承，有些不当的传统，则不应该持续地执著。“越战”期间，有一位美国记者到越南采访农村经济，在乡村小路上，见到一位男士坐在装满东西的牛车上，妻子挑着担子尾随在牛车后面。美国记者心生不平，就问：“怎么你自己坐在车上，却让你太太挑担走在后面？”越南农民说：“这是我们越南的传统。”数月后，美国记者又在另一条山路上遇到这对夫妻，这一次是太太牵牛走在前面，男人坐在车上尾随。记者上前问：“现在怎么传统改变了，怎么变成太太走在前面？”农民说：“因为前面有地雷！”你说这种传统能不跨越吗?

其实，人生要跨越的事还有很多，例如跨越历史、跨越私情、跨越流言、跨越自我等，都要展现自己的本领。纵使不能跨越，绕道也是方法之一。

积　聚

世间上的“拥有”，都是靠“积聚”而来，所谓“积善之家必有余庆，积谷之人才有温饱”。积聚零碎的时间，可以整合活用；积聚众多的人力，可以发展大事。人生要会积聚，但是积聚不是强取豪夺，不是贪赃枉法。积聚需要福德因缘，要能顺乎天地人和。人生需要积聚一些什么呢？要如何积聚才是如法的呢？

一、积聚感情成为慈悲。人是有情的众生，感情是人生最根本的拥有，但是感情好像野马，不能任它犯人庄稼，必须要用缰辔加以限制。感情绝不能任它“人欲横流”，要让它如涓涓细流，点滴汇聚成一塘清水。朱熹更说：“问渠哪得清如许？为有源头活水来！”我们心中的感情活水，要把它积聚成为慈悲。感情是私爱，慈悲是大爱，吾人能把感情升华为慈悲，则如观世音菩萨，因为大慈大悲，所以能走向人群，走入人间。所谓“千处祈求千处应，苦海常作渡人舟”，就是因为慈悲之故。

二、积聚金钱成就善事。人从童年开始，就懂得积聚金钱，也会使用金钱。但是金钱要积聚才有得用，不懂积聚，哪有金钱可用？不过积聚的财富，要“君子爱财，取之有道”，例如以力量赚取的、以讲说获得的、以因缘成就的、以智慧招致的，都要用正当的方法取得。积聚的钱财，也要能用之有方，钱财要让它成为善财，成为净财，所以积聚的钱财要用于善事。现在一些工商企业，对于所赚得的钱财，都懂得用以回馈地方；儿女子孙赚得的钱财，也要用来孝敬父母；佛教积聚信徒的钱财，更是用之于救济十方。能够倡导把财富供养十方大众，才是积聚金钱的意义，这是莫大的善举。

三、积聚经验贡献社会。一个人出生之后，婴儿时期为了学习走路，不断跌倒，不断重新爬起，因为积聚许多跌倒的经验，才能学会走路。同样的，我们在社会上也经常上当学乖，不断地积聚经验，有了经验就可以贡献社会。善于教学者，可以传授知识；善于工艺者，可以传授技能。自古以来，人类之所以能一天天地进步，就是因为前人对后人的经验传授，即使现在有了任何新发明，也是经过多人智慧、经验的积聚。现在的手机，不是也有第一代、第二代、第三代吗？这种代代传承，就是经验的累积。

四、积聚知识宁静致远。学问、知识也是积聚而来的，除非顿悟。即使顿悟，也要靠平时点点滴滴的积聚累积而来。人生的知识增加了，心中的世界扩大了，发展事业的动能也增强了，尤其读书人宁静致远，所谓书香人生，才能芬芳世界。

累 积

中国的长安不是一天形成的，而是经过多少皇朝的造就、多少时间的累积，才慢慢成为中国文化的古都之一。万里长城之所以成为举世皆知的伟大建筑，也是经由一块块的砖头，慢慢堆砌而成。在无限的时空当中，凡事只要经过累积，就会成长，所以民族要厚植实力，必须累积文化。

兹就“累积”的意义，略述如下：

一、财富是储蓄的累积。世间多少财力雄厚的人，他们的资产都不是一天获得的，而是经过长久岁月累积，慢慢储蓄起来的。有的财富靠力气赚取，也有的人用讲说、用脑力、用因缘赚取财富。当然，更多的人用财富赚取财富。但是不管以任何方法获得的财富，都要经过一天天、一日日的储蓄、累积，其拥有者才能成为有钱的富人。

二、成功是经验的累积。创业的人，有的人成功了，也有的人失败了。成功的人，是因为他不怕失败，从失败的经验中吸取教训，把过去的经验，一次次地检讨，一次次地改进，终能成功。但是一般人创业，有的人认为资金雄厚，有资本才能创业成功；有的人认为广结善缘，众缘成就才能获致成功；有的人以为学有专长，凭着自己的研究、经验，就能事半功倍；有的人看准时代社会大众的需要，顺势发展，自能成功。当然，成功的背后都要付出多少的辛苦，多少的代价，尤其要累积多少的经验，才能有所成就。

三、功德是服务的累积。根据佛经记载，释迦牟尼佛有“三十二相，八十种好”，也就是说，他的身相庄严，和别人不同。原因是佛陀“三祇修福慧，百劫修相好”，经过漫长的修行，累积了累劫的功德，才能有如此的相好庄严。世人“日行一善”，经过长年累月的发心施舍、修桥铺路、救济鳏寡孤独、奖助弱小、建寺安僧、弘法度众，长期累积功德，自然带给自己未来事业的顺利，以及财富的增加。因此，我们对于他人的成就，与其羡慕他们，不如学习他们。因为发心为人服务，累积功德资粮，自能成就善缘好运。

四、名望是奉献的累积。我们看到社会上多少有名望的人，过去称为“员外郎”，现在称为“慈善家”“太平绅士”。他们在社会上受到众口赞扬，表示他们有声望。声望并非凭空而得，必须经过多少的牺牲奉献，例如捐助公益、回馈社会，或是供养福田、奉献大众。由于他们播下了喜舍奉献的种子，经过时间的累积，才有声誉崇隆的果实，所以一切都要有因，才能有果。

五、历史是时间的累积。有的人懂得建立人生“三不朽”的事业，所以要立功、立德、立言。世间能让历史承认，能让众人肯定，认定那是一件历史的建筑、那是一间百年的老店、那是一个文化的遗迹，所谓“历史”，都要历经时间的累积。世上没有“立刻长大”的孩童，也没有“一日成功”的文化。能经得起时间的淬炼，自然成为不朽的历史。

六、悟道是修行的累积。佛教讲究修行，但并不要人个个成佛，而是希望人能悟道。关于悟道，禅门有“顿悟”“渐悟”的说法，即使“顿悟”，也要靠“渐修”而成。十里的禅门，最后一步到达，这是顿成，但还是要经过步行十里的渐修。吃饭，吃到第五碗才饱，前面四碗也很重要。所以，修行人不管持念佛号、诵念经文，乃至广做善事，在时间上要能持之以恒，结缘要不怕次数多，尤其要能不退初心，累积了累劫的修行，才有悟道的一天。

最好的享受

佛经讲“人身难得，佛法难闻，中国难生”。此中“人身难得今已得”，这是人生最值得感恩的事！只是如何把握难得的人身，过一个最享受的人生呢？试就一般的议论，集结众说如下：

一、吃中国菜肴。“民以食为天”，有的人一生以吃为最大的享受。中国的菜肴，不但色香味俱全，而且菜类之多，居全球之冠，尤其中国的饮食艺术，堪称世界一绝。

二、住西洋房子。吃之外，最重要的就是住的问题。西方的花园洋房，不但宽大设备好，尤其坐落于山林海边，自然风光无限，宛如世外桃源。

三、穿印度服装。印度的丝绸，质感轻柔，色彩艳丽，印度女士们一袭纱笼往身上一裹，个个都像观音大士，美丽无比。

四、用法国香水。巴黎香水名闻世界，其实也不只是香水而已，巴黎时装、法国面包，都是人间最好的享受。

五、娶日本妻子。一般风评，日本女性具有中国女人的三从四德，尤其在日本大男子主义的社会里，女人一生好像就是为男人而活。不过时代变迁，现在日本女人已不像往昔，一生守着男人守着家，她们也都走出家门，走进社会，在职场上与男人共同为国家社会奉献。

六、坐英国邮轮。英国邮轮是世界上发明最早、最舒适的邮轮，不但房间的布置美轮美奂，窗外的美丽海景一览无遗，尤其餐厅、舞厅、电影院、游泳池、健身房，一应俱全。所以，人之一生，能乘坐一次英国邮轮周游世界，也是人生之最乐也。

七、乘新加坡飞机。每年针对世界航空公司所做的飞行安全评价，据说都是新加坡航空公司第一。他们不但飞机设备好，服务品质高，空服人员能说各国语言，尤其态度亲切，总能令旅客满意。“中华航空公司”虽然也是“以客为尊”，力求增上，无如几次的空难事件，使得盛名受损，大概还需要一段时间才能迎头赶上。

八、开德国车子。德国的奔驰、宝马汽车，举世闻名，不但造型优美、引擎性能好，尤其车体钣金坚固，如果不慎发生车祸，都是最能经得起考验。

九、喝澳大利亚牛奶。澳大利亚有广大的草原，没有受到污染，生长其间的乳牛，享受着自然美好的环境，因此所生产的牛乳味道鲜纯，堪称世界第一。

十、饮新西兰矿泉水。现在举世都以喝矿泉水为方便，开会、请客，人手一瓶，甚至加油站广为招徕，也以赠送矿泉水为噱头。世界到处都有矿泉水，但是其中应以新西兰的最好，因为新西兰南北岛的冰原河川，流出的水最干净，水质也最好。

十一、享受台湾地区人情味。世界各地，凡是到过中国台湾旅游的人士，都盛赞台湾人情味最浓，台湾人也以此自豪。但是下面还有一句话：“台湾人民缺乏公德心。”这就有待检讨、注意了。

十二、游览中国大陆风光。中国大陆的奇景之多、风光之美，如九寨沟，张家界，普陀山，峨眉山，昆明，桂林，西藏高原，敦煌，西安兵马俑、法门寺，南京中山陵，北京紫禁城、万里长城、明十三陵等，都是美不胜收的古迹盛景，值得一游。

人生最大的享受，其实不是吃喝玩乐，而在于心灵的充实。能让生命活得有意义，活得自在安乐，这才是人生最大的享受，也是最有福报的人生。

贰·四季人生

少年要有礼赞生命的感恩，
青年要有自觉信念的价值，
壮年要有活水源头的精进，
老年要有欢喜生活的平静。

老人的智慧

“敬老尊贤”是中国传统的美德。俗谚云“家有一老，如有一宝”，“不听老人言，吃亏在眼前”，“老姜辣味大，老人经验多”，“明珠出在老蚌”等，都是说明老人智慧的宝贵。

老人历经岁月的磨炼，拥有许多的智慧、经验、常识、涵养等，这是年轻气盛的少年子弟所体会不到的，更不是光靠聪明才智所能获得的。老人的智慧，例如：

一、见多识广。

二、仁慈待人。

三、提携后学。

四、冷静行事。

五、沉着内敛。

六、自我约束。

七、意志坚强。

有首偈语说：“少年莫笑老人频，老人不夺少年头；老人即使随物化，功德留与后人多。”有的人认为老人无大用，经常在他们面前表现轻慢，甚至对于老人的忠告不屑一听。其实，老人拥有丰富的人生智慧和经验，这是不能抹杀的。老人一生为人间留下许多贡献，也都是留给后人来享受。所以，我们不能轻视老人，反而应该懂得尊重、学习老人的智慧。

话说山西省广胜寺建有一座飞虹塔，经过风雨侵蚀，需要重建。随着工程的顺利进展，塔也越建越高，到了第三层之后，砖石已经无法再继续往上送，于是进度一天一天慢下来。工匠们看着塔发愁，无计可施。

有一天，一位自称是鲁班弟子的老人家来到工地，左看右瞧，在塔的四周绕了一圈又一圈，大众好似看见一道曙光。等他坐定，工匠们恭敬地站在他身边，说道："老先生！请您发发慈悲心，教教我们吧，塔都建到这种程度了，功亏一篑好可惜！"

老人家却一直摇着头，自言自语地说："我年纪大了，已经半截入土。半截入土，没有办法了，你们大家赶紧造吧！"说完之后，摇头晃脑而去。好不容易燃起的希望，就被一句话给浇熄了，大众纷纷辱骂那老头。

过了半个时辰，一位工匠突然大声喊道："我想到了！"大众立刻围拢过来："你想到什么了？"工匠说："老人说的'半截入土'就是个妙法。意思是要大家把土往塔的四周堆高起来，这么一来，就能运送材料了。"

老人的智慧，是真实的体会，是金钱买不到的宝藏。不懂得珍惜老人的智慧、运用老人的智慧，将是社会无形的损失。

老人的梦想

人活在世界上，每一个人都有梦想。每个人的梦想不一定相同，梦想也不一定能成真，但是有梦想代表对自己的人生存有一份美好的期待与希望。所以，儿童有儿童的梦想，大人有大人的梦想，穷人有穷人的梦想，富人有富人的梦想，甚至就是贵为皇帝，也有他的梦想。兹将一般人共同的梦想，略述如下：

一、长生不死。一个人从青年到老年，几十年的风霜岁月，难免苦乐掺杂，贫富不一。但是人生纵使再苦，一般人总想到“宁在世上挨，不愿土里埋”。能长生不死是最好，只是虽然传说中彭祖活了八百岁，其实自有历史以来，人世间还未曾见过有不死之人，所以这个梦想虽为多数人的共同愿望，却是个无法实现的梦想。

二、富可敌国。既然人不能长生不死，一些人因此抱定“今朝有酒今朝醉”的心态，转而在财富上希望求得“富可敌国”，也不枉此生。然而社会上，有哪个个人的财富能胜过全国之财的呢？即使有，政治也不会放过你。只是道理如此，仍然有人甘愿“人为财死”，例如清朝的和珅，不就是因此而亡身的吗？

三、儿孙满堂。岁月和金钱既然都非我个人所能拥有，那么儿孙总该是我所有的吧！假如能有满堂的儿孙，也该是人生一乐！只是“三个和尚没水喝”，满堂的儿孙，不一定能竞相孝顺。但看现在一些上了年纪的老人，在无法自力维生的时候，靠着儿女论日供给食住，每天往返于这些儿女之间，何乐之有，反而增加痛苦，所以这种梦想也不切实际。

四、再度年轻。年轻就是本钱，很多人老来总是渴望如果能够再度年轻。事实上人生不是只有一世，必然会有再来的时候，只是因为人有“隔阴之谜”，对前世不复记忆，所以不知人生乃三世循环不已的，总想假如能让我再从二十岁、三十岁开始，让我的人生重新来过。其实生命一日复一日，一年复一年，早起晚睡，算来我们已经跟生命打过多番交道了。再说，再度年轻，如果没有准备好发展的因缘，没有增加道德人望，没有资本的人生，再重来一生，甚至重来十生，又能如何呢？

五、回到过去。过去的青春，壮年的岁月，愈到老年时，愈是清晰地一一浮现在眼前。何时学成，何时结婚，何时生儿育女，何时创业……一下子，随着时光悄悄地就走进了老年的阶段，要想回头，再度年轻，重新回到过去，此实难矣！

六、重温往事。人一旦走到了人生的最后，重温往事，美丽的娇妻，父母的关爱，初为人父母的喜悦，一切都成为追忆，不会重来。所以，人生的希望，不是在过去，而是在未来。

总之，光阴如流水，逝去的岁月不会再复回，所以人生光有梦想不能成真，努力实践未来的希望，才有实现的可能。

老人自爱

世间凡是对立的事物，都会成为问题，例如男女两性就是社会问题，家庭老小就是家庭问题，甚至贫富、有无都会成为人际间的问题。处理人的问题，除了社会公共福利以外，自我的自觉、自爱，是非常重要的。

随着老龄化社会的来临，老人问题接踵而至，例如独居老人愈来愈多，间接衍生出有关社会医疗服务、家庭子女孝养，乃至亲子的代沟等问题。世间所有问题都需要透过教育来解决，处理老人的问题，也需要老人自觉、自爱，才能根本解决。兹提供六点意见如下：

一、自我保健。老人不要以为自己老了、病了，有劳保、有儿女可以照顾。事实上老人有病了，别人固然麻烦，自我更是辛苦。所以，最好是平时自我保健，懂得关心自己、保重自己，不让一些小病经常临身，因为“久病床前无孝子”，不要麻烦别人太多，就不必担忧这个问题产生。

二、自我反省。老人最大的毛病，就是喜欢“倚老卖老”，尤其对年轻人讲话，经常用教训的口吻，或是不断提起自己的“当年勇”，如此自然不容易获得年轻人的喜爱。若能谦虚地经常自我反省、自我惭愧、自觉不足，反而能获得年轻人的尊重。

三、自我年轻。老年人的身体虽然“岁月不饶人”，但心境上应该永远保持年轻。每天看看报纸，免得被时代淘汰。经常参与社团活动，与人群保持互动，千万不能被群众孤立，被大众排斥。

四、自我结缘。有些老年人见多识广，人情世故经验也多，他主动把智慧、经验传承给年轻人，或者主动加入服务社会的义工行列。因为参与的活动多，所结的善缘广，一旦自己需要外缘协助时，自然会有很多好因好缘及时出现，所以老人要懂得广结善缘。

五、自我娱乐。老年人尤其要找出一些自我的娱乐，培养一些正当的兴趣，因为快乐有时是从外面而来，有时要靠自我创造。平时找朋友下下象棋或围棋，偶尔参加读书会，或是自己莳花植草，尤其有虔诚的宗教信仰，念佛、拜佛，或是没事时自己散散步，轻声地在嘴巴里哼哼小调，保持心情愉快，更能有益健康。

六、自我储蓄。老年人最怕贫穷，老来贫病交加，这是人生之最苦。假如在年轻时多少有些储蓄，就可免于陷入这样的窘境。但是钱也不宜储存太多，够用就好，否则不但儿孙觊觎，甚至惹来一些野心人士的不良企图，徒使自己陷入重重危机。

七、自我尊重。老年人要把自己融入到大众里，不要让人对你敬而远之，不敢亲近，所以老年人要自我尊重。例如，爱干净、不啰唆、不孤僻、不自大，不要动不动就劳烦别人。平时自己读书、明理、随众，成为年轻人的父母、师长、朋友，甚至像兄弟姊妹一样，如此必能活得开心自在。

八、自我肯定。人到年老的时候，也可以把年轻的阅历，立传传授后学，或是开班把自己所学的专长，跟年轻人结缘。平时爱好书画的，可以再多出一些作品，留传后世，甚至自己写文章，记录一生的经验，这也是老人生活的自我提升、自我肯定。

人都会有老的一天，年轻时就做好养老的准备，如此必能拥有一个高格调的晚年生活，为自己的人生画下完美的休止符。

老人爱己

台湾地区高雄县政府为了让老人有个颐养天年的地方，在凤山兴建一所老人公寓，取名“崧鹤楼”，交由佛光山承办，叫作“公办民营”。

在佛光山承办凤山老人公寓十几年来，先是由黄美华小姐负责照顾里面的两百多位长者，后来由觉弘法师接替这项任务。觉弘法师毕业于澳大利亚医学院，他的志愿是当乡村医师，由他来照顾这些老人，非常恰当。

有一天，觉弘法师在门口贴了四个大字，“老人爱己”。我原以为老人有什么地方让他不满意，就问他为何贴这四个字来刺激老人。他说这不是刺激他们，而是叫老人们要寻回自己。因为现在的老人，想要儿女床前侍奉孝顺，非常困难；家人朋友，也都各有所忙，没有人能顾得了老人；依赖社会国家的照顾，也总要等到有人巡视后，才会加一些老人年金，这也解决不了老人的问题。贴上“老人爱己”四个字，是要告诉老人们，自己要好自爱之，自己要懂得爱自己。

从这段事情，让我想到，老人确实要懂得自爱，不要求人家来照顾我。老人能自己爱自己，才会快乐。因为老人也有很多可爱的地方，例如：

一、爱惜往日的历史。老人在这个世间已经活了七八十年，甚至九十上百年，历史辉煌，回忆往事，历历在目。例如，当初如何参加北伐战争，如何抗日抵挡外侮，甚至有的人曾经在金融机构管理过数千万的金圆券，有的人在工商界领导过数百千人。可以说，一句口号，一个命令，功勋彪炳，赫赫威武，如今回想起来，好不自喜。

二、回想一生的大事。每个人都曾经年轻过，老人回想当年的青春往事，曾在父母监管下，偷偷地和小情人见面，二人相约游山玩水，相约到餐馆吃饭，看一场电影，划一次小舟，好不自在逍遥！当初的山水，一叶小舟，桌上的菜肴，现在回忆起来，仿佛昨天，一一浮现在眼前，你不觉得自己有无限的快乐吗?

三、回顾曾有的善举。老人一生的岁月，总有一些善行好事，例如曾经帮助朋友渡过难关，曾经济助过穷苦亲戚的生活，曾经在某个寺院随喜添过油香，曾经在某个慈善机构当过义工。甚至自己也曾尊敬过老人，为老人服务，也曾爱护过青年、儿童，给他们一些帮助。如今回想起来，哪一件不值得怀念，哪一件不值得自豪，不觉得自己很可爱吗?

四、诚心深切的忏悔。假如上述所有的事情，你都没有这样的经验，也没有辉煌的记录，甚至没有做过助人的好事，那你就应该深深地自我忏悔。活这么一大把年纪，乏善可陈，没有好的记录，只有好好地念佛诵经，反省忏悔。所谓“往昔所造诸恶业，皆由无始贪嗔痴，从身语意之所生，一切我今皆忏悔”。从忏悔里，可以得到心安；从忏悔里，会懂得自爱；从忏悔里，还有余晖荡漾，人生仍然是可喜、可爱的。

四等防老

人生在“长江后浪推前浪，世上新人换旧人”的理则之下，都要老化。如果人过了六十岁就算老人的话，有的人可能活到八十岁、九十岁，甚至有百岁老翁，这当中三四十年的“老人岁月”要如何度过呢?

过去中国人有“养儿防老”“积谷防饥”的观念，现在当然也可以“养儿防老”，只是时代变迁，靠儿女养老的人愈来愈少了。因此，如何防老呢？有四个层次，提供参考：

一、用储蓄防老。年轻时要有一些储蓄，以备年老退休后可以作为养老之用。但是如果储蓄太多，儿女觊觎，还是没有好日子可过，所以最好够用就好，其余的可以捐给公益慈善机构。懂得“适可而止”，这是平安之道。

二、用结缘防老。年轻时，如果曾经对人有贡献，或是在社会上当过义工，到了年老有需要的时候，人家也会对你回馈。例如，有的人在寺院当义工，时间久了，寺院可能收留你；有的人在医院当义工，可能看病不收费；有的人在社团里当义工，可能社团会想方法给你一些帮助。

三、用智慧防老。平常如果多读书，拥有丰富的学问、智慧，就像一些学校的高龄教授，退休后学生也不会舍弃他，反而像儿女承欢膝下一般，喜欢亲近他，听他讲道。一般老人之所以会被人舍弃，通常是因为唠叨、不讲理、倚老卖老。如果你是有智慧的老人，学有专长，思路清楚，老来更可将所学及经验传授给年轻子弟，必然会受人欢迎、敬重，所以智慧也是防老的法门。

四、用信仰防老。一般老人到了年老的时候，讲话没有人要听，做事也没有力气，老年岁月，孤独寂寞，日子很难挨过。如果从年轻时就有信仰，自己可以看经、可以念佛、可以禅坐、可以冥想，一样可以在生活中“以佛为伴，以法为用，以僧为友”，甚至跟自己同样信仰的老友必定会很亲，这也是养老的方法。

除了上述四种养老方法以外，有儿孙的，当然也可以靠儿孙来养老；有亲人的，可以让亲人来帮助；有人缘的，可以用人缘来欢度老年。总之，只要有条件，现在的老人还是有很多生存之道。重要的是，自己要懂得培养兴趣，尤其能有宗教信仰的话，老人生活一样可以过得怡然自得，过得丰富多彩。

老人五要五不要

人，只要活着，总有一天都会老。“老人问题”已是举世共同面临的大问题，尽管现在社会有不少老人福利措施，诸如安保、健保等，基本上都还在摸索阶段，所以老人问题至今还没有获得根本的解决之道。

老人一生历经数十年的风霜岁月，饱尝人生的酸甜苦辣，各自产生不同应对世界的想法，他们对社会的各种问题，必然也有很多反应、想法，甚至对于如何安度晚年，也有他们的需要与排斥。兹列举老人的“五要”与“五不要”，说明如下：

老人的“五要”：

一、老人要有养老本钱。现在社会有很多养老院，老人住进养老院，有人照顾，也有很多老人为伴，日子还算好过。只是住养老院就需要有钱，所以如果没有储备养老本钱的老人，日子可就不好过了。

二、老人要有专人照顾。老人习性不同，生活起居不便，因此时时刻刻都需要有专人照顾。

三、老人要能去除寂寞。老人最苦的就是孤独、寂寞，每天的时间很难打发，所以充实老人的精神生活很重要，如能自己读书、念佛自然很好，否则就苦不堪言了。

四、老人要能减少不便。现在社会提倡“无障碍空间”，对老人方便不少。另外，住家的生活空间，其行动路线、设备要以方便老人使用为原则，例如卧室尽量不要设在楼上，以免上下楼梯不方便。

五、老人要有适当保健。老人的身体机能就如一部老旧的车子，不容易修理，所以适当的保健，对老人非常重要。

老人除了“五要”以外，也有“五不要”，分别是：

一、不要吵他。老人怕吵、怕噪音、怕复杂，所以年轻人的摇滚乐、交响乐，对老人而言，只会觉得吵闹难忍。

二、不要烦他。有的老人经常被儿孙或朋友问东问西，虽然老人的智慧值得传承，但有时问得太多、太重复，令他嫌烦，毕竟老人已不再年轻，其体力、精神已不堪负荷，所以不要烦他。

三、不要难他。老人多数眼睛看不清，齿牙动摇，手脚也不大利落，如果经常“要他这样，要他那样”，会让他感觉大家都在为难他，所以对于老人，要尊重他，不要难他。

四、不要气他。老人有时难免唠叨，喜欢讲话。有的老人脾气古怪，有的则是怪僻，想的、讲的都和人不太一样。对于老人的种种，不能嫌他，应该帮助他。如果跟一个老人生气，就如同和婴儿生气一样，都是不当的。

五、不要管他。一个人到了老年，儿子媳妇要管他，医生要管他，养老院的工作人员也要管他，甚至爱护他的人要他这样、要他那样。在他感觉，大家都在管他，会令他反感，所以对老人不能有太多的要求。

总之，老人的问题很多，老人的心境也不是一般年轻人所容易了解的，所以研究老人问题的人，对于“五要”与“五不要”，应该多加注意，并且有所改进。

归谁养

时代不断在进步，然而今日社会已经发现有两个严重的问题：一个是年老以后“归谁养”。一般人当然有家、有儿女，但现在的老人不一定要家、要儿女，儿女也不一定要奉养父母。另一个问题是，有些孤苦的幼儿，缺少父母亲的照顾，他们“归谁养”。每一个人出生以后，应该都有一个家，但现在复杂的社会，很多幼儿，家已不成其家，亲已不成其亲，所以未来的社会，看起来需要有很多的养老院与托儿所，才能解决这许多问题。

托儿所是希望的工程，养老院是夕阳西下的事业。现在民间虽然有不少私人筹设的养老院与托儿所，但在管理上出现不少问题。政府有关部门虽然也花许多钱在这上面，但是经营失败的例子多于成功的案例。佛光山承办的“凤山老人公寓”，成功创下“公办民营”的“老人安养中心”之模范，不过这也只是杯水车薪、大海之一沤，“归谁养”仍是一个亟待解决的问题。针对于此，有四点看法如下：

一、归家中分子养。如是长辈，儿孙应有孝养的责任；如系幼童，父母不能照顾，可以让爷爷、奶奶来养。我们每个人出生以后，父母养育我们，师长教育我们，国家栽培我们，社会、朋友帮助我们，所以一个人的生存，须靠多少人的资助。我们成长以后，有力量应该懂得回馈。未来的社会，一个青壮年至少应该负担二至四个老幼人口，否则未来的社会问题发展下去，“老无所归，幼无所养”，则国之不国，民之不民，实在有失国家的尊严。

二、归慈心人士养。社会上有许多忤逆不孝的儿女，但也有许多慈悲善良的人士。如果今天国家能奖励，由民间成立“寄养家庭”，让每个寄养家庭分担照顾一个老人或小孩。或者有慈善人士，合资筹设养老院、孤儿院，使社会老弱孤幼，都能有所归、有所养。过去数十年，社会上也有人办养老育幼的事业，但政府部门没有审查筹办人的资格与立意，让一些没有爱心的人，只想以此图利，甚为可惜。真正有心从事养老育幼的人，必须由社会联署、推选，让好心人士出面来办，才不会失去善美的本意。

三、归福利机构养。现在有一些公办的福利机构。但是，这些社会福利机构的服务人员之资格，一直没有给予定位，导致服务品质良莠不齐。养老育幼虽然是社会、家庭的问题，也是从政者所应解决的国家大事。一个进步的国家，要让社会到处充满光明希望，到处洋溢欢乐笑声，才是为政之道。

四、归宗教团体养。现在的寺院、教堂，当然是以传教为中心，但宗教也有责任帮助政府从事一些慈悲、博爱的事业。宗教一向号曰“救人救世”，如果“老不肯养，幼不肯教”，就失去了宗教关怀社会的意义。

孝顺得失

自古以来，子女孝顺父母是天经地义的事，但是回顾历史，社会上多少有用的人才，因为“孝顺”而贻误终生，甚至对社会的道德、公平，又投下多少不平、不义之事。因此时至今日，“孝顺”一词实在有重新估定价值的必要。

一般讲“孝顺”，孝，这是正当的伦理；顺，就很难令人苟同了。比方说：子女应该有受教育的权利，但是父母一声令下，不准读书，儿女就不敢再提出留学的希望；儿女本来应该有“志在四方”的豪情，一旦想要外出，父母立刻搬出“父母在，不远游”的古训，于是儿女就得侍奉年老父母，甘老林泉，耗费青春时光；儿女结婚，本来各有投缘，父母从中作梗，某家男孩不可嫁，某家女儿不可娶；儿女的志愿、专长、兴趣，或为士农工商，或任军警公教，但父母一句“不可”，于是抹杀了子女的天性，使国家社会损失许多英才。

当然，社会上贤能的父母，所在多有，他们对儿女慈爱有加，平时从旁给予指导，但不否决儿女的善举义行，则又另当别论。不过对于一些不当的孝顺，到了今天，也不得不重新商榷其意义，因为：

一、一味地孝顺，这是愚民教育，不符尊重生命的精神。例如在中国的传统社会里，父母由于早期的社会环境使然，未能受教育读书，以致知识贫乏，视野狭小。然而今日儿女已受过现代的教育，对社会很想有一番作为，父母却以其浅知浅见加以否决。假如儿女再三说明，恳求理解，多数父母会搬出“孝顺”来压迫儿女，认为儿女是父母养大的，怎可不听父母之言。其实儿女虽为父母所养，但生命的尊严，不能以无理、无义之行给予戕害。

二、父母要儿女做出违背理想的事业，从事不符善美志趣的工作，是为不道德。尤其过去一般父母往往把子女视为自己的财产，如果是男孩一定要赚多少钱来孝养父母，才算收回成本；如系女儿，即使嫁人，也要讲究男方的聘金、聘礼多少，才算没有平白养育一场。儿女是父母的子女，但不该当成唯一的财产，所谓“儿孙自有儿孙福”，真正开明的父母，应该为儿孙做因缘。

三、过去的社会，一般父母的观念里，认为家中人手不够，儿女不可外出发展事业。家中人口单薄，儿女就得陪侍双亲生活。甚至父母有一些违法行事，也要儿女承担责任，因为你是我的儿女，应该代父母受过。这种观念就如过去专制时代，所谓“君要臣死，臣不得不死；父叫子亡，子不得不亡”。其实生命可贵，君王凭什么能操生杀大权，父母又凭什么能剥夺子女生存的权利呢?

所以，总说起来，数千年的中华文化，孝顺之道，里面的是是非非，难以一言概括。但时至今日，子女对父母的孝顺固然有待商榷，现代的子女对父母一概无孝无顺，甚至忤逆双亲，对父母视如外人，这也有亏人道。所以，莲池大师说：生养死葬，小孝也；光宗耀祖，中孝也；引导父母正信佛教，安度余年，这才是孝顺中的大孝也。

虐待老人

现代社会经常发生“家暴”事件，因为夫妻不和，演变到后来，家庭成为斗鸡场。家暴事件，施暴者有时是单方面的，有时是夫妻互殴，甚至儿童受父母虐待的也愈来愈多。过去虐待童养媳，或是继母虐待前妻的儿女，在在都成为人间的丑事。现代社会变化，虐待老人的案例也慢慢层出不穷。

老人成为虐待的对象，当中原因很多，例如年老身体多病、不能工作、只会消费，因此遭到儿女遗弃。有的人年老行动不便，随时需要旁人照顾，日久引起负责照顾的人厌烦。或者老年人有很多不好的习惯，例如喜欢教训别人、喜欢唠叨、经常责怪抱怨等，都会引起别人反感。其实老年人自己应该知道，年老已不复当年的威武，所谓“寄人篱下”，所以应该懂得调整自己的身段。

老年人遇到孝顺的儿女，当然是幸福的好事。万一儿女经济困难，不但很难奢望获得儿女的悉心照顾，甚至贫穷往往容易衍生很多罪恶。兹将虐待老人的情况，提出数点如下：

一、身体虐待。老年人总会有一时的筋骨酸痛、手脚不便、肠胃不好、牙痛耳鸣等身体上的毛病。有的晚辈视而不见，不给以治疗、照顾，也不加以安慰、关心，任他疼痛，这就是对老人的虐待。

二、精神虐待。所谓精神虐待，例如儿女在言语之间对老人藐视、讽刺，或是没有礼貌，不予尊重，这是老年人最伤心的事，有的老人甚至为此而感到生不如死。

三、疏于照顾。古代中国社会，子女对长辈都要晨昏定省，现在由于小家庭，父母子女分屋而居，孝顺的儿女固然还是会经常关心父母，但个性、修养不到的子女，对老人疏于照顾，常有不幸的事发生。子女对父母“嘘寒问暖”，应该不是一时的，这是伦常，是生活中必须终生奉行不渝的。

四、恶意遗弃。有人说“养儿方知父母恩”，但也有的人生养儿女后，讨厌父母，视父母为累赘。于是一些不孝的儿女，总想把父母送到养老院寄养。假如老病，负担很重，就寻求政府济助，再不然就恶意弃养的，也时有所闻。

五、吞没财产。父母没有遗产，常遭儿女嫌弃，有的父母存了一些养老本钱，却遭儿女觊觎，总是千方百计地哄骗，等到达成目的，觉得父母再无利用价值，就弃之不顾。不孝之行，莫此为甚。

六、不加尊重。有的子孙对长辈，别说早晚请安问候，有时见了面形同陌路，连喊一声爸爸、妈妈都不肯，甚至在言语之间嫌弃父母年老无用，数落他们反应不灵光，怨怪他们不帮忙家务，成为家庭负担等。儿女对父母毫不尊重，让年老父母真是情何以堪。

七、不让参与。年轻的儿女，不知道父母的重要，不吸取老人的经验，不尊重老人的指示，家中事务不让其参与，家庭旅游也拒绝其参加，甚至家庭聚会有时也忘了他们的存在，如此老少相处，自然问题丛生。

上述的问题，只要儿女稍懂孝道，稍加感念恩情，对父母多一些孝顺，就不会有很多天伦悲剧产生。孝顺父母，不但是天经地义的事，也是对自己下一代的教育，否则自己对父母不孝，有了不良的示范，又何能期待未来儿女会善待自己呢？

四种焦虑

世界有“成住坏空”，人生有“生老病死”。当初释迦牟尼佛所以舍弃太子的尊荣，进入摩揭陀国苦行林修道，就是因为对生老病死的问题感到焦虑，希望透过修行而能解决这种焦虑。

当悉达多太子要求出家修道时，父亲净饭王反对。太子说：假如有人能够帮助我，让我的人生没有生存的烦恼，没有衰老的无常，没有疾病的痛苦，没有死亡的迷惘，我就不去修行，否则我要自己去解决生老病死的问题。

生老病死有什么问题呢？

一、生命永恒的追求。人生存在世间，时时受着人事倾轧、情爱纠缠，相爱的人不能在一起，怨偶偏偏常相聚首，各种煎熬、痛苦，如此生有何乐？尤其无常的逼迫，生又能多久呢？人生其实就如猿猴一样，每日担心被猎人无常的弓箭射中，所谓“今日脱下鞋和袜，不知明日来不来”，永恒的生命到底在哪里呢？

二、衰老现象的无奈。“渐渐鸡皮鹤发，看看老态龙钟”，这就是人衰老时的现象。当今老龄化的社会，独居老人愈来愈多，有的空巢寂寞，有的无子无孙。人老之后，往事都如过眼烟云，唯一陪伴自己的，只是孤独寂寞，真是生不如死。老年人即使银行里存款丰富，家居中儿孙满堂，但是老化的身体，视力茫茫，耳鸣重听，齿牙动摇，甚至走路不便，天天坐在轮椅上，这样的人生还有什么快乐可言呢？

三、疾病缠身的痛苦。人老来没有疾病痛苦还算好一点，但“老病”往往是纠缠在一起的，老了就会病，病了就会苦。我们到医院里去看，那些缠绵病榻的人士，有的甚至要靠氧气筒等各种仪器来维持生命，如此人生，活着还有什么意义呢？甚至有的人年轻时就疾病缠身，如果懂得“与病为友”，也还堪度过。但是疾病疼痛的苦处，事实上不容易忍耐，所以长年久病的人，往往希望早些结束生命，因为生不如死。不过，人类应该自己做自己的医生，从出生开始，就要活出健康的人生，偶尔有一点小病小痛，自己要懂得调理。如果自己都不懂得处理，完全要靠医生，医生可以治病，但也不能救命。

四、死亡来临的恐慌。面临死亡，总是让人感到恐慌，最主要的是自己所拥有的一切，全部都会失去，所以人生“空空地来，又空空地去”，即使万贯家财，死时什么也带不去。另外，死亡之后去路不明，也是令人感到惶恐、害怕的原因之一。人死之后要到哪里去呢？当死亡来临时，对自己的去路，是天堂，是地狱，一无所知。就如一个人在旅途上没有目标，又如航海的人失去方向，其痛苦可想而知。当然，“业力”会决定人死之后的一切，但是我们对

“业”也是懵懂无知，如此怎能不恐慌呢？所以，如何解除生老病死的焦虑？唯有信仰佛教，才是人生最有力的依靠！

老人怕什么？

人活着，年轻时可以天不怕、地不怕；到了年老时，恐惧害怕的事就多了。老人有何所怕呢？

一、害怕孤独寂寞。俗云“鸟怕落单，人怕孤独”，一些上了年纪的老人，尤其害怕寂寞，总希望有人陪着说话，以慰寂寥。现在社会有所谓空巢期的父母，或是没有伴侣的孤独老人，由于无人相伴，不但孤独寂寞，有时死了都没人知道，这是人生最可恐惧的事。

二、害怕子女不孝。有些年老父母，不怕世上的任何恐怖安危，就怕子女不孝。如果生养了不孝儿女，不但不能获得反哺，反而受其连累，例如在外赌博欠债、违法犯纪等，都让父母不安。养了这种子女，也是家门不幸。

三、害怕没有后代。中国人传宗接代的观念根深蒂固，一般父母到了年老时，如果子女迟迟不结婚生子，就为后代传继无人而忧心。其实国家民族江山代有伟人出，何必只顾及一家、一己之私呢？

四、害怕老病死苦。上了年纪的老人，老、病、死的无常弓箭随时都可能射中他，所以老年人怕死，也不是没有原因的。

五、害怕颠倒痴呆。老年人体力日衰，除了容易患有骨质疏松、器官老化等老病以外，尤其现在有一种“阿尔茨海默病”的脑部疾病，会让人变得颠倒痴呆，例如贵为美国总统的里根先生，到了老年时患了这种俗称的“老年痴呆症”，则过去的名望、财富、亲人、崇拜者，对他又有何意义呢？

六、害怕人生无望。人生在世，可以说都是活在“希望”里，如果对未来没有希望，则活着就失去了意义。有一些老人因为年轻时没有立志，没有规划，没有建立自己与社会的关系，所以老来感到前途无望，这真是很大的悲哀。

七、害怕意外灾害。老年人比起年轻人，更容易遭受一些意外灾害，因为年老力衰，动作迟缓，对于一些突如其来的外力冲击，往往来不及反应，所以容易摔倒，甚至水、火、风、震灾等，都容易造成对老人的伤害。

八、害怕被人拐骗。有的老人年轻时也懂得积蓄养老金，但是老来因为经不起别人的甜言蜜语而被拐骗，或者因为自己贪心，结果“偷鸡不着蚀把米”，这都是让老年人难以承受的伤害。

世间上，婴儿才一出生就哇哇啼哭，似乎是对未来的安全与否感到害怕。之后慢慢长大，害怕父母管教、老师责罚、情爱生变、工作无着、家庭负担等，可以说一直都是活在惧怕之中。尤其到了老年以后，更有以上的惧怕。不过，一个人如果从年轻时就懂得预备，老来又有智慧、人缘、信仰，则惧怕自然会减少许多。

人间十怕

人有千般苦，其中心有畏惧，“怕”就是苦。因为心生畏惧，就表示没有办法应付压力、灾难、痛苦等，所以会产生“身苦”与“心苦”。

说到“怕”，不只人有所怕，世间万物皆各有克星，因此也都各有所怕。举其要者：

一、蟑螂怕拖鞋。蟑螂的生命力是很顽强的，平时在家里的厨房、客厅、厕所等，到处可见它大胆、放肆地自由出入。但是蟑螂也有所谓的“怕拖鞋”一说，人类只要用拖鞋随手一甩，蟑螂就会应声粉身碎骨。

二、大象怕老鼠。大象是陆地上身躯最庞大的动物，连狮子、老虎都要让它几分，但是如此庞然大物，只要一只小小的老鼠跑到它的耳朵、鼻子里，大象就会痛苦不堪，甚至死亡。

三、狮子怕牙签。猛兽如老虎，尤其一向被称为“百兽之王”的狮子，虽然在丛林里可以作威作福，但是只要被牙签状的一根小小枝干刺伤，很快就会皮肉溃烂，不但从此雄风不再，甚至会一命呜呼。

四、高楼怕地震。现代人喜欢住高楼大厦，因为通风好、采光佳，尤其可以近观远眺，无边风光尽入眼帘，令人心旷神怡。然而住高楼的人，一遇地震难免胆战心惊，因为百丈高楼也经不起天摇地动，在一场地震中可能就此毁于一旦。

五、大树怕刀斧。参天的古木大树，尽管饱经岁月风霜的洗礼，依然傲然挺立，枝叶常青。但是如果有人加以刀斧，再壮硕的树干也会应声而倒。

六、木材怕蛀虫。上好的木材可以建房子、做家具，然而即使是上等的栋梁之材，一旦有了蛀虫，很快就会腐朽，无法持久。

七、房屋怕漏水。“屋漏偏逢连阴雨”，这是人生最难堪的事。因此一栋外表华丽的房屋，如果有了漏洞，雨水从上浇灌而下，住的人必然苦不堪言，房子也就失去了它的价值与功用。

八、太阳怕乌云。太阳是距离地球最近的恒星，它能散发光芒，带给地球万物所需的温暖与能源，但是只要一遇到乌云，威力十足的骄阳也会黯然失色。

九、台风怕高山。一般人都知道，寒风无孔不入，但是只要遇到高山，即使再强劲的台风，也无法通过。例如台湾的中央山脉，经常挡住台风，迫其转向，所以人生尽管有台风肆虐，只要我们有高山的意志来抵挡，又何惧哉?

十、暗夜怕灯光。所谓“千年暗室，一灯即明”，再深沉的黑夜，只要点上一盏灯，就能照破黑暗，带来光明。所以，家家户户都要点灯，因为有了光明，就能去除黑暗。

世间再强的东西，总是“一物克一物”，因此即使是英雄好汉，也有所畏惧。古人所谓“敬天畏神”，人尤其最怕良心的谴责，所以“惧怕”一事，岂容疑乎！

人生八怕

人在世间生活，有的人春风得意，无忧无虑地享受人生，但也有不少人时刻心怀忧惧，寝食不安。人生到底何所惧，略述如下：

一、英雄怕病魔。一个英雄好汉，平时威风凛凛，不可一世，但是一旦病魔降临，头痛、胃痛，甚至有时一根小指头受了伤都会其痛难忍，都可能让英雄变成狗熊，所以难怪有人慨叹“英雄只怕病来磨”。

二、美人怕迟暮。千娇百媚的美女，在人群中像一朵花，艳光四射。但是岁月不待人，一旦年华老去，美丽随着岁月消逝，就如同一朵鲜花，盛开时被插在头上，枯萎了就弃之于地。美人迟暮，岂不哀哉！

三、善人怕恶霸。世间多少善人君子，到处被人歌颂，受人礼遇。但是遇到奸邪的小人、地方的流氓恶霸，所谓“秀才遇到兵，有理说不清”，在蛮横不讲理的恶霸面前，再高的人格道德、再好的善事行为，都会黯然失色。不过“善似青松恶似花”，恶霸的横行不会太久，其不好的下场也是预期可见的。

四、僧侣怕因果。僧侣的生活简朴，不求功名富贵，所以无所求自然无所惧。但是在善恶因果之前，还是有所顾忌，尤其所谓“菩萨畏因”，岂可不慎！

五、商人怕蚀本。经商的人都想赚钱，因为赚了钱才能继续经营，如果总是蚀本，所谓“血本无归”，这是经商者最痛苦的事。所以，经营商业，不能只看到眼前的赚钱，另外还要赚时间、人缘、功德等资粮，以求蚀本时得有贵人相助。

六、农夫怕荒年。世界上有许多国家都是“以农立国”，农业是人们生活的根本依靠，但是遇有水灾、旱灾、虫灾，尤其碰到贪官污吏、苛捐杂税时，基本上农夫的知识、关系都不及其他行业，所以到时诉苦无门，只有“积谷防饥，积善有庆”了。

七、军人怕枪炮。军人雄赳赳、气昂昂，威武不可侵犯，令人敬畏。但是一旦战争的号角响起，军人开上战场，虽然为国家慷慨赴战，但是想到不知何时，只要一颗子弹随时都会要了自己的命，心中还是会生起惧怕之心。

八、政客怕民众。不少政客平时仗势欺压百姓，对人民极尽敲诈、耍弄，让民众敢怒不敢言。但是当政客福报享尽，风光没了，也会被人民唾弃，民众可以用选票、呛声来让他下台，所以人民还是最后的胜利者。

其实人在世间，岂能没有所怕？以上八怕，也够世人警惕的了。

个人之怕

心理学家弗洛伊德说，恐惧是与生俱来的特质。世间上，不但人皆各有所怕，即使国家也害怕奸臣，团体也害怕不良分子，乃至士农工商各界人等，都有各行各业之所怕。说到一般个人之怕，试举其例：

一、怕鬼。世间到底有没有鬼？虽然几千年来尚未有定论，不过鬼有鬼的世界，有的人却把鬼弄到自己的心中，弄到自己的生活里，例如“疑心生暗鬼”，甚至“疑心鬼”之外还有“贪心鬼”“嗔心鬼”，乃至在行为上与鬼为伍，所谓“色鬼”“赌鬼”“酒鬼”等。其实，人与其说怕鬼，还不如说怕人。鬼可怕，人更可怕。

二、怕痛。世间有的人死都不怕，却是怕痛，例如牙痛不是病，痛起来要人命。其他如胃痛，饱也痛，饿也痛，乃至头痛、心痛、肉体痛、骨头痛等。总之，人有了身体就无有不痛，虽然现在有各种止痛药，或是吗啡等麻醉针、麻醉剂，但是防治的方法再多，“痛”还是难免的。

三、怕穷。“一文钱逼死英雄汉”，人穷到贫无立锥之地时，虽然可以到处流浪，但是如果穷得三餐不继，日子就不容易过了。所谓“饱汉不知饿汉饥”“富人不知穷人苦”，贫穷之苦，但看历史上有的朝代闹革命，有的地方农民闹起义，乃至一般人为钱财打官司等，都是为了“贫富交战”也。

四、怕险。危险也是人之所怕，有的人不敢乘船，有的人不敢搭飞机，有的人不敢登山冒险。其实，人生到处无不充满风险，投资的风险，疾病开刀的风险，职业的风险，甚至帮人得当与否，都有危险。人在危险之前，就有自私，自己顾念自己的安危，所以做与不做，都情有可原。

五、怕苦。人生的苦很多，从出生后就有“生”苦，之后有“老”“病”“死”苦，以及“求不得”，甚至“怨憎会”“爱别离”等人我相处之苦，乃至战争及大自然迫害之苦。人因为怕苦，因此要训练自己有抗苦、应付苦的力量，所以佛教有八万四千无量法门，都是除苦之道。

六、怕骗。经常听人告诫说“要小心受骗”，包括感情、金钱等。其实人之所以会上当受骗，例如被诈骗集团所骗，大部分都是因为“贪心”。如果不贪，一切以正常的渠道行之，就不容易受骗。

七、怕小。人太小，总是被人看不起，不但走路走在人后，讲话也不比别人大声，甚至因为没有钱财、背景，在社会上没有地位，总是受人轻视等。所谓小人物有小人物的悲歌，小人物有小人物的叹息，这也是人生一苦也。

八、怕大。俗云“人怕出名猪怕壮”，有的人太大、太有名，就有盛名之累，不但到处被人嫉妒、障碍，还会受人围剿、攻击，尤其地位愈高的人，目标愈明显，处境也就愈危险，例如有的大人物被暗杀，就是因为太高、太大，所以伟大的人也有很多的风险、灾难。

总之，人生有很多的困境，最好的解决方法，就是行之于道德、人格，能够有慈悲、智慧，就能应付世间，不被世间打倒。如何有慈悲、智慧？那就只有靠修行了。

人间的忌讳

自古以来，人间就有很多的忌讳，尤其在专制极权的古代社会里，如果触犯了当权者的忌讳，还会惹来杀身之祸呢。例如清末慈禧太后生肖属羊，她将“羊”列为宫廷忌字，谁也不能提。

其实，忌讳也不一定不好，有时候忌讳是一种社会的规范、自我要求的准则，有时也是一种礼节，能确保安全。例如：

一、与人相处，忌讳飞短流长，论人长短容易产生误会。

二、国际社交，忌讳不懂礼仪，一旦忽略容易引发争端。

三、电器使用，忌讳不看说明，随意使用容易造成危险。

四、饮食之间，忌讳东说西讲，吃饭讲话容易噎着喉咙。

但是忌讳一旦流于迷信，被忌讳套牢，那就不是明智之举了。只是现在虽是科技文明的时代，人类还是难以跳脱迷信的框框。例如，有的人对数字迷信，认为“四”是“死”，乃不吉祥的数字，其实世间又有谁不死呢？有的人对时间迷信，举凡婚丧喜庆，一定要选择黄道吉日，其实有的人为了方便亲友参加，选择节假日举行，不是也过得幸福平安吗？有的人做生意，要看地理风水，但是同一条街上，有的人生意兴隆，有的却是倒闭关门，这和地理位置又有必然关系吗？

中国人对“死”极为忌讳，不言“死”字，惯以“去世”“逝世”“作古”“寿终”“归西”等代替“死”字，其实有生必有死，应该学习勇敢面对，更何况目前社会不也在流行“预拟遗嘱”吗？

谈到“死”，有一个笑话。有一天秦桧家里名士云集，大众等了一个多小时，秦桧仍迟迟不出来。常客王仲荀觉得无聊，说道：“各位大人久等了，让我来为各位解解闷。”王仲荀平常喜欢开玩笑，因此大家都聚集到他身边，准备听他说些什么。

王仲荀拉高嗓门便说：有一位大官出门办事，恰巧客人来访，递了张名帖请守卫通报，守卫看了他一眼，衣着普通，说：“大人不在，你改天再来吧！”

客人听了，勃然大怒，说道：一般人家里死了人才说“不在”，我跟你们大人是多年好友，你竟然诅咒他“不在”，等他回来，我告诉他，看他怎么治你！

守卫一听，马上低头赔不是：“请大人原谅，小的无知！过去凡是客人来访，大人不在，都是这样回话，也没有人说不当。如果‘不在’不好，那我以后怎么说呢？”

客人说：“既然你家大人外出不在，你就回说：我家大人‘出外去’，就可以啦！”

守卫皱起眉头，为难地回答：“大人！您这就不知道了，我家大人宁死，也不肯说‘出外去’三个字。”

在座的客人听了，不禁哄然大笑。

原来“死亡”的禁忌，也可以这么幽默有趣。佛教所谓“三界唯心，万法唯识”，一切都离不开心，只要合乎因果，则日日是好日，时时是好时，事事是好事，世间其实没有什么需要忌讳的。

人间事

人生世间，不能不知人间事！所谓“人间事”，从生活的起居，到读书求知识，甚至世态炎凉，人我是非，种种得失，真是一言难尽。人间到底有些什么事呢?

一、人生有悲欢离合。人有生老病死，自然就有悲欢离合的问题。人从出生之后，高龄的祖父母身体逐渐老迈，终至死亡；当自己成长之后，就要告别父母，负笈他乡读书或就业；及至稍有所成，父母也相继年老谢世；随着自己的事业成就，接着成家生儿育女。慢慢地，自己也感到时日无多，无常日近，于是一生的岁月就在这悲欢离合中度过。人的一生，不管贫富贵贱，悲欢离合是公平的，都会经常遇到。你要体会人生吗？要知道人间事吗？这就是人生最好的写照。

二、心情有高低起伏。世间事，包括家事、国事、天下事。世间的得失，内心难免不会跟着起伏。佛教叫人要“心能转境”，不要“心随境转”，但事实上，一般人的情绪还是很容易受外境干扰而起伏不定。心中欢喜，则万物充满了生机，心中悲伤，则万物随着黯然。人间事，都是苦乐忧喜，我们的心情当然也会跟着起伏不定。

三、事业有盛衰起落。人生不管自己创业当老板，或是受雇于人当员工，总要有事业。事业难免有兴衰起落，尤其创业的人，时而顺利，时而艰困，时而赚钱，时而蚀本，经常在亏盈中患得患失。人生没有事业，日子难过；有了事业，又为盛衰起落忧心。所以，世间事很难让人获得平静。

四、世界有成住坏空。《八大人觉经》说："国土危脆，四大苦空。"人在成住坏空的世界里，没有一刻不在兴亡生灭中起舞。我们看，地理有沧海桑田，历史有朝代兴亡，人事无常，所以人生努力要及时，有志愿要及早完成，千万不能虚度光阴，如岳武穆说："莫等闲，白了少年头，空悲切。"

五、四季有冷暖阴晴。我们生活在大自然里，都有季节的更迭，所谓"春夏秋冬"，气候也有"冷暖阴晴"的不同。在大雪飘飘的寒冬，有钱人家有暖气可用，他看到白雪皑皑，感觉充满诗情画意，真是快乐人生。但是有的穷苦人家，陋居草屋，御寒无衣，只能抖擞着与严寒奋斗，叫苦连天。同样一个地方，能分出天堂地狱；同样一个家庭，各自的生活也有悲欢忧喜。世间事，老有老的忧喜，少有少的悲欢，也像四季一样，真是冷暖人间，阴晴人生。

六、生活有旦夕祸福。语云："月有阴晴圆缺，人有旦夕祸福。"人生的祸福难定，有时"人在家中坐，祸从天上来"，无缘无故都可能遭飞来横祸。何况人世间，经济的萧条、交通的事故、政治的迫害、小人的暗算，本来平安无事的人生，就因为一些意外，而让人生活得很辛苦。

这个世间，有时候我不犯人，人来惹我，就如开车在路上，我不撞人，人来撞我。所以，人间事就如驾驶，不但我不撞人，而且还要能够不让人撞到我，这才是最高的本领。

四季人生

人生有生老病死，气候有春夏秋冬。拿四季来比喻人的一生，春天百花盛开，充满无限生机，就像年少岁月，灿烂美好；夏天艳阳高照，万物欣欣向荣，就如满怀理想的青壮之年，热情奔放；秋天落叶飘零，大地一片萧条，象征老病人生，寂寞悲凉；冬天冰雪覆盖，凄凄岁暮残冬，正如人生之最后，逐渐萎谢而亡。

人之一生，有生老病死，恰如一年有春夏秋冬四季，确实相仿。人间因为四季更迭而变化多彩，人生也要像四季一样，活得丰盛。如何才能活出丰富多彩的四季人生呢?

一、生命要像春天，繁花似锦。人到世间上来，童年时期有父母呵护，生活无忧无虑。及至青春年华，广交朋友，两性相爱，充满了理想。此时体力、精神都无比旺盛，虽不能呼风唤雨，但只要勤劳，世间的衣食总可温饱。然而生命的意义，不能只为三餐温饱，应该让生命活得像春天一样，所谓“微雨众卉新，一雷惊蛰始”，春天的生命，前途似锦，应该尽情挥洒，让似水的年华岁月充满了爱，有爱的生命才有希望，才能生生不息。

二、性格要像夏天，热情助人。人的生命要活得像夏天，充满盎然生机，尤其性格要像如日中天的太阳，热情奔放，为世界奉献，为众生服务。一个性格像太阳一样的人，可以光照十方，让万物在阳光普照之下，跟着欣欣向荣。一个有阳光性格的人，自己沐浴在夏天的阳光之下，清晨可以欣赏朝日，黄昏可以观看夕阳，即使是日正当中，也可以在树下乘凉。所以，热情奔放的人生，可进可退，当然是可喜可贺的人生。

三、行为要像秋天，沉稳内敛。春天、夏日过去了，秋天就会来临。这就如同人生经过了数十年岁月的磨炼，生命到了中年以后，思想、行为都到了成熟的阶段，也如五谷、果实到了秋天，慢慢结穗、成熟。人生经过了岁月的洗练，到了成熟的阶段，就知道如何传承、利世，如何用自己的成就，所谓“果实芬芳”来分享人间。所以，秋天的人生，不要悲伤年华老去。其实人生的精华，人生的意义，就在秋天成熟的岁月，甚至即使年届退休，也有“退而不休”的第二度春天再起。例如，过去是忙自己的事业，忙着照顾家庭，现在退休了，正好可以做社会的义工，可以更广泛地做善事。此时的人生，由于自己的智慧、经验丰富，所以一日的生命，可以胜过他人许多的岁月。

四、思想要像冬天，成熟稳重。人生到了冬天，思想臻于成熟的阶段，可以环游世界，广增见闻；可以含饴弄孙，增加欢乐；可以著书立说，立功、立德、立言。所以，人生到了冬天，不要以为是老之将至，其实冬日是功果圆满之时，只要留下的功果可为世人所爱，即使花朵枯萎凋谢，但是种子埋藏在土里，还怕没有萌芽、成长的一天，还怕生命不能再起吗?

无门禅师说：“春有百花秋有月，夏有凉风冬有雪，若无闲事挂心头，便是人间好时节。”人只要能随缘自在，四季无不是光风霁月，晴空朗照。

新陈代谢

“新陈代谢”最早是说明人体结构循环的一种现象。人体的细胞，日日生灭，时时更换。同样的，“江山代有才人出”，世间所有生物体，乃至一切事物，无不时时都在“新陈代谢”中。

一位活到九十多岁的老人，有记者问他：“老人家还有什么心愿？”老人说：“最大的心愿，就是新陈代谢——早点死亡，可以换一个新的身体，重新报效世间。”

世间万事万物，因为有新陈代谢，所以能不断地发展。例如：

一、人事的新陈代谢。语云：“长江后浪推前浪，世上新人赶旧人。”老人的经验是弥足珍贵的，但老人的恋栈、执著、把持权位，也是不当的，所以孔老夫子也说“老而不死，谓之贼”。人事就是要有新陈代谢，才会进步。

二、身体的新陈代谢。身体里，细胞如果不能新陈代谢，血液如果不能循环代谢，不是与植物人无异？其实，就算是植物人，也有新陈代谢。世间不管生物、植物、矿物，大地山河，都有新陈代谢。佛教所谓“无常”，一语道尽新陈代谢的意义。

三、地球的新陈代谢。现在举世之间，凡是有历史、有文化的建筑、山水等，联合国都一再呼吁，希望世界人民共同维护人类的文化财富。人类的先祖们，创造了地球上真善美的建设，吾人当然乐于维护共有的财产。只是世界上没有不变的东西，任何事物都不可能静止不动，也不可能长久维持原状。就如空气不对流，就没有新鲜空气，人类如何生存？衣服穿破了，就要换一件新衣；汽车用久了，也要汰旧换新。没有利用价值的东西，注定要被人淘汰，但是有价值的东西，人类在新陈代谢中，还是会尽量维护它的功用。

四、习惯的新陈代谢。婴儿出生以后，以哭闹为力。随着年龄增长，总不能老是用哭闹来争取所需，所以要改变哭闹的习惯，用讨人喜欢的动作，获取需求。例如：礼貌、听话的儿童，容易获得父母的欢心；彬彬有礼的男士，能够获得美女的青睐。即使进入社会，也不能染上烟酒等恶习，让人嫌弃，更不能讲话粗言恶语，乃至生活懒散、行为无忌，惹人生厌。人的一生，习惯不能随着知识、品德而新陈代谢，给予更新、改正，人生就很难交出好的成绩来。

五、思想的新陈代谢。人的基本道德观念，最好坚定不改，但是一些新知、新生活的规范，要不断地新陈代谢。古老中国的太监、裹小脚的妇女，不都是被历史的新陈代谢自然淘汰了吗？现代各种主义、各种学说、各种发明，也不断在新陈代谢，唯有获得大家的认同，“适者”才能生存。

六、自我的新陈代谢。有形的新陈代谢，这是自然的法则；无形的新陈代谢，所谓“升华”“扩大”“超越”，这也是新陈代谢的意义。我的鄙陋，不经过新陈代谢，怎么能改进？我的粗俗，不经过新陈代谢，怎么能更新？我的无知，不经过新陈代谢，怎么能进步？我的自私、执著，不经过新陈代谢，怎么能成佛作祖？所以，人要自我更新，自我新陈代谢，才能愈来愈完美。

人生的站

人生像一艘船，在海洋里漂呀漂，但是总要有一个码头可以停靠，因为靠站才能运补。就算搭乘飞机，也要有航空站可以转机，也要有机场可以起飞、落地。

我们居家，家庭是我们的起站；我们就业，公司是我们的工作站；我们出差，住宿的旅店是我们的休息站；我们有什么要求，需要求助于咨询站。“站”是人生路上的一个小点，但这个小点的站，对人生而言，非常必要，假如世间少了这许多的站，我们停靠在哪里呢?

兹就人生路上的站，约略一说：

一、加油站。人生的道路是漫长的，在漫长的道路上需要加油站。不管你乘坐的是什么车辆，加了油才能跑更远的路。所谓加油站，例如宗教的道场，就是我们的加油站，因为人生的路走得疲倦了，需要加油，需要鼓励，需要增强力量，人才能更有希望、更有动力地往前迈进。因此，交通车需要加油站，人体的这部机器，也需要一所能经常打气的加油站。

二、休息站。即使是油料十足，但人生的路上总不能早晚不停地奔驰，总要有个休息的时刻，所以需要休息站。到了休息站，可以吃个餐饮，买些零食，做各种方便，甚至散散步、伸伸腰、活动活动筋骨，这是出外在旅途上的人都需要的休息站。平时我们居家，家庭就是我们的休息站。在家庭里，有三餐供应，有床铺可以睡觉；在家庭里，可以看一本书、读一份报，就是唱唱歌，也没有人会来干涉你。所以，家庭是每个人最好的休息站。

三、供应站。我们在高速公路上，不但需要加油、休息，有时候还需要有供应站，提供各种服务，采购各种所需。例如现在的机场都有驿站，供应人们盥洗、理发、采购，让在旅途上奔波的人们，获得各种方便与服务。现在我们在士农工商各个行业工作，也就是从事供应站的服务。所谓服务的意义，就是“人人为我，我为人人”，我能在供应站里，供应社会人生各项所需，为大家服务。大家因为我的服务而得到了方便，我也因为大家的缘分而得以生存，得以发展。人生就是靠这些供应站的因缘，相互服务，才能共同生存。

四、接驳站。人生的路也不是一个人走的，先是我们的曾祖辈，再来是我们的祖辈，我们的父辈，甚至后辈，一代一代地在人生路上传承接力。就好像现在的运输，有时候也需要换乘。从台北要搭乘高铁，先要乘坐出租车到高铁站，到了目的地，还要有家人来接，透过接驳，才能一站一站地一路通行。

人生的站很多，有时还会遇到检查站、收费站等。人生的站带给我们方便，虽然偶尔也难免会带来不便，但是人总要有勇气通过人生的驿站，一步一个脚印地往前行走，这就是人生。

结　局

世事如一盘棋，总有结局。有结局，才有输赢。就如一场讲演，也要讲究最后的总结。即使写字，也有最后一笔。人生的最终，也有最后的遗言。

在一场战争中，最后的结局不以成败论英雄，还要看这一场仗打得漂不漂亮。有的虽败犹荣，也不失为最好的结局。以下试就四种“结局”一谈：

一、讲演的结局。一场讲演，精彩无比，既有内容，也很有层次，听者无不动容。不过主讲的人不知见好就收，他看到大众听得兴致高昂，自己也欲罢不能，明明讲演时间已到，但他舍不得结束，不断地说：我还有一点，我再有一点，我最后一点……一而再，再而三，一点又一点，弄得大家前面听讲的好感尽失，甚至觉得不耐烦，这就是不懂得“适可而止”。凡事“拖泥带水”，就难以创造美好的结局，只是这样的讲演，时下比比皆是。

二、铸剑的结局。春秋时代，名匠干将接受吴王阖闾之命铸剑，但是冶炼的过程中，铁的精华不出，久久无法铸造成剑。干将的妻子莫邪忧心不已，于是问道：铁汁不出，怎么办才好呢？干将说：从前先师欧冶子铸剑时，曾经让女子担任炉神，于是很快炼成。莫邪听闻此言，立即投身炉中，果然很快就铸成两把名剑，雄剑叫“干将”，雌剑叫“莫邪”。现代人提起宝剑，干将、莫邪，无剑能比，只是这样的结局，却是牺牲生命换来的。

三、战争的结局。第二次世界大战，日本从中国的卢沟桥出兵，一路势如破竹，不到几年，不但席卷亚洲，甚至在一九四一年偷袭美国珍珠港，企图摧毁美国的海军、空军。但是此举迫使美国不得不与日本宣战，于是在硫磺岛、中途岛、塞班岛展开多次大战。日本自始至终，抱着必死的决心，不肯屈服投降，美国于是不动声色，分别在日本的广岛、长崎，各投下一颗原子弹，终于结束了第二次世界大战。因为美国的最后一击，使得同盟国转败为胜，而这样的结局，也造就美国称雄于世界，成为霸主，可以说获益最多。

四、美女的结局。语云“自古美人如名将，不许人间见白头”，古来的名将都没有最后，有最后也都是最悲惨的。其实，美女也一样，红颜多薄命，人间哪得容许白发红颜呢？香妃的自尽，杨贵妃的被缢，我们虽然对这许多红颜投以同情，但汉武帝的宠妃李夫人，其遭遇更叫人惋叹。李夫人因为姿色容貌得宠，后来病重，汉武帝前往探视，欲见一面，但她蒙面不见。汉武帝觉得有失尊严，愤而离去。有人责问李夫人：“皇帝恩宠，亲自驾临探视，何以不见？”李夫人说：“夫以色事人者，色衰则爱弛，爱弛则恩绝。皇帝专好美色，我为留一好印象于皇上，所以不愿以病容示之。”李夫人深知“以色事他人，能得几时好”之理，所以断然拒绝以病容面见汉武帝，这虽然不是最美好的结局，却不失为智慧之举。

综上所说，世事盛衰一场戏，人我成败一着棋，在世间，无论什么都有结局，你再喜好什么运动，都有最后一场。任何的竞争较量，也都有最后一战，结局当然就能分出胜负高下来。其实，我们看世间，虽有得失成败，有聚散无常，但真正讲起来，这个世界是没有结局的，结局只是一时的，在无限的时空里，因因果果还在不断继续。即使是人的生死，来来去去，也是永远没有休止。就如时钟，从一到十二，周而复始，没有开始，也没有结束。因此，在因果循环的世间法里，只有一个阶段又一个阶段的相续，并没有结束，当然也没有真正的结局。

黄 昏

“夕阳无限好，只是近黄昏”，黄昏的夕照，能够增添景物的灿烂、妩媚。只是黄昏的时间短暂，所以一般人年老时想要创造什么事业，都说是黄昏事业；有的人想为国家规划一些建设，但因不适时，也称其为黄昏建设。

所谓“黄昏事业”，就是看不到远景、看不到希望、看不到前途、看不到未来在哪里，因此总是令人唏嘘嗟叹。然而在现实生活里，“黄昏”给人的观感，因为年龄不同，其实有着很大的差异。试说如下：

一、少年学童欢喜黄昏下课放学。青少年学童一到黄昏放学时，最是欢喜雀跃。因为在回家的途中，可以边走边游戏。尤其住在乡下农村，一到黄昏，大自然的景致变化无穷，从欣赏黄昏的美景，也让人打从心里歌颂人生的可爱。只是现在的青少年，已经少有欣赏黄昏美景的心情，因为在他们放学回家的途中，有太多的诱惑与障碍，诸如打电动玩具、参加帮派集会、飙车、打群架等，所以他们再也无法像过去的学童，每到黄昏，就能迎着夕照，踩着轻快的步伐回家。

二、热恋青年向往黄昏无限浪漫。黄昏时刻，夕阳西下，晚霞满天，如诗如画的黄昏美景，最是浪漫，引人遐思。因此，一般青年男女，最常相约黄昏后，一起到海边欣赏落日余晖，或是到公园里，花前月下，都能增进彼此的情感与心灵的交流。所以，黄昏对年轻人而言，是人生最浪漫多彩的时刻。

三、银发老人感伤黄昏日薄西山。黄昏能引起青少年的生命热情，但是对一些银发老人而言，见到黄昏难免感伤自己去日无多，因此对生命产生了很多的感慨。但是也有的老人，认为黄昏虽然短暂，毕竟还是美丽辉煌的，因此依然发挥老人的雄心壮志，为人生的事业做最后的奋斗。另外，也有的老人则是洒脱地认为，该是退休的时候，所以毅然交棒给儿女。虽然同是老人，却有不一样的人生观，但他们总是有自己的方式，能够度过人生的黄昏时刻。

四、一般大众每日黄昏如常生活。一般大众对早晨的彩霞、黄昏的日落，日日如此，已经习以为常，所以“日出而作，日落而息”。日出而作，未必欢喜；日落而息，未必忧伤。就好像春夏秋冬，来的时候来了，去的时候去了。也好像生老病死，流转轮回，看得开，都是一些平常事。

西方人欢喜看流星，因为一刹那的美丽，胜过寥落的一生。东方人对黄昏的眷恋，胜过对流星的追逐。其实不管是流星或是黄昏，刹那即是永恒，刹那和永恒应该都是同等的价值。虽然一般人对黄昏的留恋，也是人之常情，只是无限的美景总要过去，人生的舞台不容许留下一时的空白，一出戏演完，就要换另一出上场。因此，晨晖也好，夕照也罢，我们能在生命的每一个时刻里，散发生命的光和热，这才是重要的。

匆 匆

朱自清先生有一篇题为《匆匆》的散文，读后令人久久难忘。文中说：“燕子去了，有再来的时候；杨柳枯了，有再青的时候；桃花谢了，有再开的时候。但是，聪明的，你告诉我，我们的日子为什么一去不复返呢？”确实耐人寻味。

说到“匆匆”，列举数事一说：

一、时间匆匆。时间的脚步，从来不曾停下来等过人，总是一分一秒，毫不差误地推动着时间的齿轮前进。你守时，运用时间，时间宝贵；你不守时，糟蹋时间，就是“一寸光阴一寸金”也没有价值。人的生命，倒不一定活到一百岁、八百岁，而是要看你活着的时间有什么建树，所以人要珍惜时间，因为时间就是生命。

二、人情匆匆。人情的好坏、聚散，也很匆匆。有的人一见如故，即刻成为挚友。有的多年好友，一句玩笑话而反目成仇，彼此不再往来，人情何其匆匆！尤其当我们被人用的时候，重视、关怀，无微不至；若是不被人用的时候，虽在眼前，视如障碍。所谓“富在深山有远亲，贫在闹市无人问”，人情的冷暖，世态的炎凉，尤其让人感叹“人情何其匆匆”也！

三、生命匆匆。有的生命刚刚出世，还没有见识到人间，很快就结束了，真是来也何其匆匆，去也何其匆匆！有的人从小胸怀大志，奋发有为，希望将来能对国家社会有所贡献。好不容易长大成人，正当意气风发的年龄，却来不及施展抱负，英年早逝，令人唏嘘叹息。也有的女性，二八年华，花容月貌，人生正要开始，却忽然香消玉殒，都不免令人慨叹“生命何其匆匆”！

四、缘分匆匆。“有缘千里来相会，无缘对面不相逢”。既是有缘相会，但如同甲乙两人，在南北道路上交会，何其匆匆一面就分散。父母兄弟姊妹，总算是有缘人吧！但是缘分究竟能有多久呢？当生离死别的时候，也只有感叹缘分匆匆也。“有情人终成眷属”，千辛万苦奋斗，终于结成良缘。可惜老天无眼，当有情人断肠时，又怎么能不感伤“缘分匆匆”呢？所以，吾人要善结良缘，缘要深、要厚、要久、要长，不能让缘分匆匆而去。

五、名位匆匆。人生千辛万苦，为了求得一个名分、一个地位。但是几个月的内阁，几个月的部长，宝座都还没有坐热，就匆匆下台，名位对吾人又是何其匆匆呢！中国的历史上，光是国祚不到三百年的明朝，前后就换了十六位皇帝，其名位何其匆匆也。

六、机会匆匆。每个人都盼望自己的机会比别人好，能比别人多一些发财的机会，多一些事业顺利的机会，多一些遇到贵人的机会，多一些平步青云的机会。但是，机会也是在一瞬之间。当因缘具足时，机会自己会来找你；如果因缘不具，你要去找机会，却是怎么也找不到。所以，机会对吾人，也是何其匆匆，何其无缘！

世间事都是“匆匆”的，不要在“匆匆”里寄望吧！还是老老实实地把握时间，把握现实，管他怎么样的“匆匆”，我依然“如如”也！

叁·与病为友

如果能把暴躁的脾气改成柔和，把孤僻的性情改成随缘，命运一定随之改观。现在医学发达，有人得了心脏病，换个心脏，仍然生龙活虎，充满活力。我们的肉团心坏了，固然要动手术换掉，智慧妙心坏了更应该更换。只有把坏心换成好心，把邪心换成正心，才能延续生命，常保健康。

病的价值

人会生病，病了就需要医治，所以因病发展出医药、医师、医院、护理站，以及各种医疗仪器等。全世界每天都有很多人在生病，也有很多人在为病人而忙。

人病了，经过医治之后可能会康复，但也有人一病不起，一命呜呼。病虽然带给人负面的痛苦，但也有正面的启示功用，例如：

一、病能让人知道保健。一个健康的人，平时不太感到保健的重要，如果偶尔生个病，就会知道人需要保健。生活作息正常、三餐饮食均衡、工作忙闲有度、心理情绪正常，都是保健之道。因为一次小病，让人知道保健之重要，病未尝不是一件好事。

二、病能让人忍耐勇敢。病像个枷锁，束缚人的身体，病使人无力、使人萎靡、使人生活不便，但是病也让人生起了忍耐的勇气。病了，你必须忍受病的折磨，必须放下沉重的工作，必须相信医生的治疗。病了，什么能吃，什么不能吃，都由不得你，必须要忍耐。甚至生活作息，也要听从医师嘱咐，不能随心所欲。一场小病，不但养成自己忍耐的力量，也会增加自己的勇气，因为病了就要勇敢地面对病魔的要挟，才有更健康的人生。

三、病能让人生起道心。佛经说，修行的宗教人士，生了病之后，更知道要发道心。因为人一旦病了，他会体会世间无常、人命脆弱，想做的事，应该赶快完成。人不但为现在的生活而忙，更要为未来做一些安排、打算。所以，病了反而容易激发人精进向善、向道的思维和看法。

四、病能让人看透人生。人在健康的时候，看到的是金钱重要、爱情重要、名位重要、权势重要，眼里所看的都是世间的荣华富贵。但是一旦病了，看法就会有所不同。病了看到的是人生何去何从，看到的是人生的过去和未来。病了之后，不但看到自己，而且看到所有的亲朋好友，看到一切的因缘。病也能让人参透人生的种种。

五、病能让人珍惜生命。一般人平时不知道身体健康的重要，病了不但知道珍惜身体，更珍惜生命。每个人的生命都是宝贵的，所谓“宁在世上捱，不在土里埋”。人可以维护自己的生命，就是对生命的尊重，就是对生命的慈悲，就是对生命的珍惜，那是有益于人间社会的大事。

六、病能让人审思未来。病了的人，经常让他挂念的问题，就是自己的病会不会好。病，只要有适当的医疗，当然会好。但是病了又会想：假如不好，我的未来怎么办呢？遗产、遗愿，各种的问题如何善了？甚至人生未来到哪里去呢？人能审思未来，就必须珍惜现在，能把“当下”完成，又何惧于没有“未来”呢！

生　病

房子有了白蚁，这是房子病了，必须防治；经济萧条，这是经济病了，必须提振。世间的人、事、物都会生病，病了就要医治，否则国家病了，全国人民都会受苦受难。政治病了，人民受到的迫害，必然无以复加。人生万事都会生病，兹举其例：

一、语言生病了。有的人说话，所谓“狗嘴里长不出象牙”，说不出一句好话，每说一句话，都会侵犯别人，让人不欢喜；有的人说话，语言里总是带刀带剑，让别人受到伤害，当然不甘心接受。所以，人间的和谐，常因为语言有了毛病，造成人我之间的矛盾。

二、身体生病了。人的身体，年轻时或许还能抵挡百病，但是一到老年，百病丛生。眼睛看不清景物，耳朵听不清声音，牙齿动摇了，骨头松动了，甚至五脏六腑都跟着毛病百出。这时候的人生，只有回忆往昔，感叹青春消逝之快，要想等着下一个春天，不知要到何时！

三、心理生病了。人心的毛病，可能比身体之病有过之而无不及。奸刁、狠毒、猜疑、嫉妒、尖酸、刻薄等，心理有了这些毛病，专想害人，就像传染病一样，马上传染给别人，让别人也深受其害。一个人语言有了毛病，还有人指正；身体生了病，也可以找医师治疗；心理有了毛病，别人看不出来，但是“明枪易躲，暗箭难防”。心理生病的人，不知何时会发出暗箭伤人，真是让人防不胜防。

四、社会生病了。人心不好，影响所及，整个社会风气必定跟着败坏，例如社会缺乏正义、公平，强权欺负弱小，富人压榨穷者。在这样的社会里，官员们这个贪污腐化，那个腐化贪污；社会人心这边伤风败俗，那边败俗伤风。整个社会乌烟瘴气，让人生活在其间，毫无快乐可言，甚至生命财产都没有保障，人人自危，每天活得心惊胆战，不知何时会遭遇不测，真是度日如年。

五、舆论生病了。社会之所以病重，原因是社会没有公正的舆论。政治人物每天搞口水战，财经人士大搞暗盘交易。社会上的好人好事俱不表扬，私人败德之事大肆渲染。明明是狗咬人，他就是不讲真话，偏要说人咬狗才耸人听闻。这样的社会舆论，人民不敢苟同，不能信赖，但是除了徒叹奈何以外，也是束手无策。

六、世界生病了。现在举世人类面临了一个共同的浩劫，那就是“世界生病了”！现在的世界，只有强权，哪里有公理？只有强弱，哪里有平等？世界上的国家，不但政治、社会生病了，甚至自然界也生病了。自然界的山川河流、森林草原，因为人为破坏、滥垦滥伐、过度开发的结果，大自然已经没有正常呼吸的空气。大自然受到人类无理性的侵略，已经“鸟难唱歌，花难开放”，尤其近年来日趋暖化的气候，还不够叫人忧心吗？

总说“生病”，人有了生命，就会有病。病了就会老化，就会死亡。当然，凋谢的花朵结出种子，种子只要遇到因缘，还会再生。但是，我们不禁要问：今日世间的好因好缘在哪里呢？

人之病

人的身体毛病很多，不但肠、胃、肝、肾、心脏等器官可能发生病变，眼睛、耳朵、牙齿、皮肤也都会产生各种问题。甚至身体的疾病以外，人的心性也有一些与生俱来的毛病，例如：

一、不能无我。人不能“无我”就会“自私”，人类几乎都有私心，我的身体，我的财产，我的关系，我的需要。做官的为了自己的权力名位，经商的为了自己的发财富贵，读书的为自己的飞黄腾达。即使做一点善事，也希望别人赞美、崇拜。一切都是为了“我”，一切都是自私。如果一切事情里少了“我”，就提不起劲来。“我”不是不好，但是“我”过分自私为己，和人间大众便不容易融洽交流。

二、不识大体。每一个人都应该想到，除了自己以外，我有国家，我有社会，我有父母，我有乡亲，我有同事、同学，我有家人、儿女。很多事情，除了“我”之外，我还有国家社会的责任，我和他人有各种责任的关系。为了地方上的公共建设，在此大体之下，可能要自我牺牲一点。为了亲族大家的需要与发展，我可能需要贡献一些，因为“大体”比“我”重要。

三、不肯认错。认错是美德，社会上当然有许多人具有这种美德，但不肯认错，也是社会的通病。大马路上的吵架，不就是因为双方都不肯认错？会议上的争执，不也是某一方面不肯让步？到处都是计较，到处都是执著。尤其只要到法院一看，对簿公堂的双方，都以为自己有理，错不在我方。即使花钱诉讼，也要为了坚持“错不在我”的立场而争个输赢。

四、不能忍耐。人之病，不能忍耐的时候，生气怪人，甚至骂天骂地。夫妻吵架，难以忍耐，掼碗掼筷；朋友争执，一言不合，拳脚交加。五代时，和凝与冯道同朝为官，和凝请随从帮他买了一双鞋子一千八百文，后来冯道也买了同样一双。和凝问：“你这鞋子多少钱？”冯道说：九百文。和凝一听大怒，指着随从怒斥：“别人只买九百文，为什么你替我买的是一千八百文？”这时冯道不慌不忙地举起另一只脚说：“这脚也是九百文。”不能忍耐，好生气的结果，就会造成这样的错误。

五、不负责任。有责任感的人，表示他很健康，没有毛病。反之，不负责任的人，就是有了毛病。丈夫不能负起家庭的经济责任；老师上课迟到早退，教书不负责任；警察宪兵，上班不负维安的责任，反而去打小牌，跟人聊天。因为一时疏忽，或一点责任未尽完善，铸成大错，到了追查责任时，又相互推诿，不肯承担责任，这都是严重的毛病。

六、不肯相信。凡事疑心，不肯相信，这也是人类的毛病。狐狸走在冰上，或走在桥上，时而向前，时而退后，它对前途安全狐疑不信。同样的，吾人对真理不肯信奉，对他人的好意不肯采纳，不但朋友之中没有他相信之人，事业团体也没有他相信之事，甚至对道德不肯信奉，对公论不愿加以认可。如此没有信仰、没有信心之人，注定一生做事难以有成。

疗病五层次

语云：“天有不测风云，人有旦夕祸福。”人吃五谷杂粮维生，难免会生病。既然生病是人生必然的现实，吾人就应该正视它，所以要有一些对治疾病的方法。以下疗病的五个层次，提供参考：

一、先做正当检查。不少人“病急乱投医”，一有病兆，没有通过仪器先做仔细的检查，就到处求诊，甚至听信江湖郎中之言，以为病各有偏方。不经科学仪器检查，患病的真相不明，造成误诊、错诊，所谓“差以毫厘，失之千里”，医疗纠纷因此层出不穷。

其实现在的医学科技发达，不管内科、外科，有很多的暗疾在科学仪器前都会现出原形。这是现代人的福气，应该好好利用仪器检查，虽然因此要多花费一些金钱，但如果为了省钱，因小失大，等到发生大病可就悔不当初了。

二、遵照医生嘱咐。经过仪器检查后，医生必会告知医疗的方法、过程，这时必须打破自己的执著，跟医生合作，听信医生的建议。如果医疗过程中不听医嘱，则如《佛遗教经》所说：“我如良医，知病说药；服与不服，非医咎也。又如善导，导人善道；闻之不行，非导过也。”

三、认真医疗。经过医师诊断，开给药方，嘱咐每天吃什么药，或是要你做运动、多休息等，一定要听其指导，如说奉行，不可轻而忽之。唯有自己配合，认真医疗，病才能好得快。

四、心理乐观。有病虽然要靠医药，但自我的心理治疗功用更大。有的人本是小病，由于心理作祟，以为自己的病情严重，每天心情沉重，忧愁苦恼，郁郁寡欢，反而加重病情。反之，有的人虽然病情严重，但他乐观开朗，无形中增加自己身体的抵抗力，疾病也会因自我的抗体增强而消失于无形。

五、与病为友。有的人生了急病，来得快，去得也快。也有一些慢性疾病，病情虽然不是很严重、凶猛，却不是一时就能治好，有的一拖数个月，或是数年，甚至一生。这个时候不能怨天恨地，也不要自怨自艾，只有“与病为友”，才能相安无事。就如我们交朋友，也非个个都很健全、美好，纵使有缺点，我们也不会因此舍弃。疾病也是一样，身体有了疾病，要把他当成朋友，悉心爱护，和他同体共生，同情共理，所谓“见怪不怪，其怪自败”。

综上所述，所谓“有病方知身是苦”，无病时要多为别人忙，多为他人服务，多为国家社会奉献；有病了，也必得多关心自己，多照顾自己。经云：患病的众生，应该对他多一分的照顾。诚哉斯言。

吃 药

吃药，不管保健也好，治疗也好，本来都无可厚非。但台湾人三餐舍不得买菜，把钱省下来买药。尤其台湾的寺院道场，一些修行人士，平时省吃俭用，可是房间里却到处可见各种药瓶、药罐。为什么不重视三餐的营养，不多注意运动，以此来增进健康，却要借助吃药来获得健康呢？真是叫人百思不得其解！

对于“吃药”，提供意见如下：

一、以养生代替吃药。所谓养生，平时生活起居要正常，早睡早起，对于气候寒暑要注意，不要贪凉而受寒，也不要大意而中暑。对于饮食，除了不可暴饮暴食，也不要吃太多冰冷的餐饮，或是热量太高的，如火锅之类的食物。中国人的菜肴，一向喜欢烧烤煎炸、焖煮炖熬。反观西方人，生菜沙拉、麦片牛奶，不但清淡可口，而且符合养生之道。所以，懂得注重养生，比吃药更健康。

二、以运动代替吃药。人的身体，靠吃一些维他命，或是适量的补品，以增加健康，固然有其必要。但是通过运动代替吃药，更为重要。一个现代的国家，没有不提倡运动的。强国强种，非从运动下手不可。运动的项目，包括各种球类、田径、休闲运动，尤其慢跑、健走，最是有益健康。

三、以禅修代替吃药。现在的社会，连中小学生都懂得要禅坐。禅修看起来是“静坐”，但实际上是“养心”的运动，也是“养身”的活动。达摩祖师在河南嵩山少林寺禅修静坐，后来少林寺传出一套禅修的武功，一者用以防身，再者也是最好的健身运动。禅门讲“禅悦为食”，禅都可以当饮食，禅为什么不能当药食呢？

四、以正念代替吃药。有些人的疾病，真正研究起来，身体上并没有什么病，完全是心理所引起的。例如：多疑会生病，多嫉也会生病，甚至迷信更会生病。假如你平常的信仰符合正见，你过着“八正道”的生活，你有“四无量心”的悲愿，你有“观身不净、观受是苦、观心无常、观法无我”的四正念，这些不但是安心立命之道，也是身心健全的良药。

五、以放下代替吃药。吾人的身体，致病的原因很多，例如，气候变化、卫生不佳、病菌传染等，尤其是“心有挂碍”，更增不少病痛。《般若心经》说，心有挂碍，就会有颠倒妄想，种种的邪知邪见，也会趁机而入，如此纵使没病也会致病。反之，如果吾人心无挂碍，放下自在，对于世间诸事，当提起时则提起，当放下时也要能放下。如同吃饭，不端起饭碗，如何吃饭？吃饱饭后，不放下饭碗，不是很麻烦吗？人生世间，心理的负担着实很重，金钱、感情、家人、朋友、事业等，都像千斤重担，压在我们的心上，我们的身心承受的压力过多，也难免会有病痛。

综上所说，人吃五谷，难免会生病，甚至人事烦扰、生活负担，都会让人身心受创。不过，如果我们平时注重保健，生活饮食正常，每日保持运动，经常禅修静坐，有正当的信仰，有正确的观念，能做到“百病不侵”，那么还要吃药做什么呢？

身体衰弱

“人生无常”，世间没有铁打的好汉，没有铜铸的英雄，每一个人都是血肉之躯，随着岁月寒暑迁流，身体的机能总会退化，自然会慢慢衰弱。

但是，有的人身体衰弱得比较慢，尽管活到八九十岁，仍然健步如飞。有的人身体衰弱得快，五六十岁就是小老头一个。造成人体衰弱的原因很多，举其要者：

一、暴饮暴食。所谓“祸从口出，病从口入”，很多疾病都是因为吃得不当而吃出毛病来。例如，经常在家大吃大喝，或是上餐馆饱餐一顿。暴饮暴食的结果，不是过度肥胖，造成内脏器官不胜负荷，再不然就是吃坏肠胃，影响消化功能，这些都对健康有害。另外，有的人口味太重，吃得太咸、太酸、太辣，尤其吃太多油炸的东西，卡路里、脂肪过多，都容易引起一些心血管等疾病，都会让身体的健康亮起红灯。所以，日常三餐饮食要定时定量，并且要细嚼慢咽，尤其尽量多吃清淡的食物，才能有益健康。

二、忧郁多虑。人的身体通于心理，心是眼耳鼻舌身的统帅，心里有了妄想杂念，或是忧郁多虑，致使情绪起伏不定，乃至心理压力过重，都会影响身体健康。尤其有的人经常为了别人一句闲话，久久不能释怀，一直把它挂在心上，翻来覆去，自己不能开脱。久而久之，造成精神虚弱，甚至妄想症、躁郁症、忧郁症等，也会跟着而来。这些心理的疾病，也是造成身体衰弱的原因。

三、过分纵欲。人的欲望有净法欲，有染污欲。清净的欲望就是正当的希望，就是理想、抱负，例如希望成圣成贤、希望成佛作祖等，都要靠净法欲的力量来激励自己完成目标。反之，染污欲就是对“财色名食睡”等五欲的过分贪求。适度的五欲，虽然是生活所需，但如果过分恣情放纵，就对身体有害。例如，古代纵欲的帝王，都会早夭。现代人不但情色泛滥，纵情声色，甚至酗酒、吸食毒品等，这些都是戕害身体健康的刽子手。

四、操劳过度。一个人太过懒散，不务正业，固然不好；过分辛劳，不懂照顾身体，也是不当。身体就如汽车，开到某个里程数，就必须进厂保养。世上任何东西，都要善加保养，才能持久使用，何况人是肉体之躯。所以，适当的休息，也是精进；适当的育乐，也是身心健康的润滑剂。

人，不要等到身体有病了，才来寻求医药治疗，平时就要懂得保养身体。所谓“预防重于治疗”，平时做好保健，懂得养生之道，才能推迟身体衰弱，才能真正有益健康。最好的养生之道，莫如生活作息正常，此外适度的运动，诸如走路、爬山、打球、跳绳，乃至旅行等，都是身体健康之道。反之，生活作息不正常，尤其如上述所说，暴饮暴食、忧郁多虑、过分纵欲、操劳过度等，都会使得身体提早衰弱，不能不慎。

防患之道

人类为什么要建屋而居，就是因为怕外力侵犯。国家为什么要建城凿池，就是怕敌人来犯。侵犯我们的外境太多了，所以要有防患之道，包括：夏天要准备冬衣，以防寒冬到来；冬天要准备薄衫，因为炎炎夏日终会来临；白天准备手电筒，知道夜晚要用；在冰箱里储存食品，因为明天还要吃饭。

人都要懂得“预防”，所谓“防患于未然”，等到灾难发生时再来防备就嫌迟了。所以，家居消防设备要齐全，以防发生火灾。平时要筑好防空洞，以防发生战争。乃至防震、防台、防盗，甚至防小人，都要做好安全的防范，稍一不慎，防患不周，后果不堪设想。

防患主要是事前做好防范措施，人生究竟要如何“防患”呢？

一、防饥于未馑。“养儿防老，积谷防饥”，一个人在三餐温饱之时，就要想到饥荒的年代，因为世间无常，水灾、旱灾、兵灾、虫灾等，任何灾情都可能发生，叫人难以预料，所以“有时”要想到“无时”，“有日”要想到“无日”，能早做预防，才不会束手无策。所谓防患之道，最重要的是要结人缘。平时你有布施结缘，到了灾难发生时，自然会有人帮助你。或者自己早作安排，例如在另外的地方结交一些朋友，托管土地房屋、安置产业，一旦此处有了灾难，彼地可以暂住一些时日。所以，“狡兔有三窟”，人不能没有一些亲戚朋友作为自己的后备。

二、防病于未发。人是血肉之躯，难免不会因为感染风寒，或因饮食不当而生病。有的人平时懒于运动，身体没有获得适当的保健，因此过度肥胖，导致百病丛生。也有的人因为心情不好、情绪不佳，心理也会影响身体的健康。人老了生病是难免的事，但是有一些年轻人，身体时常这里不好，那里不对，实在不该。须知家中只要有一个人生了病，会让多少人受到拖累、付出辛苦，所以平时就要做好保健。例如，生活作息正常，不乱吃，不乱想，不乱行，居家环境保持清洁卫生，一旦气候变化，要注意保暖、防暑等。所谓“预防重于治疗”，能够防病于未发，才有健康的人生。

三、防乱于未动。世间的动乱纷纭扰攘，大至国家的战争、党派的政争、族群的对立，或者社会治安败坏、苛捐杂税、物价波动等，小至家庭的兄弟阋墙、妯娌争执、婆媳不和等，在在都像暴风雷雨，不知何时会突然降临。对于这一切，我们要如何应付呢？你要防备战争，所住之地不要太靠近战区；你要防范暴徒，必须注意居家的门窗牢固；你想要拥有和谐的人际关系，就要修养好，处处与人为善，不要跟人结恶缘，学习自己吃亏，把好事、利益留给别人，这都能防乱于未动。

四、防念于未萌。我们的心念，像盗贼，像虎豹，像蛇蝎，不将它管理好，它就蠢蠢欲动，伺机想要加害于人。假如我们能多读书，重视道德人格，信仰宗教，讲究因果，慈悲待人，不让贪嗔疑忌的恶念生起，则自己做人光明磊落，能在光天化日之下堂堂正正做人，这是人生不能不具备的防患之道。

保　健

时代进步，人类愈来愈长寿，对生命也愈加重视，“保健”因此成为热门的话题，不但市面上有很多商店，专门贩卖各种保健食品、药物、器材等，医院里更有专门的保健医师。可以说，每个人都希望获得良好的保健，让身体健康，寿命延长，得以好好享受五彩缤纷的人间社会。

关于保健，人究竟要如何保健呢？

一、用运动保健。保健的方法，最简单的就是运动。运动当中，既简易又有实效的，就是走路。一个人，一天能走五千步到一万步，持之以恒，则此人不一定要吃补药，不一定要靠维他命来保健，走路就是最好的健康之路。

二、用饮食保健。几十年前的社会，日常三餐都是以米饭当主食，家里的儿童，只要多吃一点菜，父母就会责骂他为什么吃那么多菜，因为菜比米面昂贵。但现在的社会，父母都叫儿女“不要吃那么多饭，要多吃一点菜”，因为菜才有营养，比米饭对身体健康有益。所以，现在富裕的家庭，提倡多吃菜，少吃米饭，以免淀粉太多，致使身体发胖，有损健康，这就是饮食的保健。

三、用医疗保健。现在的医院，不是等人有病了才进行治疗，而是“保健重于医疗”，平时就要做好保健的功夫，让自己的身体有免疫力，不至于经常生病。有时候生了病才到医院看诊，医师开的感冒药、肠胃药、肝脏药等，固然有功效，但是有很多病，医师开立的其实只是一些维他命等保健的药丸，所以安慰性的疗效力量更大。

四、用补品保健。中国人一向是最喜欢吃补品的民族，例如听到什么动物的骨头、血液能有助健康，千方百计，不惜一切地也要弄来进补。有的人听到人参、灵芝、雪莲是营养的食品，也是用尽各种手段，甚至不惜代价都要买到。其他如燕窝、银耳、莲子、枣子等各种补品，就更加不一而足了。

五、用卫生保健。现代人受教育的程度愈来愈高，知道卫生保健与身体健康有密切的关系，所以重视身体保健的人，对于家庭环境的卫生，饮食习惯的卫生，乃至自己的身体、心理卫生，都十分重视。平时不但每天盥洗、刷牙、更衣，尤其不吃不清洁的东西，甚至有时不卫生的语言不听，不卫生的声色不看，不卫生的饮食不吃，不卫生的东西不买。现在世界卫生组织，也一直在加强卫生的倡导，可见卫生对人类的生命，至关重要。

六、用修养保健。保健之道当然很多，但是求之于人，实用性小；求之于己，效用才大。例如，自己的修养好，不轻易暴怒，不经常哀愁，不要疑心病重，不要处处计较，让自己的身心百骸，都能在平和的心情下感到轻安愉快，如此自能长命百岁。尤其透过宗教信仰，让自己清心少虑，凡事看得开、放得下，更能活得自在、活得快乐。所以，有心做好保健，想要让生命活得长久的人，不能不从修养上做起。

健康八法

每个人都希望拥有健康的身体，不希望病痛缠身，但是健康有健康的因果，不重视健康之因，哪来健康之果呢？现在提供“健康八法”如下：

一、饮食清淡。“病从口入”，人生许多疾病，都是从口而入，所以要想身体健康，对于每天的饮食不能不注意。例如，定时定量，不暴饮暴食，吃得清淡，不要让身体负担太重。现在的饮食，太油、太咸、太辣、太燥，都非饮食保健之道。

二、作息正常。有的人生活起居不正常，作息时间不依昼夜规律运行，例如早上不起床，晚上不睡觉，或者忙时不休息，休息时完全不肯做一点事。忙闲不均，早晚不定，尤其熬夜，过分辛劳，就算是铁铸的人，也经不起长期的消耗。

三、适度运动。人既称为“动物”，每天就应该要“动”。“动”就是生命，像现在朝九晚五的公务员每日坐办公桌，学生每天坐在教室、图书馆里，如果长坐而不运动，迟早会对健康产生不利。过去的公司、团体、行号，主张早操、晨跑。现在由于房屋增多，地稠人密，想要运动也不容易。不过像王永庆先生，每天只要一条毛巾，一样可以借着毛巾操运动，保持身体健康。高清愿先生喜欢原地跑步，所以只要一块砖头的一尺见方之地，每天就能跑个上万步。如果能够每天定时运动最好，否则至少要早晚跑步、做操，尤其现在世界有一个共识，即每天行走一万步，再没有比走路更好的运动了。

四、心平气和。一个人的情绪要正常，不要忧郁、暴怒、急躁、妒恨。心平气和的人生，如同天朗气清，万物都会微笑，因此不要把自己的世界，搞得每天都像“山雨欲来风满楼”，如此不但自己不快乐，跟你一起生活的家人、朋友也不会欢喜。所以，心平气和的人生，安详自在，皆大欢喜。

五、乐观进取。人的健康，不只是身体外表上有充沛的体力，也要重视内心的豁达乐观。心中乐观，就如房屋通风、采光良好。心里要时时想到为人、为家、为国、为社会，要进取、要奋发、要飞扬、要发展，这就是动力。有动力，自然会增进身体的健康。

六、营养均衡。健康之道，倒不一定在于吃得饱或吃得好，主要是每日摄取的营养要够，而且要均衡，如此肠胃吸收正常，自然产生充足的体力，自然不容易为疾病所侵犯。

七、正当嗜好。人都有嗜好，也就是兴趣。有人喜欢爬山，有人喜欢游泳，有人喜欢打球跑步，有人喜欢旅行参访，有人喜欢黄昏散步，有人喜欢晨起运动。好的兴趣嗜好非常重要，但现代人天天赖在电视机前，或是流连在网吧里，都非正常的嗜好。

八、心理健康。身体健康，心理才安稳；心理安稳，身体才会健康。我们要用信仰来安顿心理，用慈悲来陪伴心理，让佛法智慧常驻在心里，所以有佛法就能解脱自在。

以上“健康八法”，不但要注重身体的健康，尤其思想、见解、心灵的健康，更为重要。

养生四法

现代的社会，各方面都在进步，此中有愈来愈多人注重养生，这也是社会的进步之一。

养生之道，有的人从运动中养生，有的人从信仰上养生，有的人从工作中养生，有的人从生活里养生。现在只从饮食养生谈起。

在饮食养生中，过去有人倡导肉食才有营养，但现在医学证明，肉食会带来很多疾病。过去有人谈到菜肴美味才有营养，其实粗茶淡饭更胜丰富的饮食。兹提供“养生四法”如下：

一、多菜少肉。现代人都懂得吃，也知道不宜食肉太多，因此素食风气很盛。真正的养生之道，素食最好。你看，牛、马、大象、骆驼，都是素食者，不但性格慈和，也有耐力。鸟类的飞鸽，也是以五谷为食，但是鸽子一飞千里，其他肉食鸟类何能望其项背？所以素食的人生，可养成自己温和的性格、忍耐的力量、工作的勤劳，尤其少了许多杀业。

二、多淡少盐。中国人有一句话说：“淡而无味。”其实真能懂得淡中之味，才能知道真味。饮食清淡，才是健康之道，因为吃得太咸，容易口渴，需要喝大量的水来缓解，不但造成肾脏负担，尤其吃了过量的食盐，更是引发高血压、血管硬化等疾病的重要原因。所以“多淡少盐”，合乎养生之道。

三、多果少糖。现代人多数喜欢吃糖。不但饮料有糖，举凡点心类的几乎都是甜食。生活中，除了下午茶要配上点心，甚至饭后还要来些甜点。糖吃多了，容易发胖，甚至产生蛀牙，对身体有害无益。因此最好能以自然的瓜果代替对糖类食品的摄取，既能当饱，又能增加营养。

四、多嚼少食。现代人的生活忙碌，对于三餐饮食，有的人花太多时间在宴席应酬上，有的则是狼吞虎咽争取时间，两者对于身体的健康都是很大的损耗。慢慢地吃，什么滋味都能吃得出来。细嚼慢咽能帮助肠胃的消化，有益健康，不能不重视。

所谓“民以食为天”，吃对吾人的生存，关系重大。我们要吃得健康，不能吃出病来，最重要的是营养要均衡，三餐要定时定量，不能暴饮暴食。然而一般人每日三餐，大多有偏食，或是吃得太咸、太辣等问题，却是习以为常。久而久之，在不知不觉中饮食不当，往往影响身体的健康。所以，上述关于饮食的“养生四法”，虽无深意，却是良好的饮食习惯，不得不慎。

健身运动

现代人非常注重健身，有的从饮食养生上健身，有的从卫生保健上健身，有的从体能锻炼上健身，有的从日常运动上健身。健身运动愈来愈普遍，只是过去的机关学校，早晨都有早操与朝会，现在慢慢减少，或者根本没有了，甚为可惜。

运动是最简易的自我保健之道，但是必须持之以恒。如果没有恒心、耐力，所谓“一日暴之，十日寒之”，不能经常、持久地运动，效果有限。

所谓运动，倒不一定指职业性，或专门性的运动，如田径赛跑、各种球类，甚至花钱消磨时间的高尔夫球等。我们所提倡的运动，只是单纯地让一个人能活动身体。例如一般上班族，就算是主管，偶尔也可以自己起身倒杯茶，清理一下碎纸篓。办公室里的同事，主动分担清扫工作，让身体有机会多多活动。因为身体就如一部机器，如果一直闲置不动，不是生锈，就是慢慢失去动力。

现在建议大家所做的健身运动，都是简单易行的，每天只要花一点时间，持续运动，对健康必然大有帮助。以下略述之：

一、走路。根据现代医学及科学的种种研究结果显示，维持身体健康，走路最有功效，如能每天走一万步最好，否则至少也要每日“饭后千步走”，可以“活到九十九”。

二、慢跑或者快步走。这两项运动对年老者比较不适合，老年人可以改采散步或慢行，一样也是运动。

三、柔软操。中国的八段锦、太极拳、佛光松柔操、达摩十二式等，都非常有益。

四、有氧运动。现在有些电视台，会在清晨的节目中安插五到十分钟的有氧运动时间，没有时间自己运动的人，不妨跟着一起做。

五、爬山。可以到附近的小山，或者开车到较远的山岳爬山，甚至走斜坡或爬楼梯都好。

六、跑步机。买一部跑步机在家里，每天跑到流汗为止，或是骑脚踏车，也是运动。

七、跳绳。跳绳一来不会吵到别人，二来也无需很大的空间，只要在自家后院就可运动，所以随时可行。

八、甩手或拍手。有的人每天摇动双臂二百下、三百下，有的人高举双臂几分钟，或者拍手一千次，或者拉筋数十次，都能达到运动的效果。

九、就地踏步。虽说是“就地”踏步，但也不是那么固定，可以偶尔向前，偶尔向后。前后踏步，也如跑步一样。

十、毛巾操。一条毛巾，双手一拉，高举过头，可以上下、左右摆动，或弯腰、曲身，随意运动。

以上所举，虽不是正规的运动，但在个人的家居生活里，随时方便可行，都能达到运动的效果。甚至可以配合做家务，如扫地、浇花、擦窗净几，或是田园作务等。总之，劳动有益，活着就是要动。

十项全能

一个人的身体，如果能把四肢、五官等每个功能都发挥出来，则人人都是“十项全能”的高手。例如：

一、眼睛。眼睛看人、看事、看世界，都有独特的眼光，眼睛就像“照相机”，所有的外境现象，一经照相机“咔嚓”一声，就能把原形摄入其中，而且可以保存多年不变。所以，如照相机的眼睛，观察世间，一经入目，自然深藏识海，不会忘记。

二、耳朵。耳朵听声音，听歌、听讲话，大声小声，粗言善语，一经耳朵，都能接收。耳朵就如“收音机”，不但能够惟妙惟肖地把原音传送出去，也如电脑、DVD，能够把声音储存起来，十年、二十年，甚至一生都不会忘记。

三、鼻子。鼻子的功用，对外闻香闻臭，呼吸气清气浊，都能了然，所以鼻子就像“情报员”，每天像探马一样，哪里的空气好坏，哪里的气味香臭，它对外境的感受特别敏锐，能够保护身体其他器官，不致为浊气、秽气所伤。

四、舌头。舌头不但尝尽酸甜苦辣，而且会说好话坏话，所以是人体的“祸福根”，既可以制造上天堂的功德，也会造作堕落地狱的罪过，所以人类用舌头说话，语言的好坏，不能不深思。

五、身体。人的所有感官都长在身体上，平时对冷热就像“温度计”，时而怕凉，时而怕热。人总要使自己的身体保持一定的温度，甚至用衣服来保温，助长体能。因为身体的温度正常，其他器官就会跟着健康。

六、双手。一般人都说双手万能，很多不朽的艺术作品，都是经过巧手完成，所以双手就如“万能机”。万能的机器当然能制造万种的产品，所以人类应该好好运用双手。

七、双脚。天涯海角，人类只要有一双脚，都可以到达。双脚就如“11路公交车”，只要性能好，你想到哪里，它们都能应付你的需要，完成任务。

八、内脏。我们身体内的脏器，如肠、胃、肝、胆、胰、脾等，就好比“后勤部队”，能帮助消化，补充营养，促使血管畅通，增加体力等。就好像部队作战，前方要打胜仗，后方的补给站必须正常供输，才能克敌制胜。

九、头脑。头脑是人的中枢，就好像“指挥所”，凡事透过头脑分析、判别，然后指挥运作，才能事半功倍。

十、心识。人的身体，各种器官都是有形有相的，容易看见，唯有一个东西深藏不露，不容易看得见，那就是我们的心。心如“总领导”，总是藏在隐秘的地方指挥大军，就像一个团体的领导人，平时不轻易曝光。

人的身体，各有所司，各有所职。唯有保持身体各器官的功能健全，才能“十项全能”，所以不能不注意也。

病人百态

谚云："吃了五谷，怎能不生灾？"一个人不管再怎么注意卫生，讲究营养，时时运动，偶尔还是免不了会生病。如果住在都市，生了病，就医方便还算好，若是居处乡村，甚至偏远的山区，附近没有医院，生了病必须跋山涉水，几经颠簸才能就医，有时小病也会变成大病。

生病虽然是人所难免，但是病人面对生病的心态各有不同，列举如下：

一、讳疾忌医。有的人不喜欢看病，明明有病，但他讳疾忌医，不肯看医生，也不让人知道他有病。如果是患了一般的小病倒也罢了，假如是传染病，大家不知情，万一受到传染，可就麻烦了。

二、无病呻吟。有的人其实没病，只是自己心里疑惑，总觉得自己的肠胃不好，心脏有问题，肝脏功能不良，甚至四肢百骸都不舒服。虽然几经医生诊治，证实身体没病，但他就是不断嚷着这里不对，那里不好，三天两头到医院检查。家里有了一个喜欢无病呻吟的人，对自己或家人，都是莫大的折磨。

三、小病不断。有的人先天体质不好，大病没有，但是小病不断。尤其有的人心力脆弱，经不起一点小风寒，感冒发烧、头痛晕眩，今天手脚酸疼，明天肠胃消化不良，乃至皮肤起疹、眼耳鼻喉不舒服等。总之，一生都在小病不断之中过活，与病纠缠不已。其实，这些小病医师固然可以治疗，自己的精神力也能降伏，可惜弱者的人生，往往连这点精神力也提振不起来。

四、恶疾能忍。有的人确实罹患疑难重症，连群医都摇头束手，但病患意志坚强，不管病魔缠身，他恶疾能忍，乐观以对，用精神力克服病痛，仍然照常工作生活，到处奔波忙碌。甚至有的人突然暴毙病亡，医生诊断结果，死因是过分忙碌，未能及早就医，以致延误治疗，说来也是十分可惜。

五、一病不起。有的人平时没有什么大小病痛，身体十分健康，但是一旦生起病来，往往一病不起。因为疾病有急性与慢性病之不同，有的人平时无病无痛，因为没有经过病痛的磨炼，身体与心理上都毫无预防，对病痛也缺乏抵抗力，如果忽然发生急性重病，往往来不及延医，就已命丧黄泉。所以，现在的医疗，重视平时的健康检查，尤其过了五十岁的人，每年一次小检查，两年一次大检查。所谓“预防重于治疗”，有病早日发现，早作治疗，如此才能确保自己的健康，千万轻忽不得。

六、与病为友。在诸多疾病当中，有的人罹患慢性病，长年累月生病，不会马上死亡，但也难以立即康复。例如糖尿病、胃病、气喘等，这时就得有长期“与病为友”的心理准备。其实，只要你把病当成朋友，好好待它，与它和平共处，它也会因为你的善待，而不至于太过作怪。如此彼此相安无事，平安度过一生，也不见得不好。

“生老病死”是人生必经的过程，既然生病是无法避免的事，那么如何做一个“心理健康”的病人，十分重要！

看　护

人难免会生病，只是病有大病、小病的不同而已。俗语说“英雄只怕病来磨”，不管身体如何强壮威武，一旦生病以后，就不是英雄，而是狗熊了。

人，需要别人帮助的事情很多，其中最重要的是病中的看护。人有病了，在病床上呻吟、痛苦。假如没有人看护，真是孤独地狱，比牢狱之苦有过之而无不及。

负责看护的护理人员，最好是自己的亲人，如父母之照顾儿女，如儿女之照顾父母，或是兄弟姊妹，或是至亲朋友。万一“久病床前无孝子”，不得已花钱找职业的特别看护，充其量也只能和医生做一些医疗上的联系，但是病人心灵上的安慰、鼓励，就不是一个特别看护所能胜任的。

疾病也有多种不同的程度，有些病人不痛不苦，只是年老油尽灯枯，体力不支，这种病人容易照顾。有些病人身体受了严重的伤害，或者罹患不治顽疾，导致病躯疼痛难忍，每天在病床上辗转反侧，不断呻吟，这就不是一两位护理人员所能负得了责的。所以，护理人员要有慈悲心，要能视病如己。不能把病人看成是自己，厌恶病人，怎能为其服务呢？兹将护理之要，简说如下：

一、处理病人之事。做一个护理人员，最重要的是，能如实把病人的感受报告给医生，让高明的医生诊断如何下药。除了代替病人说出他的需要，让医生和他的家人都能了解，给予帮助，病人的便溺痰唾等污秽之物，护理人员不能显出厌恶的样子，应该好好地给予处理，让他安心。尤其病人时而要吃，时而要睡，时而要这，时而要那，都要耐烦，不能嫌弃。护理人员这个时候的工作任务，就是病人健康的化身，要做一个讨病人欢喜的护理。

二、了解病人所需。做一个称职的护理人员，不只是了解病人身体的医疗，更要了解病人的心理需要、情绪感受。有的病人，在病床上想家，甚至挂念他的财产、儿孙、未完的心愿等，护理人员要能适当地解除病人的挂念，让他放下，但不可以说一些悲伤的事，要让病人喜悦，这是重要的功夫。

三、帮助病人除苦。一个好的护理人员，不只是消极地照顾病患的需要，更要积极地帮助他解除痛苦，最好能给予心理帮助，从身不苦做到心不苦。因为病人常常因为身苦，引起心中的烦恼痛苦。相对地，心中的力量也可以减少身体的痛苦。因此，如果病人喜欢看报，尽量给他一些新闻资讯；病人喜欢听音乐，针对他的需要提供一些有助心情愉快的音乐；病人喜欢看电视，注意一些他喜欢的节目，让他看了能减少痛苦。这时候护理人员要以病人的需要为主，不能要病人随自己的意见，应该以病人为第一，这是做一个看护最基本的认知。

四、能为病人说法。护理人员最好能为病人说一些解忧除恼的笑话、故事，帮助病人除苦。或者能为他说佛法，燃起他对生命的希望，但不要说太深奥的道理，以能令他心开意解的故事最好。假如自己不善于说法，可以安排与他有缘的师友，或宗教师来帮助他。如果他的世缘未了，病除苦消的那一日，也就是护理人员功德圆满之时。

病患家属

生老病死是人生必经的过程，生了病，有家人照顾，还算幸福。有的人在病榻上呻吟，身边除了医护人员，没有家人闻问，最是凄凉。所谓“久病床前无孝子”，生病最能考验人情冷暖，即使最亲的家人，也有各种不同的反应，列举如下：

一、日夜照顾。有的人生病了，不一定是孝子贤孙，也不一定是叔伯兄弟，或是一些亲戚朋友皆来关心照顾，有时同门、同学、同乡，因为平时往来交情深厚，一旦有病，真是患难不离，日夜在病床前照顾。所谓“八福田中，看病福田第一”，这些人都能真正做到。

二、避不见面。有的家属，由于付不起医药费，或是不肯付，或是工作忙碌，就借故避不见面，任由时间解决问题。遇上这样的家属，有病也只能听天由命了。

三、假装不知。至亲好友有了疾病，应该给予慰问，以示友情。但有人罔顾此中情感，你有病，他假装不知道，或到远方旅行，或借故出差。其实也难怪，所谓“人情薄如纸”，人到了生病、生命交关的时刻，哪里能顾得了那么多呢？所以，这时就要看，你平时所结交的朋友，是重利还是重义。重义的朋友多，万一有了病痛，大家就相继慰问；势利的朋友多，则人情如流水，一切都得认命。

四、故意忙碌。有的家人朋友，知道慰问病情，不可推却，他也会蜻蜓点水，病床前一现，但显得格外忙碌，好像亟待要办的事情很多，停留不到五分钟，就匆匆离去。也有的人，托人带上一束花、一篮水果，表示他的慰问，其他的一切就只有让病人自己处理了。

五、觊觎财产。有的病人平时省吃俭用，略有积蓄，一些有条件分得财产的相关人等，不时出现在病榻旁，虽然不是心甘情愿地关心病人，但想到忍耐一段时间，就有厚利可图，也不能因小失大。不过也有一些人，凭着法律保障的继承权，不怕分不到遗产，所以疾病时不过问，到了分财产时，才来插上一脚，为时不迟。

六、后事处理。有的人生病时，如何医疗，没有人关心闻问，到了死后，后事如何处理，这时三姑六婆，七嘴八舌，话就多了。有人坚持要土葬或火葬，有人争着要让病人回家往生或送殡仪馆，有人对往生佛事如何安排、用什么宗教仪式举行，也起很大争执。甚至安葬的时辰、地理风水、各种习俗，说来各有各的道理，彼此互不相让。

其实，人死后的丧葬仪式，应该简单朴素就好，不宜铺张浪费，但中国人一向喜欢借丧葬来摆阔，例如请来乐队吹打，或是五子哭墓等，尤其吃喝无度，甚至在灵柩旁边高谈阔论，实为不敬。如果亡者经济情况不佳，固然应该简朴为要。如果稍有积蓄，与其浪费在丧葬的铺排，不如帮他捐助公益，或是成立奖学金，既能做功德，也可图个善名，这是家属能为亡者所做的最好安排。

防治感冒五法

有的人经常感冒，却总是轻忽它，认为感冒是小病，并不在意，因此引发一些严重的并发症，例如肺炎、脑膜炎、肠胃不适等，甚至把感冒传染给别人。

感冒虽然是小病，如果引发大问题，还是应该要加以治疗。只不过认真说起来，感冒其实并没有特效药，因为据说感冒的类别有百种以上，岂能刚好“对症下药”？虽然一般医院对于上门求诊的感冒患者，医生还是会开立药方，只是大都开给一些维他命之类的“安慰药”，所以对于感冒，最好还是自己懂得防治。防治感冒有五种方法，提供参考：

一、预防。预防重于治疗，在平时尤其感冒流行的季节里，要注意不被感染，衣着要适中，不要受凉，也不要太热，空调冷热要适度，睡眠要充足，营养要均衡，随时保持心情愉快。一旦发现有了一点伤风的征兆，要特别注意，不要成为感冒再来治疗。

二、休息。已感冒者不要太劳累，尽量避免外出，以免把感冒传染给别人。自己在家多休息，可以在床上睡觉或躺在沙发上看一些不必费神的闲书，养足精神与体力，才能复原得快。

三、保温。感冒初期如能好好调理，大都很快就能恢复健康。此时最应注意的是身体的保暖，要把衣服穿够，尤其女生不要为了美而穿短袖衣服。如是冬天，可以戴帽子、围围巾，千万不可着凉。

四、喝水。感冒时要多喝热开水，最好是姜汤，不要吃生冷的东西，保持体内有充足的水分，才能把毒素排出体外。

五、出汗。感冒时要洗热水澡，把寒气逼出来，最好是洗三温暖，或是泡澡半小时以上，让自己出汗。尤其出了澡堂，要多穿一些衣服，让自己出汗，宁可出汗后再把湿衣服换掉，因为出汗才能把病菌排出体外。

当然，以上只是针对平时一般小感冒的自我预防与治疗，如果是感冒流行的季节，尤其是一些特殊病毒造成的感冒，最好还是要到医院求诊，要让医生诊断，才能对症吃药。如果是一般小感冒，如上述所说，要想“对症吃药”并不容易，所以还是自己做自己的医生最好，尤其是自我心理的医疗、自我心理的健康，最是要紧。

痔疮疗法

有一则笑话：

球员甲：“每次球赛结束，我就生痔疮。”

拉拉队：“没听过有这样的运动伤害！”

球员甲：“因为‘冷板凳’坐太久了。”

俗语说“十男九痔”，其实女性得痔疮的为数也不少。痔疮产生的原因，有诸如卫生习惯不好、生活作息不正常等，当然久坐少运动也是原因之一。若从医学的观点来看，西医认为痔疮是直肠下端的静脉长期受到压力，导致肛门附近的血液循环不良，或使周围的组织变弱，而引起血管肿胀及血管组织突出。中医的说法则分为两种：内因是“气血虚损”；外因是“风湿燥热”四气相合，乘虚而入所致。

痔疮依其部位不同，可分为内痔、外痔和混合痔三种。痔疮虽不会马上致人于死，但严重者会出血、疼痛，甚至造成工作、生活上的不便，因此还是要尽速医治。兹提供简易疗法如下：

一、食物疗法。把金针菜用水煎煮后，加入红糖温服，每日一次。或是把黑木耳用开水泡软，水煮后早晨空腹吃。或者将大蒜烤熟，捣碎后用纱布包好，做局部热敷。

二、按摩疗法。用食指在肛门周围柔和而均匀地按摩，每天一次，每次五分钟。

三、洗涤疗法。人体愈是肮脏污秽的地方，愈需要清洁，所以患痔疮的人，每次大便后，用温水洗涤肛门，保持患处的清洁卫生，一段时日后就会自然痊愈。

四、冷冻治疗。痔疮严重者，必须就医诊疗，一般疗法会在痔块内注射药物，使痔疮坏死或变硬萎缩，此法对于出血性痔疮疗效好，不良反应少。或是用液态氮（-196℃）探头与痔块接触，令痔块冻烂、脱落。

其他还有结扎疗法、胶圈套扎法、枯痔钉疗法，甚至开刀治疗等。

在各种疗法之中，以温水洗涤法最为简便安全。当然，能够预防更胜于治疗，所以平时要保持大便的通畅，不可憋忍大便，最好养成早晨定时排便的习惯。为防止便秘，三餐可多摄取纤维素高的食物，少吃刺激性的饮食。如已罹患痔疮，排便时不可久蹲或用力过度，便后使用柔软的卫生纸擦拭，并且经常保持肛门的清洁，避免感染、发炎。如有疼痛或不适，沐浴时可采坐浴方式，用热水浸泡，有助愈合。

人生的疾病很多，对于一些小病小痛，要懂得自我治疗，自己要能做自己的医师，所以平常要了解一些基本的医疗常识。但也不能误信偏方，尤其常见有人生病了，周遭的人个个都是江湖郎中，总是七嘴八舌地提供各种疗法。如果错误地医疗、用药，引起副作用，或是延误就医，后果不堪设想，所以最好还是听从医师的指导。

总之，生活正常，饮食均衡，注意保暖、保洁，对痔疮的预防与治疗，都有很大的帮助。

止痛的方法

人的身体是肉做的，受到刺激当然会有各种不同的感觉。舒服的感觉，不自觉地就过去了。疼痛的感觉，就要看各人的忍受程度了。有的人宁可一死，也不要痛。身体上疼痛难忍时，就以死来结束，这种人为数也不少。

为了止痛，药房里贩卖的止痛药方，不胜枚举。人的身体有了疼痛，例如头痛、喉咙痛、牙痛、胃痛、心绞痛、肌肉痛、神经痛等，有时痛得让人觉得生不如死，不知如何是好。

止痛的药方，并非想要就能随时取得，不过身体上的疼痛，有时只要懂得一些疏导的方法，还是可以减少痛苦。兹略提供数种方法如下：

一、转移内心的注意。疼痛有时通之于心，内心觉得痛苦难忍，就会加重肉体痛的感觉。内心觉得一点小小的疼痛，可以忍受一下，把注意力一转移，也会产生功效。佛教讲的心力增上、念力增上，都能产生某些力量，所以肉体万分疼痛时，不懂得用心力来克服，不懂得把心的注意力转移，就会更加痛苦。

二、加强心理的建设。心虽是我们的主人，但有时也要训练，才能产生功用。一般讲“心理建设”及“精神武装”，就是这个道理。佛门的慈悲、勇猛、智慧，都是可以训练加强的。当这许多力量加强建设，起了作用以后，遇到一些外来的疼痛，就能发挥预防、对治的功效了。

三、运用物理的疗法。身体有了疼痛，有时用冰敷、热敷、电疗、水疗、蒸气疗法等，或是整脊、推拿、拔罐等民俗疗法，也能收到一时的止痛效果。只是这些疗法不一定都由专家处理，甚至也不一定能对症下药，所以疗效往往看个人运气。不过虽然不一定能治愈，但至少能够减少一些痛苦的折磨，也是不无帮助。

四、利用按摩的舒缓。当一个人咳嗽不止时，有人帮他拍拍背部，咳嗽就能舒缓一些。有的人手脚痉挛，也可以帮他按摩，慢慢减轻疼痛。按摩有助于舒缓紧绷的肌肉，可以促进血液流通，所以有助于疼痛的减轻。

五、通过针灸的治疗。有的人疼痛难忍时，例如头痛、胃痛等，也可以求助针灸疗法。只是针灸必须找对穴位，而且要对症下针，否则病情没有减轻，有时也会有危及生命的风险，所以要谨慎求医。

六、使用麻醉的药物。利用麻醉药止痛，这是西医最常使用的方法，尤其现在有一些癌症晚期病人，有时疼痛难忍时，只能靠施打吗啡等麻醉剂来止痛。另外，开刀时更要施打麻醉针来减轻开刀的痛苦，所以现代医疗技术能够日进千里，麻醉医学的发展也是很重要的一环。

其实，在很多止痛的方法当中，真正的止痛药在于个人的心。佛教里有一则故事，有一个优婆先那比丘尼被毒蛇所咬，当他向舍利弗尊者交代后事时，舍利弗怀疑说：“你看起来神色自若，一点也不像被毒蛇咬到的人。”优婆先那说：“我现在正在观‘空’，毒蛇能咬我的‘色身’，但不能咬‘空’。”所以，真理最能减轻痛苦。

健　忘

世间有的人记性很好，多年以前的事，娓娓道来，如数家珍；也有的人很健忘，昨日的事，今天已经记忆模糊，甚至完全记不得了。就拿读书的学生来说，有的学生经过老师稍微提起，就能记忆背诵；有的学生需要老师三番五次的说明，才能体会；也有的学生，老师苦口婆心，多方教导，仍然健忘。

所谓“天才”，其实与宿世的因缘有关，也就是说，人的今生现世之智慧，必然与往昔生中有关联，否则有的人怎么能“闻一知十”，这不是天生带来的智慧吗？有的人此生苦苦学习，他也难以体会、了解，这不是往昔没有培植福慧善根的关系吗？

说到健忘，兹举四例如下：

一、社会新闻会健忘。十年、二十年前，在媒体上偶有一则新闻，是好是坏，沸沸扬扬，至少会传播数月之久。但是时至今日，一则新闻，长篇大论，说是说非，今日说过，明天读者就记不清何事了。这是因为现在的新闻事件太多，所谓“这是个信息爆炸的时代”，因为爆炸，所以人的知识记忆也被爆炸一空。“前事不忘，后事之师”，人类应该要把每一件善恶、得失，牢记于心，才知警惕，否则太过健忘，容易没有因果观念，对世间的善恶好坏，很快抛在一旁，殊为可怕。

二、人情世故会健忘。我们与人相处，每天发生了多少人事，多少事故，与我有关的，还会念念于心，稍加注意；与我无关的，随听随忘，因为“事不关己”，自然懒得记忆。另外，一般人对于自己所做的人情、所做的善事，都会久久记住。例如，我送礼给人，我帮人之忙，几十年都不会忘记；甚至父母兄弟姊妹受我的好处、利益，我也不会轻易忘记；但是，我受人家的知遇之恩，很快就会抛在脑后，不复记忆，这是人性的陋习。

三、受人恩惠会健忘。一般人的惯性是，记人的仇恨往往一记好多年，始终无法忘怀。别人给你的好处，往往过眼就忘得一干二净。尤其我们跟人家借钱，经常忘记要还钱。人家跟我们借钱，念念于心：怎么还不还我的钱？一点都不会健忘。但是做人要如唐雎告诫信陵君的话："人之有德于我，不可忘也；吾有德于人，不可不忘也！"我们做人有德，施恩于人不望报，受人滴水之恩，倒是应该涌泉以报，所以受人恩惠不能健忘。

四、历史往事会健忘。人在时间里生活，时间就是历史。世界有世界史，国家有国家史，社团有社团史，家族有家族史，个人也有个人的历史。历史是一面镜子，有历史观念的人，时时有一面镜子在我们的面前，美丑得失，一目了然。儒家勉励人要有历史的生命，也就是要建立"三不朽"的事业，要立功、立德、立言。吾人要让生命不朽，除了应该"以史为鉴"，不要重蹈历史的覆辙以外，尤其应该留一些好事在人间，才是重要！

上　瘾

一般人称喜好抽烟的人为"瘾君子"，其实不只抽烟会"上瘾"，日常生活中，很多不好的嗜好，都会"上瘾"。例如，好吃、好玩、好串门子，都可能成瘾。甚至有的人骂人骂上了瘾，打人也打上了瘾，他就喜欢打人、骂人，才会快乐。

"瘾"也有好坏之分，有的人诗瘾大发，他就喜欢吟诗作对；也有的人烟瘾大发，必须暂停手边的工作，找个地方吞云吐雾一番；甚至吃喝嫖赌成瘾，那就是不好的习惯了。

人总希望要"过瘾"，我吃得过瘾，喝得过瘾，玩得过瘾，乃至打球打得过瘾，跳舞跳得过瘾。人生究竟有些什么瘾呢？

一、酒瘾。世间男人不喝酒好像就不像个男人。平时偶尔为了庆祝，浅酌小饮一番倒也罢了，但偏偏喝酒上瘾。上了瘾的酒徒，饮酒误事，饮酒后说话肆无顾忌，饮酒开车闹出人命。有的人酒瘾发作，身上好像有千百条的酒虫在蠕动，非要喂以烈酒才能平息。饮酒伤身，饮酒误国，所以佛教叫人不可醉酒、不可劝酒、不可卖酒。

二、烟瘾。有人认为抽烟可以振奋精神，可以提高工作效率。难道不抽烟的人，就没有精神，就没有工作效率吗？其实不然，只是抽烟上瘾的人，没有烟就没有精神，没有烟就提不起劲，甚至眼皮撑不开，哈欠连连。一些抽烟的人，抽得面黄肌瘦，搞得满身烟味，甚至口臭难闻，让人不敢亲近。烟瘾之害，就连卖烟的人，也会在烟盒上标示着“烟能致癌”的警语，这都是劝诫人不要犯上烟瘾。但一些人就是不顾身家性命，每天偏要“一烟在手”，日子才会好过。一个人一旦染上烟瘾，不但花费金钱，而且斫丧身体。尤其现在除了香烟以外，还有人吸食大麻、鸦片，不但失去健康、金钱，一些走私贩毒的人，违反国法，都将因此走上绝路。所以，烟瘾害人，其大无比。

三、赌瘾。俗语说“十赌九输”，但这句话不能吓倒那些已经赌博上瘾的人。赌博的风气，从古到今，中国的麻将，风靡世界；三颗或六颗骰子，风行全球；纸牌、梭哈、转盘，甚至吃角子老虎，都让赌徒沉迷。现在连打球、赛马都有赌注，选举也有人下注签赌，看起来这个世界真是无所不赌，无人不想赌。赌博，赢者欢喜，输者悲伤。假如不赢不输，人生何等快乐自在。

四、官瘾。除了酒、烟、赌会上瘾以外，也有人做官成瘾，一心想要把官做。大官未必人人有份，七品芝麻小官，一见到长官都要逢迎拍马，哈腰作揖，看起来实在是很无格。但是做官上瘾的人，他不会感到“无官一身轻”，他只觉得不过官瘾，生活就兴味索然，毫无乐趣。

五、戏瘾。过去中国民间娱乐很少，多数人容易染上“戏瘾”，看戏看到入迷。现代人中，电视机前入迷的观众一样很多。艺术、音乐、戏剧，假如用来作为正当娱乐，未尝不好，但应该适可而止，不能入迷成瘾。

六、诗瘾。很多上瘾的事情当中，就以“诗瘾”最好了。一般人为文作诗，只是兴趣，很难成瘾。假如诗瘾大发，文思一来，洋洋洒洒，下笔千言，则此人文思敏捷，发挥天才。所谓“大块假我以文章”，如此“上瘾”，是好是坏，就又另当别论了。

上瘾是一个丑陋的习惯，一个人从小不注意，容易养成感官和思想上的坏习惯。例如，双目斜视就是坏习惯，心口不一也是坏习惯。有的人对于别人讲的话，不肯认真听，不懂得分析，随便误会人意，甚至想到别人都是坏的。对人疑心、嫉妒、批评，看起来是在批评别人，实际上都是自己的坏习惯。人的习性容易和坏的相应，不容易接受好的。要想养成好的习惯、性情，必须从小注意。

免　疫

人为了防范身体疾病的发生，所以要接种一些疫苗，增加免疫力。不但身体防止疾病要有免疫力，我们在思想上、生活上、心灵上，也都需要有免疫力。

佛教历代的祖师大德们，他们面对社会，也难免会有困难、阻碍、压力、诱惑等，但是他们经过了修证或者悟道，所以对世间的五欲六尘乃至灯红酒绿，都有了免疫力。

有免疫力的人，才能拒绝诱惑；有免疫力的人，才能不着魔道；有免疫力的人，才会有防备的力量。所以，免疫力对吾人之重要，由此可见。

人应该要对什么事情具有免疫力呢？兹举如下：

一、对功名富贵要有免疫力。功名富贵对人的诱惑性很强，人很容易在功名富贵之前，解除了自己道德的武装，放弃了自己人格的坚持，于是做了功名富贵的奴隶，所以要有免疫力。像林逋“梅妻鹤子”，一心想要远离权力中心；像陶渊明“归去来兮”，不为五斗米折腰，他们都具有不为功名富贵所动的免疫力。

二、对人我是非要有免疫力。人我是非常常困扰一个有为的人，使他陷入其中脱不了困。吾人对于人我是非，最重要的，先要发挥自己的能力，不要有人我是非。如已发生，要有化解的力量，要能排除。我们看历史上，许多政治家为国为民，风骨嶙峋，一柱擎天，因为他们对人我是非都有免疫力。

三、对生死顾忌要有免疫力。有的人纵有能力，也有愿力，只是对生死存亡的顾忌难以排遣，凡事瞻前顾后，施展不开。假如能对生死存亡，置之度外，自己已有大死一番的觉醒，看生死是自然的，对生死都能不萦于心，就算有免疫力了。

四、对柔情蜜意要有免疫力。自古以来英雄难过美人关，领导百万雄兵的将军，呼风唤雨的政客，有时在柔情蜜意之下，也会投降。假如一个有为的人，能不为金钱买动，能不为柔情诱惑所动，能在武力之前无所顾忌，他就堪当大任，因为他有了免疫力。

五、对贪嗔痴疑要有免疫力。一个人能在财色名食之前，不起贪心；能在愤怒怨怪之下，不生嗔念；能在疑惑迷惘之际，心里明明白白，自有主张；能在愚痴邪见之时，生起克服的力量，所谓在烦恼之中，他有过洗练。在许多妄想、嫉妒、烦恼之前，都能不起嗔怒恨意，就因为有免疫力之故。

综上所述，人生在世，好像小儿要接种牛痘，以防天花，及至长大后要学习礼仪，以免受到世间的污染诱惑。只是社会本来就是一个大染缸，人在社会里生存，难保清白，因此唯有加强自己的免疫力，才能不受影响。

佛陀降魔成道，他就是对世间各种诱惑都有免疫力；孔子学究天人，他以仁义道德作为自己的修养，所以他也有免疫力；老庄淡泊世间，超然出世，人世间的功名富贵又能奈他何，这都是因为有免疫的力量。

过 敏

人在世间，遇到各种人事、环境，甚至饮食、空气等，都要能适应，不能适应，就会产生过敏。例如，有的人得了花粉症，对花粉过敏；有的人得了季节症，到了某个季节就会感到身体不适。

平时我们的眼耳鼻舌身，因为接触外境，偶尔会发生不适应的过敏，像皮肤过敏、鼻子过敏、咽喉过敏等。过敏既是一种毛病，就应该想方法治疗，使其能适应任何的地区、气候，让自己不管处在任何时间、季节，都能身心自在。

兹针对“过敏”，略举如下：

一、饮食过敏。有的人不能喝牛奶，一喝牛奶就泻肚子，这就是肠胃对牛奶过敏；有的人吃了芒果全身发痒，这就是皮肤对芒果过敏；有的人吃了海鲜，浑身不舒服，避开佛门的因果不谈，这也是一种过敏；有的人吃了香蕉，全身骨头酸疼；有的人吃了糯米饭，消化不良就会胃痛，甚至吃了青菜萝卜，也会肚子痛。过敏的例子真是千奇百怪，因此有人忌讳吃酸，有人尽量不吃辣，有人少吃油炸食物等，总是小心调适饮食，以免过敏。

二、药物过敏。有的人不喜欢吃药，生了病，看过医生以后，医生所开的药，他带回家就丢弃不吃；有的人则偏好吃药，听到什么药很好，想方设法总要买到这种药。但是不管什么药，都有药性，即使同样的药，不同体质的人，服用后反应各异，不是某一种药绝对能治好患同样病症的每个人，所以医生打针开药时，都会问：你对什么药过敏吗？有了过敏，某些针剂不能打，某些药品不能服。我们确实看到某些人，即使吃对了药，因为体质过敏，反而加重病情，所以不能不注意。

三、空气过敏。空气太热、太冷，当然令人不舒服，空气太稀薄、太污浊，也会让人感觉呼吸困难。有些人登山，有所谓“高山症”，就是因为空气稀薄，肺部换氧效率降低，造成动脉含氧量下降，这就是呼吸系统对空气不能适应。大自然的空气本来应该是清新无染的，但经过人为的作用后，有的香气浓郁，有的臭气熏天，让人在不正常的空气里难以正常呼吸、正常生活。现代科学发达，汽车、空调带来生活上的许多方便，但是汽车、空调所排放的废气，也污染了空气，尤其二恶英、各种化学物质排放的秽气，更使污染的空气成为无形杀手，不能不重视。

四、人情过敏。人情厚薄好坏，也让彼此心理上起了过敏作用。你今天面容严肃，让我感觉空气中好像笼罩了一层低气压；我今天心情不好，态度不良，也让你感受到气氛不对，你的情绪也会受到影响而起种种的改变。人情的过敏，比医药、饮食还要快速，所以我们要让彼此放松心情，不要相互过敏。你有正常的心情、态度，我也有正常的说话、表情，相互热情、正常，彼此就不会因为人情过敏而伤感情了。

其实，人除了要注意以上种种过敏以外，对地球的开发、使用过度，地球反扑，造成地震、海啸、泥石流等天灾，何尝不是地球的一种过敏，更要留心防范才好。

传　染

历史上，几次瘟疫的流行，不但夺去无以数计的人命，甚至摧毁城市，瓦解文明，改变历史，主要是因为瘟疫具有传染性。其他如霍乱、天花、痢疾、肺结核、肝炎等，也都具有传染性。甚至被称为“二十一世纪黑死病”的艾滋病，也是因为它是一种传染性疾病，所以让现代人“谈滋色变”。

说到传染性疾病的可怕，有时候只是一个流行性感冒，一间屋子里只要有一个人感冒了，不但讲话要戴口罩，严重时饮食器具、生活用品都要隔离处理。

其实，不只疾病会传染，人与人之间还有很多东西会互相传染，例如：

一、习气会传染。人与人在一起，所谓“物以类聚”，个性相近的人容易成为朋友。习气、嗜好相同的人，更是臭味相投。有的人原本不会抽烟，只因周遭的朋友个个烟不离手，久而久之自己也跟着学会抽烟。喜欢喝酒的人，平时更是三五好友聚在一起小酌几杯。不但抽烟、喝酒的坏习惯会传染给人，有的人思想、观念不正，一些自私、奸邪、顽固等不应该有的看法，也会影响别人，甚至传染给人。所以，交朋友要谨慎，否则“近朱者赤，近墨者黑”，交上了染患恶习的朋友，自己也难免被传染。

二、情绪会传染。一个家庭里，一家人正在吃晚餐，本来大家有说有笑，气氛和乐融洽。此时突然有一个成员从外面回来，正眼也没瞧大家一下，就怒气冲冲地往自己的房间走去，虽然他一句话也没说，却把原本欢乐的气氛破坏殆尽。一个人的情绪，不管忧愁、哀伤，或是生气、愤慨，都会影响别人。相对地，欢喜、快乐的情绪也会传染给人。所以，人要学习自我的情绪管理，不可以经常把烦恼传染给人，更不可以影响别人。尤其家庭的幸福快乐，要靠每一个分子共同营造，要不断制造愉快、欢乐的气氛，不可以把情绪传染给人。

三、风气会传染。一个社会风气的形成，并非一朝一夕能成，而是经过日积月累，一旦成为众人行为的模式，或是价值的取向，就成为一种无形的社会风气。风气不管好坏，都会互相感染，尤其坏的风气之传播，更是迅速。例如，人民崇尚奢侈浮华的生活，平时喜欢上餐馆、歌厅、舞厅去吃饭、应酬，遇有婚丧喜庆，更是极尽铺张浪费，尽情吃喝豪饮。甚至人性的堕落、道德的沦丧，造成官员贪污、人民诈欺，人与人不再讲诚信、守礼仪，彼此相互能欺则欺、能骗则骗。不良社会风气一旦形成，对全民的影响，对国家社会的发展、繁荣，都有“风行草偃”的力量，实在不可小觑。

四、流行会传染。现在的年轻人追求流行，已经成为一种时尚，不赶流行，似乎就代表自己落伍。所以，对于流行的东西，不管吃的、用的，大家莫不趋之若鹜。流行的传染力之强，例如有一段时间，大家流行吃蛋挞，蛋挞店一时如雨后春笋，到处林立，购买的人大排长龙。只是好景不长，当蛋挞不再流行时，店家因不堪亏损，只得又再一家一家地关闭。另外，流行养宠物，流行穿用名牌，流行追星，甚至流行一些新人类的新用语，诸如“LKK”（形容“老”的意思）、“ATO”（表示令人作呕的意思），很快大家也都能朗朗上口了。

其实，一个社会流行的东西，应该要能移风易俗，要能提升道德。所以，对于一些好人好事，要多加宣扬，使其成为全民的典范，造成风气，千万不能让恶人恶事相互传染。

打 鼾

人的行为，可以给人欢喜，也可能惹人讨厌。例如，嘴巴说话，一句话能让人心情愉快，也可能令人气愤难消；一个动作可以赢得别人的赞美，也可能遭人批评。人的行为，有时不能单凭个人的好恶，率性而为，因为行为表现出来，就和别人有了关联，就可能影响他人，当然也会引起别人不同的观感。

例如，有的人睡觉时会打鼾，求学时同学不愿和他同住一间宿舍，外出旅游时朋友不喜欢和他同房共住，当兵时同袍也不乐于跟他同排，为的都是睡觉时的鼾声，因此遭到众人嫌弃。其实这也难怪，哪一个人不希望在宁静的环境中睡个好觉呢？偏偏你一个人在夜深人静时，鼾声大作，让人睡不安眠，自然会遭到别人的排斥。

打鼾的人自我也很苦恼，因为这也不是他故意如此，有的人是因为身体上的问题，例如鼻子不通，或是喉头结构差异，乃至睡觉时习惯用口腔呼吸所致。但是不管什么原因导致打鼾，由于睡觉时鼾声会扰人清梦，因此尽管有的人平时为人温和敦厚，做事循规蹈矩，却还是遭人嫌弃。

睡觉时会打鼾，怎么办呢？兹提供几点办法供打鼾的人参考：

一、睡觉时打鼾，多数是因为用口腔呼吸，空气进出时振动口腔后方的软腭，于是发出一阵阵“呼噜呼噜”的声音来。如果能够养成习惯，睡觉时闭起嘴巴，用鼻子呼吸，便能减少打鼾。

二、有的人睡觉习惯用嘴巴呼吸，是因为鼻子不通所致，这时应该请医师治疗，保持鼻子畅通，让出入息均匀，就可以减少鼾声。所以，禅坐的调息，对于治疗打鼾，也有帮助。

三、睡觉时，枕头不宜过高或过低，因为有的人睡觉时鼻子不通，跟头部的姿势不正有关。因此让自己的头部放平，保持舒适的状态，不但睡眠品质好，也会减少打鼾。

四、一般说，睡觉时仰睡呼吸比较不顺畅，容易打鼾。如果能够弓身侧睡，保持呼吸器官的气流通畅，就如佛教所谓的“吉祥卧”，也就是以右手做枕，不但能保持睡时的心地清明，减少做噩梦，也能消除打鼾。

以上打鼾的毛病，虽然是个人的小事，但在团体中过着群居的生活，实在也是一大困扰。

鼾声让人讨厌，同样的，在文明社会里还有一些让人厌恶的声音，例如居家的电视机、收音机音量太大，干扰邻居的清静，乃至在公共场所声嘶力竭地打电话，或是两人旁若无人、肆无忌惮地大声谈笑，都会令人厌恶。因此，在人际往来密切的这个时代，避免鼾声扰众，固然不能不注意，自己的言行举止更要时时警觉，避免制造噪音扰人，毕竟“轻声”是文明的象征，宁静必然是这一个时代重要的生活文明。

香港脚

人的身体上有一个很奇妙的毛病，叫作“香港脚”，也就是医学上称为“足癣”的脚气病。香港脚是由真菌感染足部皮肤引起的一种慢性传染性皮肤病。至于为什么会被称为“香港脚”，原因是鸦片战争时，英军接收香港，当时很多英国大兵平时住惯了干燥的英国，初来乍到，一时难以适应湿热的香港，尤其很多人的脚部因为潮湿而生起了脚癣，却又不明就里，于是大兵们就误称它为“香港脚”。

香港脚产生的主要原因，除了潮湿的环境所引起，另外跟个人卫生欠佳、多汗、穿鞋的时间太长，或是穿的鞋太密不透气等因素也有关系。甚至有时候身体出了毛病，例如免疫系统的病或是糖尿病等，都容易引发香港脚。

香港脚的病征是在脚底、脚趾、脚趾缝等处有脱皮、红肿乃至起水泡的现象，既不会扩散，也不会致命，但却奇痒无比。有关香港脚的特性，略述如下：

一、又难受又痛快。香港脚痒起来的时候，非常难受，但是如果抓起痒来，又觉得很痛快。只是如果不小心抓破了皮，流血溃烂时，后果又很难收拾。尤其香港脚随时说痒就痒，又不能随便在人前抓痒，只能想办法私下处理，否则臭脚丫的味道，旁人不好闻也。

二、有好处有坏处。香港脚一般人只知道它的坏处，例如痒得令人难受，而且味道难闻，但是它也有好处，却是少有人知道。有经验的人或许能够体会得到，只要香港脚发作，原本嘴巴破皮，或是身体某些地方溃烂的，很快就会痊愈，因为香港脚能让身体的秽气由此排泄，其他器官当然就会不药而愈。此说并无医学根据，只是个人的经验所得。

三、人闻臭己闻香。过去的年代，生活条件不佳，用水洗脚不甚方便，无法每天洗脚，所以一旦有了香港脚更是臭味难闻。但是也有不少文人作家，癖好一面抓痒，一面写文章，觉得抓臭脚丫可以增加灵感，愈是抓痒，文思愈是大发，所以有些妙文佳作就此产生，这也是趣事一件。

四、要保养增健康。香港脚虽然不致立即危及生命，但也不可大意，否则病菌从脚丫入侵人体，也会影响健康。因此，一旦有了香港脚，除了要经常洗脚以外，同时要常保干燥，严重时应该看医生，如果病症尚轻，则可透过一些土法治疗。例如把香烟的烟草塞在患处，因为烟草有杀菌、防潮的功用，所以也有一定的疗效。

人的身体真是奇妙，种种的疾病都有种种的治疗方法，但是过去的人有了一点小病小痛，由于不明原因，因此冤死的人不计其数。现在医学发达，许多绝症也都能起死回生。现在十大死因中的癌症、艾滋病、肝硬化等，假如随着医学的发展，能将这些疑难杂症加以控制，就像治疗香港脚一样容易，这真是人类的一大福音。

总之，医学的发展，造福人类无限，我们应该向发明医药、救命治病的科学家们，称誉他们为华佗再世、扁鹊再生，并且致以无上的敬意。

忧郁症

时下的社会，不知从什么时候开始，罹患“忧郁症”的人好像忽然多了起来。家庭里，如果有一个忧郁症患者，就如埋下一颗不定时炸弹，全家的生活步调完全被打乱，家中的欢笑减少了，家中的气氛也跟过去完全不一样了。人为什么会得“忧郁症”呢？试说原因如下：

一、生命没有抗力。患忧郁症的人，必定是生命缺少抗压性。在现实的社会里，每个人所受的压力之多，难以计数。金钱、人情、是非、课业、工作等，可以说从早到晚，压力从四面八方蜂拥而来。压力不但来自外境，有时从内心“庸人自扰”，也会给自己制造很大的压力。没有抗压性的人，就好像房屋没有屋顶遮雨，又如灯笼失去四周的屏障，小小的烛火无法抗拒外来的强风，自然会被吹熄。

二、心中没有欢喜。患忧郁症的人，不懂得活出乐观的人生，心中没有一点欢喜，就算有好人好事，他也不以为然，所以平时郁积在心中的闷气没有出处，久而久之一旦爆发开来，就成为忧郁症。吾人要培养一种“给人欢喜”的美德，即使不能给人欢喜，别人说一些好言好语给我们欢喜，我们就要感谢。没有欢喜、感恩的心，当然就会产生忧郁症了。

三、生活没有目标。人生要建立目标，才能向前走，才不会失去方向。儿童要讨父母的欢喜，就是目标；学生读书，希望有好的成绩，就是他的目标；士农工商希望赚钱，政治人物希望升官，因为有目标，就有奋斗的勇气，就有前进的动力。患忧郁症的人，不但生活没有目标，而且喜欢钻牛角尖，凡事想不开，一件事、一句话，都把它郁积在心里，没有适当的疏解、发泄，就很难不罹患忧郁症了。

四、行事没有积极。人生要积极，积极的人生会不断地想要走出去服务大众，为人群设想。例如，工人努力增产报国，农夫应时耕耘播种，作家每天创作、发表意见，新闻记者用心采访新闻、报道新知，甚至演艺人员也在想，怎样表演才能给人欢喜。如果行事积极，没有时间朝消极、灰暗的地方想，人生自然会有无限的光明前途，哪里会得忧郁症呢?

五、眼中没有他人。患忧郁症的人，可能他的心中只有自己，眼中没有他人的存在。如果他的眼中能看到大众，他的心中能想到父母、亲人、朋友，想到别人需要他，他应该满足大家，如此又怎么会患忧郁症呢?这个世界之所以有纠纷，就是有的人只想到自己，不能包容他人。如果我们不但眼中有人、心中有人，而且把别人都当成是自己的善知识，看成是未来佛，看成是自己的有缘人，这个世界不是很美好吗?

六、前途没有希望。患忧郁症的人，大多对自己的前途没有信心，看不到自己的希望在哪里。他眼中看到的都是灰暗的人生，他心中感受到的都是无情的世界，他脑海想到的都是不快乐的事情，如此又怎么会有幸福快乐的人生呢?所以，佛光山的信条是：给人信心、给人欢喜、给人希望、给人方便。我们不但要对自己的人生充满希望，尤其要进一步带给别人希望，这是最好的布施，也是无上的功德。

畸　形

有一位居士向默仙禅师诉苦，他说："我的妻子悭贪吝啬，对于好事，一财不舍，禅师能否慈悲到我家去，向我太太开示，让她多行些善事好吗?"

默仙禅师慈悲应允，隔天随即来到信徒家。果然，信徒的妻子出来迎接，连一杯茶水都舍不得端出来供养，这时禅师就握着一个拳头，说道："夫人，你看我的手，如果天天都是这样，你觉得如何?"

夫人说：“如果手天天这个样子，这是有毛病，是畸形呀！”

默仙禅师接着把手伸张成一个手掌，问道：“假如天天这个样子呢？”

夫人说：“这样子也是畸形呀！”

默仙禅师立刻说道：“夫人，不错！这都是畸形，就像一个人，过分浪费金钱，不懂爱惜，就如手掌，这是畸形；如果一毛不拔，不懂喜舍布施，就如拳头，这也是畸形。”

这位夫人在默仙禅师巧妙比喻之下，恍然大悟，从此改过自新，不再过畸形的人生。

世间有一些畸形的人，所行所做，都让人不解，例如：

一、喜好与人不同。畸形的人，不客气说，就是不正常的人。凡事喜欢跟人唱反调，你说一，他偏说二；你说三，他偏说四。畸形的人，行为、个性都是古怪的，你叫他早起，他偏不肯照做；你要他晚睡，他也不肯奉行。他就是没有常规，没有共遵的法则，这种人很容易走极端。在我们的左右周遭，不是没有这种人。

二、专走偏激路线。畸形的人，没有中道，他任性、偏激，甚至性情几近残忍，不容易生起仁慈的心。他不愿和人有共同的愿望，他可以不顾别人的死活，让你受苦受难。可以说，畸形的人没有同情心，不留口德，动辄都是怪人，愤世嫉俗。如果我们身边有一个这种畸形性格的人，不得不小心谨慎和他相处。

三、常做非法之事。畸形的人，对于好坏没有正常标准，你认为是的，他认为非。你认为不合道德的，他认为很正常。一般说，不按常理出牌，这就是一个畸形的人生。莫说有了灾难，整个社会都动员救灾救难，他会说些风凉话：那是罪有应得、那是应有的惩罚。有时某人发生车祸，死得可怜，死得凄惨，他会说：死了倒也安然自在！所以，畸形的人，说话不正常，做事不合理，举心动念都没有常规可循。因此一个畸形的人，只有浪费社会的成本，违背社会的伦常，对社会毫无贡献。

四、内心不为人知。畸形的人，本身并不会去杀人放火，也不会大逆不道。对于社会重大的不法事情，他也不会参与，只是在平常的言行之间，跟人不一样，所以他的内心世界旁人不易了解。畸形的人就是一种半吊子的人，我们只有原谅他，不要和他太计较。能和畸形的人相处，也是一种功德，也要有一点本领。佛教教人要有平常心，做平凡人，学习平凡事，但千万不能做畸形的人。

盲聋瘖哑

人间最不幸的人士，就是盲聋瘖哑，即使在佛法里，也讲究“六根具足”。眼耳鼻舌身意都残缺，就表示六根不全，因此列为残障人士，让人同情。但是，六根具全就必然是好事吗?

过去孔老夫子就提出警告，眼睛要“非礼勿视”，耳朵要“非礼勿听”，嘴巴要“非礼勿说”。当然，非礼就不可以要。中国的禅师更进一步说“眼不见为净”，所以要闭起眼睛，不看外境而看内心，耳朵不听外面的杂音，而要听“只手之声”，要听“无声之声”。

维摩居士“一默一声雷”，沉默比雷声更响，所谓“无言胜有声”。禅师们大智若愚，装聋作哑，不靠眼耳鼻舌的见闻觉知，他要靠“一悟天晓”，所谓“千年暗室，一灯即明”。

现在我们看世间的盲聋瘖哑，其实只要点亮心灵的灯光，也能了知世间的过去、现在、未来，又何尝盲聋瘖哑? 真正的盲聋瘖哑，其实不是六根不具的人，而是下列所提之人:

一、对世间苦难视而不见，是为瞎子。真正的瞎子，其实不是眼盲的人，而是那些虽有眼睛，但对世间的苦难，对世间的缺陷，对悲惨世界里许多嗷嗷待救的老弱妇孺、苦难人士，他都视而不见，或是见了而不能生起慈悲救护之心的人。这些睁眼瞎子，才是真正的盲眼之人。

二、对真理名言听而不闻，是为聋子。真正的聋子，不是耳朵听不见的人，而是那些整天听些靡靡之音，听人高呼万岁，听人赞美之声，却听不到世间无奈的呼号声，听不到伤痛的呻吟声，听不到待援者求救声音的人。尤其有些耳根灵敏的人，不喜听道德之音，不喜听人间的善人好事，对真理之声完全不能入耳，这才是真正的聋子。

三、对诸法实相避而不说，是为哑子。有口可以发出声音，但是那些声音如果都是妄言、恶口、两舌、绮语，这种声音有什么好呢？自己能言善道，但尽说一些无聊的话，都是吟风弄月，毫无意义。所以，佛光会提倡“三好运动”：做好事、说好话、存好心。只是，说好话毕竟不容易。东晋名士习凿齿访问道安大师，道安大师一见问道：“请问尊姓大名？”对方回答：“四海习凿齿！”意谓四海之内，谁不知道我叫“习凿齿”呢！之后习凿齿反问：“法师叫什么大名？”道安大师轻描淡写：“弥天释道安！”意谓你既是四海之内习于口舌之争，则须普天之下都信仰佛教，才能平安。所以，对佛教的真理，要能宣扬，要能说好话，才是真正有口之人。

四、对佛法三学修而不行，是为跛子。六根具全的人，当然不是盲聋瘖哑。不过，不看世间悲苦相，不听世间呻吟声，不说世间正直语，这是真正的残障人士。尤其对佛法三学不能实践，放着“八正道”不走，这就如同瘸腿的跛子，不能走出人生的光明大道，这才是真正的盲聋瘖哑，才是真正值得同情。

苦　味

有人问：人生的味道是什么？人生的味道，酸甜苦辣都有。但是，一般人尤其感受深刻的是“苦味”！人生有些什么苦味呢？

一、饮食的苦味。每个人三餐都要吃饭，要靠饮食才能维持生命。在饮食当中，咸有咸的味道，淡有淡的味道。但是如果过分地咸，就变成咸食苦味；过分的淡，就淡而无味。所以，吃饭时一般人都形容“香喷喷”的，表示饭菜很可口。万一太咸而难以下咽，却硬是要你吃下，就觉得苦味难吞。虽然有的人喜欢吃苦瓜，也要懂得烹调的艺术，能把苦瓜煮得美味可口，否则苦瓜的味道也没有人喜欢。

二、生活的苦味。家庭中，亲人团聚，和乐安详，不会感到生活有什么辛苦。但是社会上难免有人我是非、世态炎凉，乃至家境贫寒、求职困难、工作压力等，就不免感受到生活的苦味了。不过，生活也和吃苦瓜一样，虽有苦味，只要懂得烹调，也可以把生活的苦味调和得虽苦而有味，如此尝些苦味又有何妨呢！

三、病中的苦味。生活已经够辛苦了，假如身体又生了病，就更加苦不堪言。说起生病，有时只是伤风感冒，小病小痛，容易医疗。有的人患了不治之症，或是重大器官伤害，就会疼痛难忍。病痛只有自己忍受，就算现在的名医，也难以消除病中的痛苦。尤其有的疾病，不只是身体上的痛苦，外加心中的苦味，就更难以忍受了。有的病人，病房里经常围绕着探视的亲友。有的病人床前除了护士以外，难见人影，这种病中的苦味，就不是一般人所能忍受的了。当然，也有的人“与病为友”，把生病当作是休息，是一种生活的磨炼，甚至有的人病中作乐，看报读书，思索往事，撰写回忆，懂得用各种方法，也能减少一些病中的苦味。

四、离别的苦味。人生总有一些亲人好友，相聚的时候满心欢喜，别离的时候呼天抢地。如果是短暂的离别，有时就像夫妻“小别胜新婚”，倒也还好。如果是生离死别，不管是夫妻、父母儿女，或是多年相依相聚的朋友之离别，都容易让人感受到人生充满苦味。不过，现在科技发达，只要不是死别，即使远在天涯海角，电话、传真、e-mail，都可诉说思念，也能减少苦味。

五、心理的苦味。人生除了生活上、身体上、人情上的苦味以外，再就是心理上的苦味了。心里的贪欲，所求不遂，嗔恨嫉妒，怨憎相会，都会增加人生的苦味。甚至心理上的压力、心里不可告人的秘密，以及各种妄想等，真是“满腹心酸事”，都让人苦上加苦。有的人快乐的事想不起来，酸苦的回忆一大堆。举凡被人冤枉、被人委屈、被人排挤等，总觉得世间对不起自己的人、事太多了，所以心里的不平之气，都让人生更加苦受难忍了。

六、生死的苦味。在人生的苦味里，生死恐怕是最难忍受的苦味了。所谓“阴阳两隔”，家人朋友，只要有人死亡，就再没有相逢的日子了，彼此永远相隔两个世界。所谓“明天再见”“下次再见”，生死到哪里再见呢？昨天且同床共眠，昨天还同桌吃饭，昨天仍在一起闲话家常，今天就天人永隔了，怎不让人感受到死别的苦味难受呢？不过，如果是有宗教信仰的人，比较容易减少这许多苦味，因为只要我们有缘，生死虽然有分，仍有再相逢的时候，所以苦味中，人生还是充满了希望。

肆·向死而生

就像攀岩，如果你已经爬到了半山腰，突然觉得腿脚酸胀于是停下来，脚跟踩在半空，向上一望，望不到头；向下一探，自己整个悬空。这时候，什么状况更可怕呢？

佛教讲，心无所住，便妄念不生；妄念不生，便没有恐惧；没有恐惧，眼前就只是一块又一块落脚的山石，危崖自然也如平地。

寿 命

中国人一向追求“五福临门”，五福中又以“长寿”为第一。寿命长，到底好不好呢？一个人如果活到一百二十岁，想必一百岁的儿子已经先他而去，甚至八十岁的孙子也差不多快要死了。白发人送黑发人，这样的长寿好吗？

另一方面，从身体的机能来看，一百二十岁的老人，牙齿应该掉光了，吃东西必定很困难，耳朵的听觉想必也不灵敏，乃至眼睛的视力也已模糊看不清楚。这样“耳不聪，目不明”的生活，有意义吗？

其实，生命应该随顺自然，活到一个适当的岁数也就够了。因为生命的意义，不在于肉体活得长久，而在于活得能对世人有贡献，所以儒家有“立德、立功、立言”三不朽事业。吾人应该在身体的长寿以外，追求另外的寿命，例如：

一、语言的寿命。世间有的人说话，即说即逝，没有人记忆；有的人说话，成为格言、学说，能够留传、教化人间，这就是语言的寿命。例如，我们现在经常引用佛说、孔子说、孟子说，就表示这许多圣人语言的寿命，虽历经千年，仍然常在。

二、事业的寿命。有的人缔造伟大的事业，让千万人受益，像大禹治水，至今南京还留有大禹治水碑记。再如嫘祖教人养蚕，至今身穿丝绸衣料的人，都应该怀念嫘祖。这就说明，事业的寿命可以长存。

三、道德的寿命。古人说“典范在夙昔”，中国历代的名将，如文天祥、史可法、岳飞、张自忠等，他们杀身成仁、舍生取义，宁死以全节的道德馨香，遗留千古，让后世缅怀，这就是道德的寿命。

四、信仰的寿命。每一个时代，都有人为了传承信仰的寿命而发心奉献，例如，有的人兴建寺庙，千年长存；有的人印刷经书，万世流传；另外，也有人从宗教信仰里断除烦恼，解脱自在，把生死当游戏。例如，邓隐峰禅师倒立而逝，船子禅师水面吹笛而亡，庞蕴一家生死来去自如，慧远大师念佛发愿，亲见弥陀接引。这些人在宗教上建立解脱的生命，不也是非常可贵！

五、智慧的寿命。古今很多科学家，他们在科学上的发明，至今依然造福着人类，不就是他们的智慧长存人间吗？很多哲学家，他们智慧的哲言，不断为世人所引用。例如，印度的佛陀，他的般若智慧至今仍在世界放光；中国的司马迁，虽然身体受刑被摧残，但他的智慧化为史书，流传千古。所以，智慧的寿命是不死的。

六、共生的寿命。中国人讲究传宗接代，把生命当成体育的接力赛，一棒接一棒。祖父死了有父亲，父亲死了有儿子，儿子死了有孙子，孙子又生子，子又生孙，子子孙孙，香火不断。更重要的，中国人重视生命的意义，有的人为宗族争光，有的人为国家牺牲，有的人怀抱全人类，开创“同体共生”的寿命。如张载说：“为天地立心，为生民立命，为往圣继绝学，为万世开太平。”能为国家的寿命、社会的寿命、世界的寿命、人类共同的寿命而奉献，小我的生命才有价值，所以小我不及大寿也。

长 寿

长寿是每个人的希望，但是真的活得很长寿，未必是好事。例如，有人祝贺他人“活到一百二十岁”，果真活到一百二十岁，如同上一篇文章提到的，齿牙动摇，不但东西啃不动，耳朵重听，话也听不明白，视力老花，眼睛也看不清楚，活到一百二十岁有什么趣味呢？

再说，活到一百二十岁，一百岁的儿子，甚至八十岁的孙子都死了，白发人送黑发人，这不是人间最悲哀的事吗？因此，寿命到底是活得长好，还是短好？事实上寿命长短并不重要，重要的在于是否有功于人间。人生不一定光讲色身寿命，人生的寿命种类很多，例如：

一、身体上的寿命。身体上的寿命，一般能活到六十岁，就算长寿了，活到七十岁、八十岁，就算赚来的。身体上的寿命是一种形象的寿命，能顺乎自然就好。

二、言语上的寿命。现在人常引述“孔子说”“孟子说”“爱因斯坦说”“亚里士多德说”，甚至“耶稣说”“佛陀说”，这都是语言上的寿命。

三、事业上的寿命。有的人做过的事业，千百年后还是有功于世间，例如大禹治水、嫘祖养蚕、仓颉造字、爱迪生发明电灯、莱特兄弟发明飞机等，这是一种利世、利国、利人的功业，永久为人所称颂。

四、功劳上的寿命。周公制礼乐、孔子作春秋、张骞出使西域、文成公主和番、龙树菩萨造论、玄奘大师西域取经等，这都是福泽群生、广利人天的功德事业，是一种功劳上的寿命。

五、道德上的寿命。文天祥正气浩然，为国忠心不二，宁死不屈；佛图澄感化石虎、石勒不杀，拯救天下苍生无数。这都是人格道德上的寿命。

六、精神上的寿命。一个人的功业不是靠年岁成就的，所谓“有志不在年高”，在世间的寿命能活多久并不重要，重要的在于精神上的寿命。如罗门四哲之一的僧肇虽然英年早逝，但是他的《肇论》流传至今，仍为研究佛教思想的宝典，这就是精神上永恒不朽的生命。

七、心理上的寿命。一个人只要觉得自己活得很满足、很有意义、很有成就、很有贡献，能活出“人生三百岁”，这就是心理上的寿命。

八、智慧上的寿命。智慧的寿命是解脱的、清净的生命，它包含欢喜、无私、慈悲、智慧的无量功德，这是吾人应该努力体证与完成的生命。

人生的意义在创造宇宙继起的生命，所以寿命的长短不在色身的生灭，甚至事业的大小也不在一时的成败，乃在于自己对人、对社会留下多少贡献。吾人若能效法往圣前贤，留下立功、立德、立言的精神，必能为生命留下璀璨的历史，这才是真正的长寿!

过 客

人生是百代的过客，所谓“长江后浪推前浪，世上新人赶旧人”，在世间，没有一个人可以永远停留，因为时间会催促你向前。兹将过客的人生，略表如下：

一、过客的心情。人一生当中，要转换很多的角色，从为人子女，到为人父母，从接受社会养护，到成为社会的贡献者。百年岁月，转眼即逝，每个人都在想：假如人生还有来世的话……只是人有“隔阴之谜”，即使有来世，又何尝了解今生。过客的年青时代，只想为自己的幸福而追求和打拼，读书，爱情，事业，及至经济有成，儿女成群，随之老病缠身，因此很多过客经常发出一种感叹：为谁辛苦为谁忙！

二、过客的内容。有人在飞机场，在渡轮港口，在火车站里，看着万头攒动、熙来攘往的人群，认为芸芸众生如此辛苦，只有两个字而已，就是“名”和“利”，其实也不尽然。有的慈善家奔波世界，造福人类；有的宗教家云游十方，普利群生。他们有的千里迢迢，送救济物品到灾区救苦救难；有的不辞万里辛劳，前往苦难的地方讲经说法。请问他们为何名、为何利呢？总说人生的过客，有的为家庭，有的为社会，有的为国家，有的为人民。在万亿过客当中，尽管有的为自己，有的为他人，但是总说一句，都是为人作嫁为人忙。

三、过客的需要。过客在童年时，有父母安慰；在青年时，有理想陪伴；在壮年时，有事业的奋斗精神；在老年时，有回忆的酸甜苦辣。不过，世间的过客，所谓百年人生，总有一些时候也会有自我的需要，如暗巷里需要一盏明灯，迷惘时需要一位明师，航海时需要一座灯塔，寂寞时需要一位伴侣。可是人间没有十全十美，当过客为别人做出贡献时，可能也会获得一些掌声，但到了老病寂寞时，有时社会也会遗忘他的贡献。总之，人间的过客几乎都有辛酸的告白，正如《瑜伽焰口》中说："黉门才子，白屋书生，探花足步文林，射策身游棘院。萤灯飞散，三年徒用工夫；铁砚磨穿，十载慢施辛苦。呜呼！七尺红罗书姓字，一抔黄土盖文章。"真是道尽了过客的心情与遭遇。

四、过客的目标。过客总希望不要空过一生，因为人到世间来，如《法华经》说，得人身的机会，有如大海里的盲龟值遇浮木之不容易。人生难得，总想要有所作为：下焉者希望光宗耀祖，子孝孙贤。中焉者希望自己平安，能为社会略做贡献，表示自己没有辜负一生。上焉者愿做一支蜡烛，燃烧自己，照亮别人；做一艘渡船，让芸芸众生得渡；做一棵大树，供旅人乘凉；做一座桥梁，让行路者得到方便。世间上有很多宗教家，总是希望自己能过上等的人生，能做一个过客的领航者，这也正是宗教家们所以尊贵的地方。

人生是世间的过客，但有的人希望在过客的人生里留下记录，也有一些人"百花丛里过，片叶不沾身"，凡一切过去了，就像天上的云彩飘散，丝毫不留痕迹。如佛教的"无相布施"，不就是最好的人间过客！

面对死亡

人有生必然有死，生了要死，死了又生，生生死死，死死生生，生死是环形的。生不是最初，死也不是总结。生死是二而一，一而二。有的人生而欢喜，死觉悲伤，其实这只是见到一半的人生。生也不一定可喜，人生是苦；死也不一定要悲伤，死亡可能是解脱，或者到更好的地方去。所以，死亡如移民，不必太计较。面对死亡，为什么会悲伤？这是因为不知道死了以后还有没有生。其实不必挂碍，一颗黄豆，一粒稻穗，收成以后，再播种下去，还会再生，人为什么不会再生呢？

但是，死亡毕竟是人生所挂念的事，“视死如归”是不容易的境界。死亡有什么挂念的呢？

一、挂念子孙。有的人面临死亡的时候，他并不挂念自己何去何从，反而挂念子孙将来该怎么办；儿女还没有嫁娶，孙子年龄还小，不知今后如何依靠。就是有万贯家财，这时也不知道如何为子孙分配，心中只是一直对子孙挂念不舍，所以只有怀着抱歉，黯然闭上双眼，把遗憾带进棺材里。

二、不舍事业。有的人一生勤劳创业，当事业稍有成就的时候，死亡也在这时翩然而至。这时候，对自己一生辛劳所获得的成就，万般不舍。聪明的人赚钱，生时就要乐善好施，作种种用途。不聪明的人，所赚的钱财，只有留给后人使用。只是钱财不知托付何人，所以就会挂念自己所创办的事业，今后怎么发展。但这种挂念也是徒然，无补于事，等双眼一合，双脚一伸，再多的事业也不得再管了。

三、抱憾后悔。人到死亡的时候，一生所做的大善大恶，这时都会一一浮现在他眼前。所做是善事，倒也罢了，假如做了一些不该做的事，这时就会后悔。所谓“不见棺材不掉泪，不到黄河不死心”，不到临终时，不会知道自己的所行所为。假如在往昔生中，有做过缺德的事，这时想要补偿，也很困难。就连大哲学家苏格拉底，临终时有人问他有什么遗言要交代，他说：我欠人一只鸡，还没有付钱！从好处说，大哲学家不会拖泥带水，不想对人有所亏欠。说得不好听，在这个世间，我们检讨过，是自己欠人家的多，还是人家欠自己的多？假如别人欠自己的多，可以含笑而去；假如自己欠别人的多，在这种生命交关的时刻，又怎么来得及偿还呢？

四、死后去处。人到死亡的时候，种种挂念当中，最挂念的就是死后要到哪里去。关于这一点，佛经里早已讲得非常清楚。所谓“一心法界”，死后的去处有四种圣人的境界，佛、菩萨、缘觉、声闻；有三种善道，天、人、阿修罗；有三种恶道，畜生、饿鬼、地狱，一共是十种道路。一般人，四圣不容易有分，三善三恶的六道轮回，这是必然的；会到哪一道，这也是不由挂念。因为“万般带不去，唯有业随身”，你平时所做的善恶业，这时都已安排好了你的去路。生命是“薪尽火传”，木材虽然烧尽了，只要换一根木材，生命的火还会一直继续燃烧。只是生命的结案，是善道，是恶道，就要看自己往昔所造的诸业了。

说到死亡的挂念，人到临终的时候，你最怀念的人，最挂念的人，都由不得自己处理。面临死亡，应该面对现实，接受死亡的考验，并为来生结个好缘，这才是最重要的事。

活不下去

生命是宝贵的，人总应该要活下去，但是当前社会，有些人走上了绝路，甚至有的青少年也想不开，逃避活下去的义务，真叫人想不通。佛经讲“人身难得”，欲得人身的机会，如茫茫大海里的一只盲龟，百年才游出水面一次，能够刚好把头套进一块破了洞的浮木，这样的机遇可以说是千载难逢。如此难得的人生，为什么要轻易结束自己的生命呢?

所谓“天无绝人之路”，活不下去的原因，往往不在于外境的艰难压力，而在于自己的求生意志不强，或是不懂得好好爱惜正常的生命。试举“活不下去”的原因如下:

一、违法犯纪。语云：“天作孽，犹可为；自作孽，不可活。”有的人作奸犯科，违法乱纪，偷盗抢骗，扰乱治安，因为危害到社会大众的安全，自然要接受法律的制裁。轻者被判有期徒刑，甚至无期徒刑，锒铛入狱。严重者强制与社会隔绝，不能过着正常的生活，自然活不下去。

二、天灾人祸。人类自有历史以来，就免不了与天灾人祸搏斗，诸如洪水泛滥、山崩海啸、地震台风，或是严寒酷暑、瘟疫横行，乃至饥馑连年、战争不断。这许多天灾人祸，在地球上的每个地区不断上演。每当一次灾情发生，总有许多生命牺牲，财产损失。所以，人在求生过程中，更需要有宗教的信仰，希望在信仰中减少一些灾难。

三、求生无计。虽说天无绝人之路，但是有的人也会感到求生无计。例如，既无亲友的因缘帮助，也无祖先的遗产庇荫，加之自己没有专长能力，尤其一些好逸恶劳的人，对工作没有兴趣，只是苟且偷生，所以在世态炎凉的人间，就会感到活不下去了。

四、债务压力。人生有多少本钱，就做多少事业。然而有的人贪心不足，希望自己的事业越做越大，一时过分自我膨胀，估计错误，大打如意算盘。然而商场如战场，到了事业不顺的时候，只有举债维持。一个人一旦债务缠身，现在的银行大都为大户操纵，已不若早期的慈善事业；当借贷无门，而债主一再上门，或是法院的传票一直逼着，这时很容易想不开而以一死了之。事实上，人不能一死了之，否则就是徒然造业，因为自己连累亲朋好友、事业伙伴，让他们受害，让很多人活不下去，岂不更增自己的罪业?

五、情爱烦恼。世间上的金钱逼人，情爱也会害人。爱得正当的，恩恩爱爱、甜蜜无比；爱得稍有差错，重婚、强暴、妨碍家庭，或者因爱生恨，做出不智之举，都会让人如同作茧自缚、飞蛾扑火一样丧身失命。在世间，爱本来是维系生命及伦理纲常的要素，但是眼看今日社会，为爱而活不下去的人，不知凡几。

六、业报现前。世间有些人之所以活不下去，是由于往昔世中的业障现前，因此遭遇横祸，死于非命。人可以在战场上与敌人厮杀，也可以在医院里与恶疾奋斗，但真正业障现前的时候，一些稀奇古怪的事端，就会让人求生不得，只有抱憾以终。

其实，人之所以活不下去，另一个重要的原因，就是没有因缘。人在世间，要靠因缘才能存在，例如，没有父母的因缘，不能出生；没有师长的因缘，不能受教育；没有朋友的因缘，不能得到资助；没有农工的因缘，吃饭穿衣从哪里来呢？所以，当我们吃一碗饭时，当思来之不易；穿一件衣服时，须知物力维艰。世间缘生缘灭，一切都要靠因缘才能生起，但因缘也会消灭，所以我们要给人一些因缘。培养因缘，有因缘就能活下去，这是我们应该明白的道理。

走不下去

人生的路，是一条遥远漫长的路。有的人每次出门，到某个地方去，都会在路上小憩一番，吃饭喝茶，稍事休息后，再出发往前走。人生就如汽车，开了一定的里程后，只需加油，就能继续上路。但是，也有的人，觉得人生长路漫漫，走不下去了。人生为什么会走不下去呢?

一、负债太多，所以走不下去。现在有些卡奴一族，刷卡的时候痛快而不感觉痛苦。但是一旦债主上门讨债，难以应付时，就感到苦不堪言了。人生不懂得量入为出，或者靠借贷生活，总有一天负债过多，无力偿还，人生必然就会走不下去。

二、失业过久，所以走不下去。人生的路，就像工作职场上，士农工商，甚至小摊贩，沿街叫卖，推销零售，只要肯勤劳，都能走得下去。就怕失业赋闲在家，生活无着，自然走不下去。至于为什么会失业，必然是自己有一些想法、做法失当，应该懂得自我检讨。只要自己找出问题所在，重新调整步伐，就能在人生的路上重新出发。

三、失恋伤心，所以走不下去。有一些年轻人，因为失恋而使人生的路走不下去，这是自己想不开。所谓“天上的星星千万颗，地上的人儿比星多，为什么人生不要活，只为了他一个”，其实这是自己太自私，只想到自己的所爱。爱不到，不惜以生命相殉。但你可曾想过，还有其他的亲人、朋友，都将因为你的自杀而痛苦！所以这种自私、因失恋而走不下去的人，不容易获得别人的同情。

四、老病厌世，所以走不下去。老病本来就是人生四苦的一部分，但老病也不能自绝生存的路，人生要让他随缘地自然死亡。对于老病，年轻时就要有所预备，有朝一日，每个人都会老病，只有慢慢捱过人生漫长的路，自然会走到终点。

五、困境气馁，所以走不下去。有的人经商，金钱一时被人套牢，货物一时找不到买主，于是陷身在困境里。所谓“狡兔有三窟”，人在“有”时，要想到“无”时，自己要营造自己走入顺境的因缘。人生的路，为什么自绝其路，陷身困境，是由于自己太短视了、太自我执著了，平时又少结缘。如果平时有和人结缘，一旦困境来临，别人也会助你一臂之力，让我们人生的路继续走下去。

六、罪孽深重，所以走不下去。有的人心狠手辣，坏事做尽，双手血腥，一身罪孽，一旦到了罪孽深重的时候，人生的路确实不容易走下去。不过，上天有好生之德，对一个作恶多端、罪孽滔天的人，佛教叫人要忏悔，基督教叫人要悔改，总是给人一个再生的机会。如果你不知道悔改，碰到绝路，当然走不下去了。

七、恶缘累积，所以走不下去。有一些人跟人结下冤仇，等到对方报仇雪恨的时候，恶缘会使人生走不下去。例如，有人滥杀无辜，即使没有人报仇，但是法律也会追诉；有人抢劫绑票，如此恶的因缘，怎能侥幸得活？有人破坏别人家庭，奸淫分尸，当恶贯满盈、业报现前的时候，人生自然走不下去。

八、命中该绝，所以走不下去。所谓“命中该绝”，就是“阎王叫人三更死，绝不留人到五更”。人的寿命，因果业报都会替你算得非常准确，应该让你的人生走到何时、何地，那就是你人生的终点。

总之，人人都有一条人生的路，是平坦，是崎岖，是交叉，是起伏，是平顺，是凶险，就看吾人如何走完人生的路了！

关于自杀

社会真奇妙，什么都可以流行，现在连“自杀”都流行起来了。“自杀”就是自己结束自己的生命。世间有的人“求生不得”，为什么有人想要“求死”呢?

生命是可贵的，如《法华经》说，得人身如“盲龟浮木”，真是千载难遇；又说：“得人身如爪上泥，失人身如大地土。”生命无比珍贵，为什么要轻易把它毁灭呢?

有的人骂人：“活得不耐烦了！”分析自杀的原因，有的人是商场失意而自杀，有的人因为感情失恋而自杀，有的人受不了课业压力而自杀，有的人因为睡不着痛苦不堪而自杀，有的人久病厌世而自杀，有的人一时生气、嫉妒而自杀。尽管自杀的原因、方式千奇百怪，但自杀者无非是为了逃避现实，以为自杀可以解除痛苦，因此想要一死了之。

其实，自杀者把痛苦留给别人，自己也不见得能解脱痛苦，因为自杀也是杀生，所以在经典里说，自杀、教杀、见杀随喜、助人杀，都是罪无可逭。兹将自杀后的情况，略说如下：

一、自杀不一定会死。自杀者被人救活的案例，为数不少。甚至有的人自杀死后入殓埋葬，几年后拣骨时发现，尸骨错乱，原因是死后又再活过来，在棺木里经过一番挣扎而死。

二、自杀不能解除痛苦。上述的各种自杀者，自杀以后不但不能解决原有的问题，反而增加杀生罪过，只会更苦。

三、自杀留给别人麻烦。自杀者把自己的问题留给别人，让家人痛苦、麻烦，自己却一走了之。自杀者之自私，很难获得谅解。

四、自杀留下坏名声。一般正常人，日子可以过，不会想要自杀。自杀者必定是人生有了问题，因而用自杀逃避，所以会留下坏名声。

五、自杀以后罪加一等。生命不是属于自己个人，甚至也不是父母生养就是父母的，生命是大自然所共有，所以个人没有资格自杀。如果愚痴动了自杀的念头，必定罪加一等。

六、自杀浪费社会成本。一个人，从小父母养你，社会教你，长大后不知回馈报答而自杀，造成社会成本的浪费。

总之，自杀是愚痴的行为，自杀者不能引起别人的同情，更不能获得家人的谅解，所以有自杀念头的人，自杀前应该多想一想。如日本青木原自杀森林入口处的告示牌说：

> 生命是双亲所给予的珍贵之物，
> 请再想想你的父母、兄弟和孩子。
> 不要一个人烦恼，请试着与我们谈谈。

自杀不是解决问题的唯一方法，当然更不是最好的方法，有自杀念头的人，应该找人好好谈一谈，只要自己多给自己一些机会，生命就会再现生机。希望想要自杀的人，能够再给自己一次机会！

自杀前后

生命是可贵的，蝼蚁尚且贪生惧死，何况是人？社会上一般正常的人，的确都一直努力在求生存，但是偏偏也有一些人，一心想要结束自己的生命。当然，想要自杀的人，必然是被各种原因所困，或是为了金钱，或是为了爱情，或因一时气愤，或是所受的压力过重，一时承受不起，因而突然萌发“生不如死”的念头。虽然这是错误的观念，但是如果在这个当下，有善缘助其一臂之力，帮他渡过难关，或许能挽回一命。

对于想要自杀的人，当他对生命感到迷惘的时候，需要有社会大众的关怀、帮助。尤其如果我们对自杀者的前后原因，能够用心多作了解，或能减少很多人间的悲剧。

关于“自杀前后”，试述如下：

一、死前所见皆灰暗。人到了想要自杀的时候，一般都是万念俱灰，心情极度沮丧，所以显现在脸上的，多数是两眼无光，眼神呆滞，动作迟缓，甚至会有精神恍惚的现象。因为自杀者本身，心中的世界是灰暗的，眼中所见的天空，也是一片阴霾，见不到一丝亮光，看不到一点希望，这个时候最容易自杀。此时如果亲朋好友及时为他开导，给予一些助力，帮他解决困难，所谓“一语点醒梦中人”，岂不功德大矣！

二、自觉处处皆束缚。自杀的人所以失去求生的意念，因为此时他的身心已被困难层层束缚。一个被绳索捆绑的人，最初也会挣扎，但是挣脱不开，最后就会无奈地放弃希望。就像一只猴子，把它捆绑起来，最初也会不停地跳动，等它跳久了，疲倦了，它失去了追求自由的意念，就会趴着不动。所以，如果我们发现自己左右的亲人朋友，因为发生困难，突然在语言上讲一些丧气的话，或是行动上有一些怪异的举止，就应该要主动地关心，从旁多加注意，并且适时地给予一些帮助。有时即将自杀的人，在他感觉好像是世界末日一样严重的困难，但是旁人轻而易举的一点助缘，就能助他渡过难关，继而避免憾事的发生。

三、消极念头不曾断。自杀者，在他自杀之前，必然有一段时间心中不断生起悲观、消极的想法，不管是对世间感到失望，还是对人情感到灰心，或是没有勇气面对困难，甚至可能只是一时的迷惘想不开。当他选择以死来逃避的时候，必然也会经过一段自我矛盾、犹豫的时间。例如，独自一个人在水边来回徘徊，或是在楼顶望天叹息，这时不管识与不识，如果警觉性够高，及时发现而抢救一把，把他从死亡边缘拉回来。当他一次自杀不成，知道生命的宝贵，也许就能鼓起勇气面对人生。

四、自杀者回头自觉。一个动了念头想要自杀的人，能打消他自杀念头的最大力量，一者是亲情，再者就是爱情的力量。这时如果能动之以情，让他多想想自己的父母、妻儿，以及他所至爱的人，让他了解，自杀并不能解决问题，只有把困难、问题留给爱他的人，让他们痛苦，自己于心何忍？也许亲情与爱情的呼唤，能让他从痛苦中觉醒，只要他一转念，漫天乌云或许一下就能拨云见日。所以，抢救自杀者，第一就是要能让他自我觉醒。

总之，“救人一命，胜造七级浮屠”，我们对于自杀者，应该多给予一些求生的助缘，此乃无上功德也。

死亡

文天祥说：“人生自古谁无死，留取丹心照汗青。”人难免一死，但是“死亡”有重于泰山，有轻如鸿毛。历史上，多少人杀身成仁，舍生取义，与日月同光。但是也有的人自私自利，对人间一无贡献，与草木同腐朽。战国时代，荆轲要去刺秦王时，在易水边高歌：“风萧萧兮易水寒，壮士一去兮不复还！”这是多么伟大的情操。一千三百多年前，鉴真大师东渡日本时，不管遭遇任何危难，都是秉着“为大事也，何惜生命”的精神，勇往直前。他的悲心壮志，真是令人感动。

自古以来，有人死得轰轰烈烈，有人死得默默无闻，有人死得让人怀念，有人死得让人庆幸。究竟如何死亡才有意义呢？略述如下：

一、死得不痛苦。有的人对死亡并不恐惧，但是就怕死得痛苦。如战场上断臂、断脚的老兵，以及病榻上受绝症煎熬的病人，一旦病痛临身，再也不是什么英雄好汉了，而是狼狈不堪的狗熊。但是一些视死如归、慷慨赴义的侠士，他们不以死亡为苦，尤其禅门里的禅师，更把死亡当游戏。例如，飞锡禅师邓隐峰倒立而亡、船子和尚吹笛进入烟波覆舟而逝。甚至有的禅师洒脱地先祭后亡，有的坐脱立亡，有的枕膝而化。如果死得不痛苦，死亡也如回家一样，并不值得担心害怕。

二、死得有价值。历史上，有的人不但生时救国利民，就是到了最后，个人的一死，仍然影响国家民族千年万载。例如，文天祥不受宰相高位的诱惑，只想一死报效国家；岳武穆宁可尽忠而死，不愿抗旨而生。他们尽忠报国的精神，都与历史共存，所以虽死犹生。

三、死得适其时。生命的价值，不在活得长久，而在活得于世有义。有的人已经活了百岁之龄，仍然不死，他也觉得辛苦，因为老迈的身体，如风中残烛，生存对他而言已经没有意义，死亡反而让他有自然的归宿。所以，有一些老人，老来的时候，不能死得适其时，也是一种遗憾。慈禧太后一生造孽，但是她死得适时，没有逢上国破家亡，甚至还得到厚葬。汪精卫年轻时，曾为清廷逮捕，他豪迈地说“引刀成一快，不负少年头”，但是后来因故与日本“合作”，不过还是在日本投降前逝世，不受汉奸罪名处置，这也是死得适其时。中国人对于早死、迟死，有时并不介意，对死得适时，非常看重。

四、死得很安心。一般人对死亡总是感到害怕、迷惘，因为死后到哪里去，不得而知。尤其有的人临终时，因为对世间的留恋、对亲人的挂念，因此舍不得死，甚至死不安心。也有的人未能及早处理好自己的财富，就匆匆告别，因此觉得遗憾，无法安心。当然，也有不少人因为满怀的理想、满腔的愿心未了，但是世寿因缘已经结束，因此抱憾而终，他也感到不安心。所以，人，不管生也好，死也好，能够活得自在，死得安心，那是最美好不过的事了。

死前交代

人生“生了必然会死”，这是亘古不变的定律。但是下面还有一句“死了还会再生”，这也是放诸四海而皆准的真理。所以，依佛教的观点来看，人生了要死，死了再生，生生死死，死死生生，生死是没有止息的。生也不足喜，死也不可悲，生死本来就是一个环形的关系，何必把生死割断，甚至觉得生则可喜，死则可悲呢?

人生在世，最重要的是，“生”时要活得逍遥自在，对“死”则要预作安排，使死能像解脱一样美好。因此，既然人都要面对死亡，应该早作交代，不要等到临死时才来手忙脚乱。关于“死前交代”，略述如下:

一、撰写遗嘱。人在世间生活几十年，结下很多因缘关系，当然有很多的牵绊，但是到了死亡的时刻，即使有万般不舍，又能奈何?不过，只要懂得生前用遗嘱交代，你欠别人的，别人欠你的，都可以作个说明。甚至你想做什么，死后还有什么心愿未了，也可以在遗嘱里交代清楚。只要是属于个人的私事、想法，都可以在遗嘱里书写明白。例如南宋爱国诗人陆游，他有诗云:“死去原知万事空，但悲不见九州同。王师北定中原日，家祭无忘告乃翁。”可见他在临终时，最挂念的就是国家的统一。

二、处理遗产。一生努力，临死前总会有一些遗产。有的人生前就懂得布施行善，因为“钱用了，才是自己的;不用，都是别人的”。甚至自己有钱不用，留给子孙，有时反而让子孙为争财产而起纷争，乃至养成子孙好吃懒做的习性，所以不一定要把遗产留给子孙。在美国，有一些非常可爱的野生动物，十分讨人欢喜。但是美国政府规定，不可以擅自喂食，因为担心野生动物一旦依靠人类喂养习惯，会削弱它们天生的求生本能。因此，我们对子孙，应该遗留道德、技术给他们，不一定要把钱财留给他们。钱财、产业，可以留给宗教、慈善、公益团体，通过这些可靠的团体，把一生辛苦经营所得，回馈给十方，这才是明智之举。

三、安排葬法。人死之后，后事的处理也是一大问题，有些家族由于各人主张不同，也会闹得不愉快。假如自己生前明白交代，例如，嘱以火葬比较简单，甚至自己先拟一个讣文，敬告亲友:本人信仰佛教，深知生死无常，自然之事。今世缘已了，回归本源。本人生性简朴，往生后不宜铺张热闹，不用乐队，不可杀生祭祀。灵骨投之大海，或安放某某塔寺，不宜诵经超度太多，不敢劳驾他人为个人生死花费太多时间、精力。儿孙本诸平常的教诲，善于做人，好好服务社会。生命来之于自然，又回归到大自然，望能为我庆贺，是所至祷。

四、遗爱人间。临终之前，你希望留些什么来遗爱人间呢？写一篇文章？发表一些劝世益人的言论？济助一些孤苦残障人士？捐赠一些奖助学金？或是在某地修桥铺路？乃至种植一些花草树木？只要你能为世间留下一些贡献，应该就是圆满人生的最后。

婚丧喜庆

人的一生当中，会遇到多次的婚丧喜庆，朋友、同事的婚丧喜庆，自己本家、亲人的婚丧喜庆。

民间对于婚丧喜庆，都有一些风俗习惯，有的流于形式，有的产生执著。例如，过去讲六十岁就是“大寿”，总要隆重庆祝。但现在医学发达，养生有道，人民的寿命普遍延长，六十岁还很年轻，照说六十岁应该不算大寿了。过去每遇大婚，花轿迎娶，敲锣打鼓，好不热闹。现在集体结婚、公证结婚，都已简化。

尤其，对于丧葬事宜，过去讲究停棺几个月，儿孙每夜要守灵。现在人口增加，活人都没有地方居住，哪有空间停灵那么久？过去讲究“寿终正寝”，现在都是高楼大厦，如果在大楼上病故，楼梯、电梯都不方便运送棺木。

另外，过去不管婚丧喜庆，都要选择吉日良辰。现在则以周末节假日举行，方便亲友参与为原则。可见社会已经进步，只是仍有少数人在执著旧习往例，实为不当。婚丧喜庆既是人生无法避免的事，应该秉持如下四点原则举行为好：

一、不慕虚荣，量力而行。不管婚丧喜庆，都是人生的大事，应该重视其意义，所以要以严肃敬谨的心处理，而不是借机表现自己的财势。有些富有人家，遇有喜庆时，讲究席开几十桌，甚至几百桌。逢到丧葬时，标榜几百、几千人参加。尤其为了满足自己的虚荣心，请来多少乐队、花车，摆出长长的丧葬队伍游行绕街。如此不但妨碍交通，而且制造噪音，干扰邻居的安宁，实为不宜。乃至一些家境并不富裕的人，为了互比虚荣，举债也要做得比别人好，更是不智。

二、不可执著，善巧变通。一般民间对于治理丧事，多有执著。火葬、土葬，遗族互相争执；哪天举行才是黄道吉日，大家意见不同；对于风水地理，也是各有看法；甚至奠礼程序，更是意见分歧。一场丧事，就在吵吵闹闹、各执己见中，争执不已。其实，每当亲朋好友家逢变故，大家都会竞相慰问，叫他们要“节哀顺变”。此话的意思，就是不要执著，要能通权达变才好。凡事懂得随顺因缘，才是最为圆满。

二、不要铺张，简单隆重。现在的喜丧婚庆，一般人都讲究隆重，尤其中国的习俗，一场婚宴，有家宴、公宴，还有回门宴。结一次婚，就为了请客宴会、宴会请客而忙翻了天。如系丧事，头七、三七、五七、七七、百日、周年祭等，也是要忙上好一阵子。其实，如果为了纪念，子孙应该效法先人，乐善好施，对社会做出贡献，如捐助公益、提供奖助学金等，这比形式上的铺张浪费，都来得更有意义，更有实质的价值。

四、不能迷信，日日好日。中国社会里，对于婚丧喜庆，每个地方有每个地方的风俗、习惯，因为执著，就成了迷信。例如，结婚要看吉日良辰，丧葬要看地理风水，这都是迷信。其实世间哪有什么一定的日子，在中国是白天，到美国成了晚上，所以不一定要迷信时辰。当然也不一定要执著地理，同一条街上的商店，有的人生意兴隆，有的人关门大吉，所以只要你自觉心安，在在是好地，日日是好日。太过执著、迷信，只会庸人自扰。

死的时候

人生有两个大问题，一是“生”，一是“死”。人都是喜生恶死，其实不生哪里会死？因为有生才会有死。同样的，因为死了才会再生，所以生死是自然的循环。

生死是再自然不过的事，只是一般人总是谈“死”色变。一个进步的国家，应该教育人民不要忌讳谈死。只是讲生，不去谈死，一旦面临死亡，才来手忙脚乱，不知所措，为何不在平时就好好面对生死问题呢？能把生死完全了解，其实生也不足喜，死也不足悲！生死就如同早上起床就是生，晚上睡觉就是死，每天二十四小时不都要生死一次吗？

或者早上出门，过了不久又再回来，这不也像是生死来去一次吗？人死如搬家，搬家是乔迁之喜，不应哀伤；人死如换衣服，破旧的衣服换一件新的，也是值得欢喜的事，哪里需要悲伤呢？假如人真能活到百岁，百岁的老人,发苍苍，视茫茫，齿牙动摇，看不清，听不到，走不动，难道就是幸福吗？平时家里的沙发旧了，换一套新的，汽车的引擎坏了，也要换个好的，为什么身体不能换呢？所以，人应该以平常心面对死亡。只是对于死时的一些问题，不能不有所了解：

一、亲友不能留。当一个人世缘已了，要告别世间而去的时候，再好的亲朋好友，既不能代替你死，也不能留你不死。此时只有抱着悲伤的心情，结束这段相聚的因缘。因此人不必等到死后再来怀念，生时就要相互提携、亲爱，免得徒留遗憾。

二、财物带不走。死亡的悲伤，何止告别亲友，尤其自己一生努力赚取的钱财，丝毫也不能随身带走。但其实也不尽然，生时如果能够立功、立德、立言，即使人死离开世间，你的功德还是常留世间，何必一定要带走呢？一个人一生享受前人的给予，死后能留一些财物、功德给后人使用，不也是正常的道理吗？

三、身体当舍弃。人死的时候，不但身外财物不是自己的，就连身体也不是自己所有，这时只有黄土一抔，或者烈火一堆。但即使火化，也不是化为灰烬，人的生命是烧不了、埋不了，也死不了的。虽然身体带不走，但是无形无状的“心识”，还是会跟随我们于五趣六道中轮回。总之，人死后总有去处，就好像移民，就看是移民到哪个国家而已，也许是天堂、净土，或者人间、恶道，都有可能。

四、业报跟随去。所谓“心识”，也就是我们生前所做的善恶业，它能跟随我们投胎转世，所以说“万般带不去，唯有业随身”。业，就像是我们的生命线，我们每个阶段的生命，就由业识来串联，也由业识来决定去处，或善或恶，或长或短，或苦或乐。所以《三世因果经》说：“欲知前世因，今生受者是。欲知来世果，今生做者是。”因为人的所作所为，可以决定自己的命运好坏，所以每个人都应该好好创造自己的人生。只要我们多行善事，自然会有好的结果。

归　宿

轮船在海洋里航行，总要有个港口可以停靠；飞机在天空中飞航，总要有个停机坪让它休息；小蜜蜂、小蚂蚁，每天忙忙碌碌觅食，也总有个窝巢可以回家。

远方的游子，尽管投资赚钱，事业亨通，但是最感到快乐的事，就是他要回家。人生最苦的事，莫过于流浪街头，无家可归，下一步不知要往哪里去。

军要归营，僧要回寺。一般的人，白天再怎么忙碌，到了晚上总要回家，因为回家才是自己的归宿。关于归宿的意义，述说如下：

一、鸟要归巢。天空的飞鸟，早上外出觅食，晚上也要回家。在澳大利亚的墨尔本，有很多小企鹅，每天早上天未亮就集体投入海洋里。到了夜晚回家，有时候少了一两只同伴，知道是被大鱼所吃。看着所有企鹅个个伤心欲绝的样子，真是令人不忍。

二、人要回家。白天外出工作，工作结束了，不回家要到哪里去呢？外出开会，会议圆满了，不回家要在什么地方安身呢？现在的大饭店，虽然设备豪华，可以供人暂住，但是桃源虽好，终非久恋之乡，所以有家可回，这是人的基本需求。家，是人的最好归宿。

三、男人要娶。一个男人成人成丁，就要娶妻生子，因为男人要有妻子儿女，要养家糊口，才是男人的归宿。现代的男人，除了当兵，或者出家，或者专业人士迟婚或以团体为家之外，一般社会的男士，如果没有养家，会给人笑话。

四、女人要嫁。“男大当婚，女大当嫁”，女人到了二十岁，就应该要有结婚的准备。不过，婚姻要待因缘，假如三十岁尚未出阁，左右邻居都会纷纷议论，认为父母之家非她所留，应该有一个属于她归宿的家。即使是父母，也会为她挂念，希望赶快为她找到一个婆家。虽然现在社会改变，女性也不一定适龄结婚，但是正常的男女，都是男婚女嫁，成家立业，这是中国社会传统的伦理观。

五、死要坟墓。人，都有世缘已了、寿终正寝的一天。人死后尸骨不能放在家里，总要找个地方安葬，所以坟墓就是死者之家。现在社会上有许多人，生前就急急忙忙为自己预备后事，关心自己死后住在哪里。有些中国人移民到美国，老来都交代子孙，死后不要与美国人同葬在他们的墓园，因为听不懂英文，可见语言、文化对死者非常重要。死者虽然葬在荒郊野外或寺院宝塔，但家属每逢年节，都要祭拜，希望他的灵魂也能回家，可见家的归宿是多么重要了。

六、生命归源。生命包括了生和死，生死轮回是不变的定律。在五趣流转、六道轮回里，不管苦乐，都有一个暂时的归宿。但是要想生命还源，找到一个永久的归宿，除了往生佛国世界，此外就得回归不死的生命，也就是涅槃之家了。

“涅槃”是不生不死的意思，也就是了生脱死所证悟的世界。吾人流浪生死，相续暂居的家庭终非究竟，不若志在佛国安养，或者在常寂光世界安养，不生不死，免得轮回之苦，这才是究竟安乐的归宿。

轮　回

佛教看宇宙人生，一切并非直线的，而是圆形的。就像时钟，由一点走到十二点，又会回到一点，再继续循环不已，这就叫作“轮回”。宇宙人生有些什么轮回的现象呢？列举如下：

一、气候有春夏秋冬。世界依地理环境的不同，有寒带、热带，乃至亚热带、温带等地区。不管寒带、热带，还是有寒暑、冷热的程度不同，又再分有春夏秋冬等季节。所谓春暖花开，夏日炎炎，秋凉收成，冬雪养息，人生虽有几十个春夏秋冬的过程，但是要活出人生的意义来。春夏秋冬，也只是无限生命里的一个符号而已。

二、事物有成住坏空。世间上的万事万物，也是随着圆形的状况在流转。所谓“成住坏空”，例如一栋房子建成了，可以安住；当安住时，慢慢在毁坏，到最后要拆除重建。因为空间永远存在，所以事物虽有成住坏空的迁流变化，也只是现象上的改变，其本体是不变的。

三、人生有生老病死。人的一生，也是要经过生老病死的过程。虽然一般人总是生则欢喜，老来可悲，病者可怜，死亡可怕。但是生老病死，也是如同时钟的指针，从零运行，经过一、二、三……到十二，又再归零从头开始，所以生了要死，死了要生，生生死死，死死生生，无有了期。既然知道人生生死轮回，吾人就应该了透人生，须知“生何足喜，死何足悲”，重要的是生时要活得有意义，死时要死得有价值。只要我们生时有累积功德资粮，有了资本，一切还会再来。

四、情绪有喜怒哀乐。人的一生，真正主宰我们的，是我们心中所产生的情绪。时而欢喜，时而烦乱，时而悲哀，时而快乐，人就在这样的情绪里轮回。人已经在生老病死里轮回，可是一接触到人事，又有喜怒哀乐，真是轮回中又有轮回。这样的人生，也只有《法华经》的“百界千如”，方能究竟说明。

五、心理有生住异灭。我们的心理，被念头所支配，所谓“念念生灭”，过去心、现在心、未来心，心心不同。前念才起，后念跟着而来；后念才来，新的念头又骤然来到。所以，吾人妄念纷飞，杂念纷呈，想要控制多变的心理，实在不易。

六、生命有五趣六道。我们的生命，如果不脱离轮回，只有在五趣六道里流转。所谓“五趣”，就是天、人、地狱、饿鬼、畜生，外加一个“阿修罗”，就是“六道”。除非我们能够超脱轮回，达到“不生不死”，方能究竟解脱。

总说轮回，就好像是一个车轮，我们在里面转动不停，但又不能越雷池一步。因为轮回就是生灭，就是流转，必须要超脱轮回，才能止息生死之苦。就像修净土法门的人，往生西方极乐世界。又如禅者达到“一念不生”，而能大彻大悟。或者修其他任何佛法的人，能够到达声闻、缘觉的圣者之境，就能超脱轮回。如能成为诸佛菩萨，更能在法界里逍遥，就再也不会饱受轮回之苦了。

演　变

日本有一个历久不衰的电视节目，名称叫作《超级变变变》。每次节目中，都有来自日本各学校、机关团体，或个人、亲属一起组队参加，通过各种道具辅助，表演各种变化，呈现世间万象。因为新奇有创意，收视率一直居高不下。

这个世界本来就是一个“变”的世界，无时不变，无处不变。所谓朝夕万变：早上涨潮，晚上退潮；早晚很冷，中午很热；春天百花开放，秋冬万物凋零。佛法说“一切无常”，的确如此。达尔文的“进化论”，也是说明宇宙万有的演变。

世间到底有些什么演变呢？

一、自然界的演变。自然界，物换星移，沧海桑田。一年四季，随着季节变换，一切都在改变。甚至空间有东西南北四方，随着风向气流，乃至雷电霜雪的作用，都可以改变大自然的形象、面貌。尽管人类一直想要征服大自然，有的高山被铲平了，有的大海被填平了，甚至佛教讲“三界无安”，整个三千大千世界都在不断变化，所谓“风打初禅、水淹二禅、火烧三禅”，但是即使到了最后，不管宇宙世间再怎么成住坏空，在一切变化之中，还是有规律可循。

二、动植物的演变。上古时代的恐龙，最后为何会绝迹，我们不知道，现代科学家还在研究。另外，世界上有很多动植物濒临灭种，虽然各国政府三令五申，出面保护，但是动植物的演变，也不是人类所能全部掌控。就拿一个小毛虫来讲，它可以从蛹，羽化成蝶，乃至冬虫夏草，都有它的自然演变。甚至有人说，丑小鸭变天鹅、麻雀变凤凰，这都是说明多变的世间、多变的万物，都是随着时空不断在变。只是形相虽变、年限虽变，但是生命的本体，其实是不变的。

三、人生的演变。世界上，称为“万物之灵”的人类，也在生老病死的循环中演变。男士从男孩到青年、壮年，再从英雄好汉到年迈的孤独老人；女士们从女婴到女童，再到女孩、小姐、太太、妈妈，而到老太婆。人的身体就好像木柴，一根又一根，有其阶段性，但在一根一根不同的木柴下，生命的火始终相继，不断燃烧。

四、时代的演变。时代也在不断演变，从最早的洪荒时代，进而游牧时代，继而农业时代，再进步到工业时代，再到今日的高科技时代。当然，时代并不会停止演变。有人说，时代再继续演变下去，将来天地会毁灭。其实，毁灭倒不至于，演变则确实不会停止。

五、世事的演变。宇宙世间，气候有春夏秋冬，人生有生老病死，万物有生住异灭，世界有成住坏空，因果循环，一切都在变化。假如你用心感受自己的身体，不要说青年到老年会有不同，其实早晚也是变化不同。变化就是无常，宇宙万有都不是定型的，一切都在变化中。因为变化，有时候好的会变坏，坏的也会变好，所以人间才会充满无穷希望。

六、心性的演变。在很多的变化中，人心变化最快。但是人心所依据的本性，则是恒常不变的。尽管山河大地、宇宙万有，朝夕万变，但是人的本性却是亘古今而不变，历万劫而长新。所以，生存在变化的人间，只有从佛法里找到真如佛性，任因缘而生，随因缘而转，到最后，生命还是会归元的。

演变是无常的定律，也是自然的现象。如何让坏的变好，才是重要的。

归　源

中国人的头脑特别好，例如其发明“九九归原”的乘法实在高明。而谈到“归源”，佛教讲真理，也重视归源，诸如轮回、生死、业报等，都不离“缘起缘灭”。道家讲“一归万法，万法归一”，也讲究归源。兹述“归源”之道如下：

一、江湖入海。江水滔滔，湖水平静。管它是江湖，还是溪流，水都是流动的。流动的水，流到哪里去了？是水一定都是流入到海洋里，因为海洋才是水的归宿。

二、落叶归根。再高大的树，只要落叶，一定会飘坠回归树根。落叶不会往上飞升，所以世界上的人，移民到各地，等到年老以后，有些民族，尤其中国人，总希望像树木一样，落叶归根。

三、倦鸟还巢。飞鸟展翅，尽管一飞数十里、数百里，但是一到黄昏夜里，它们都会还巢，就如同人类回家。所有的动物，都懂得回归到自己的居住之处，可见万物的立身之本，不可易也。

四、物归原主。历史上有名的“完璧归赵”，就是“物归原主”的最佳范例。日常生活中，我们也经常看到“失物招领”，都是希望能物归原主。让东西回归到原来的主人手上，既是美事，也是人类道德的表现。

五、游子回家。天涯的游子，在他们的生命里，最重大的事就是回家。因为家是一个温暖的地方，家是团聚的乐园，家没有挂碍，没有恐怖，所以人都很爱家。爱家的人，总会维护家的名声、家的名望、家的清誉，这是家的可爱。

六、情还故人。古人交友，谈情叙旧，诸多往来。即使事隔多年，不管路隔多遥，有的人把情化为义，希望能交还故人。所谓“还君明珠双泪垂，恨不相逢未嫁时”，所以古人对情爱的执著，不像现代人，即使结了婚的夫妻，说散就散，说离就离。对于“情还故人”，不妨三思。

七、认祖归宗。世界上的人类，从家族到宗族，对伦理都非常重视。一个流落他乡的儿童，事隔多年，已在当地成家立业，有的甚至已有很好的归属，但是只要一知道自己的身世、父母的籍贯，想要认祖归宗的心念，谁也阻挡不住。认祖归宗是一项道德的行为，是人伦情义的风范。“但愿天下有情人皆成眷属”，为什么不让那许多有血缘关系的亲人，都能认祖归宗呢?

八、回心转意。归源，只要是好事，都该去做；归源，凡是善事，也该为之。有一些人，对自己的贪嗔邪见，假如肯得回心转意，恢复自己人性的本源，这也是美德。海峡两岸，回心转意，恢复了民族的感情，会走上和平统一之路。东德、西德，敌对多年，因为回心转意，恢复友谊，围墙就会拆除。人，不能一意孤行，不可一味执著。回心转意，是美好的事。

涅　槃

在佛教里，修道人追求的最高境界，叫作“涅槃”。这个境界不能说是生、是死，而是超越生死的一种悟界。当初佛陀降魔而开悟成道的时候，就叫作涅槃。也就是说，佛陀完成慈悲、愿力，进入安详无分别的一种超然解脱的境界，就叫作涅槃。

涅槃是泯灭生死，进入平等、安和的境界，也就是不生不灭的意思。但是一般人不懂，以为涅槃就是死亡，因此总把涅槃和死亡画上等号。试想，如果涅槃只是死亡以后的世界，那么有哪一个修道人愿意辛辛苦苦，只为求证一个死后的世界呢?

其实，也不只是一般人误解，就算是佛教人士，对于大德长老辞别世间的时候，也都是用“涅槃”来形容。例如，某某法师“得大涅槃”，某某长老“涅槃解脱”，这实在是曲解了涅槃之意。

在佛教里，二乘的罗汉开悟证果，只是证到“有余涅槃”，必须大乘佛道的诸佛菩萨，经过百千万劫的修行，才能证得“无余涅槃”。“有余涅槃”表示还有一些世间的依靠，例如依于精神、依于心理、依于悟道、依于智慧。能到“无余涅槃”，那就是一个慧日朗照虚空，似无依靠，但是光辉普照一切的平等世界，是一个真常、真乐、真我、真净的世界。

兹将“涅槃”之义，略述如下:

一、永恒的生命是涅槃。人都有“分段生死”，一期一期的生命，在法界里流转，善趣恶道，升沉不定。生命本来是永恒不死的，只因众生迷惑不觉，所以沉沦世间。众生就算是有永恒不死的生命，但是仍有生死流转。唯有证悟涅槃，才能超越分段生死，证得一个与虚空法界同在的永恒生命。那是一个“生也未曾生，死也未曾死”的光风霁月的境界，也就是永恒的涅槃生命。

二、究竟的安乐是涅槃。证悟佛果，不是进入虚幻的世界，而是在涅槃里享受究竟的安乐。一般凡夫众生享受世间的欲乐，那是有染污、有是非的短暂之乐，所以圣者都知道世间的欲乐不究竟，唯有求证涅槃，才能从无边的苦海，渡到对岸，享受美好风光，安住在美好的林泉之间，称心如意地享受自在安乐。

三、绝对的真我是涅槃。“我”是烦恼的根源，执著“我”是生死沉沦的原因。涅槃不是没有“我”，而是超越五阴覆盖的“假我”，升华而为一个至大、至广的“真我”。那是吾人的本性，是每一个人的本来面目。唯有证悟涅槃，才能找到究竟的真我。

四、至善的清净是涅槃。涅槃是清净的，是究竟善美的。证悟涅槃的境界，勉强举譬，就如空气中完全没有污染，那种清新无染的空气，就是寂静的涅槃。再如湖水清澈见底，一点儿杂质污染都没有，可以如实映现月影，这种安详至美的境界，就是涅槃。

病人打针，要经过消毒；讲究卫生的人，用餐时碗筷也要消毒。经过消毒后无染的世界，就是至真、至善、至美的清净涅槃。

传　承

人类的繁衍，就像燃烧的木材，一根烧完再接一根，新的一根烧完又再接续下一根，如此接连不断，叫作“薪火相传”。因为人类的生命有阶段性，一期一期地不能间断，必须相继持续，才能生生不息，所以生命之火要有“传承”。传承在佛教里叫“传灯”，一灯之光可以分灯无数，灯灯相映，不但灯火相传，也灯光普照。

生命要有传承，才能代代相传；事业要有传承，才能永续经营。世间凡事都要有传承，传承的意义，略述如下：

一、传承传统技艺，可以保护文化遗产。中国是一个文化古国，中国人发明的指南针、火药、印刷术、丝绸等，都是中国文化的产物，不但在中国流传，并且传播到外国，所以今日全世界之文明，都受中国文化的孕育、贡献。中国近代的工艺也发展迅速，如瓷器、陶器、木器、针绣，甚至世界最新的科技产物电脑、传真机等，都是在日新月异地发展，并且由于传承所以进步神速。其实，长久以来中国民间还有很多的秘方，可惜拥有者往往秘而不传。假如政府能邀集有秘方的人士，鼓励大家大公无私地将之传承开来，不但能保护文化遗产，并且能让中国文化更加益世利人。

二、传承道德伦理，可以提升社会素质。中国文化最可贵的，就是讲究道德伦理，诸如“礼义廉耻”“忠孝仁爱信义和平”等四维八德，甚至进一步延伸到现代的社会礼仪，重视人文思想。乃至伦理方面，也从“天地君亲师”等五伦，进而扩展开来，有所谓“工作伦理”“政治伦理”“社会伦理”等。伦理道德重要，因为有道德才有标准，有伦理才有秩序。道德伦理就是文天祥所说的“正气”，天地间能有一股浩然正气，就是靠着道德伦理在撑持、在散播。能把道德伦理融入到生活里，就能提升社会素质，所以要加以传承、发扬。

三、传承生活经验，可以助人突破困境。中国人的生活，固有讲究诗情画意的文人学士派，但也有忍辱负重、精进向上的勇者武士。所以，中国人的生活，讲究的是“刚柔并济”“体用一如”“表里呼应”“上下和谐”。中国人的生活经验，从大地洪荒开始，祖先们就凭着智慧、毅力，营造生活的品质，从吃穿生活，到人我相处的艺术，都极为讲究、重视。所以，中国文化的生活礼仪，也要加以传承，它可以帮助人类突破生活的困境。

四、传承历史生命，可以开创未来前景。中国五千年的历史，最初人和大自然奋斗，争取生存；然后人与土地争取食物，也是为了生存；再后来人与人彼此较量，结果“适者生存”。这当中自然经过许多痛苦的经验，但现在中国人提倡民主，重视和谐，讲究共生，懂得互助，已经走上历史光辉的道路。尤其国际佛光会倡导的“尊重包容”“同体共生”，可说是未来人类历史发展的一条光明大道。吾人能在中国历史的长河中，一方面传承诗书礼乐，传承佛道儒学，另一方面再能同时重视科学精神，接受世界新知，则必能更加发扬中华文化的历史生命，进而开创人类未来的前景。

悲剧

人生有喜剧的结局，也有悲剧的终场。人生上演喜剧的时候，要懂得珍惜。人生遭逢悲剧的时候，也要有能力节哀顺变。人生有些什么悲剧呢?

一、意外灾难的悲剧。人在家中坐，祸从天上来！洪水、山难、火灾、车祸，人类所谓“三灾八难”，许多意外的悲剧造成之后，往者已矣，但留下的生者难堪！悲剧发生了，多少的祈祷，挽不回悲剧的流转；多少的无奈，也没有办法换取天地的同情。这就是悲剧。

二、生离死别的悲剧。人生最悲哀的事，就是生离死别。父母送儿子到国外留学，把女儿远嫁到他方，或者家中有人往生逝世，都让人感到痛苦、无奈。家庭的变化，悲喜交集的人生，在喜剧的时候没有感觉，当悲剧降临，就会觉得人生痛苦不堪。但是人生悲剧的痛苦，并非不能预防。生离死别要如何预防呢？例如，做好心理准备、明白因果无常的道理、有宗教信仰等。有了应对的方法，面对人生任何的悲剧，都不会茫然失措。

三、五家共有的悲剧。在人生的悲剧当中，不但人亡是悲剧，一世辛劳的财产，平白被“五家”瓜分，也是令人伤心不已。所谓“五家”，例如盗贼的抢劫、贪官的敲诈、火灾的焚毁、洪水的淹没、子孙的挥霍等，让自己一生的心血化为乌有，真是心有不甘。但是事情发生了，不甘心又有什么用呢？所以，钱财要会使用，用了才是自己的；不用的钱财，他人都有份。知道了这个道理，为什么只懂得积聚，而不去学习用钱呢？

四、性格命运的悲剧。有的人生性过分贪吝，不肯和人交往结缘，经常疑心、嫉妒别人，甚至褊狭、量窄，这许多性格都会带来自己的痛苦。可惜自己不知道改进，也没有力量改进。性格会造成人生的悲剧之外，还有命运的悲剧，诸如天生残障、贫穷孤苦、疾病缠身等。一个人命运不好，到处倒霉，不断有伤心、失意的祸事发生。例如，两情相悦的情侣，忽然一方死亡；活泼天真的儿女，突然遭遇不幸，因此有的人就会怨怪造化弄人。其实这不是造化弄人，是业力招感。现代人类注重基因改造，实际上就是业障的消除。只要业障能消除，性格和命运还是有改变的希望。

五、历史轮回的悲剧。很多不幸的悲剧，在历史的长河里不断重复发生，在人生的生死轮回里，也不断地重新再来。如何才能消灾免难，如何才能让世间的悲剧不至于一再发生呢？这就需要我们“福慧双修”，只要有福有慧，一切悲剧都会远离，至少也会减少悲剧的发生。

坟 墓

坟墓是这一期人生最后的归宿，贫富贵贱、得失胜败，不管什么人，最后都要走向坟墓，这是不容疑义的事。只是，有的人提早进入坟墓，有的人迟一些时间向坟墓报到。世间很多人拿坟墓来比喻自己错误的目标、错误的去处。例如：

一、婚姻是爱情的坟墓。一些青年男女，经过艰难辛苦，好不容易追求到对方，结婚成家，快乐如天堂。但是经过一些时日，就会慨叹：婚姻是爱情的坟墓！这不但表示爱情已经亮起了红灯，甚至说明爱情已经没有明天，没有来日的希望了。其实，男女结婚，应该要相互忍耐，婚姻要靠双方维护，才能持久。如同一朵灿烂芬芳的花朵，要灌溉、施肥，悉心地加以照顾，它就会延长开放的时间，推迟萎谢的速度。即使说婚姻是爱情的坟墓，也要等到金婚、银婚再进坟墓，这才划算。

二、贪心是快乐的坟墓。“知足常乐”！不知足而贪心的人，本来拥有一百万，已经可以生活无忧，快乐逍遥，但是贪心一起，想要五百万、一千万，顿时一百万的快乐就消失无踪了。“人心不足蛇吞象”，人生不能知足，就像蛇要吞吃大象一样。世间的物质是有限的，而人的欲望无穷。以有限的物质，如何能满足无穷的欲望呢？所以说过分地贪心，失去了满足感，失去了快乐的心，贪心就为自己的快乐筑起了一座坟墓。

三、愤怒是平静的坟墓。人有情绪，有的人能控制自己的情绪，有的人没有自制的能力，时而生气，时而悲伤，时而嗔恨，时而发怒。当一个人嗔怒的时候，什么人情义理都不顾，什么礼貌风度都不管，只要发泄怒气。当一个人愤怒的时候，别人看到的都是他凶狠、残忍、狰狞、无理的一面。所以，人在愤怒的时候，已为自己平静的人生筑起了一座坟墓，等待自己进入。

四、保守是事业的坟墓。有的人个性保守，不知变通，没有前瞻性，整天只知回顾历史：我是百年老店，我是三代传承。殊不知时代日新月异，已经不要百年老店，也不管你几代传承。顾客要的是，我所购买的物品要更新、更好、更实用。如果你保守不知改进，事业就会慢慢没落，这不就等于在为事业建筑坟墓吗?

五、我执是智慧的坟墓。有的人择善固执，固然有其善的一面，但总嫌变通不够，处事还是难以周全，何况有的人顽固执著，不知通权达变，不开通明理，不用智慧思考人间的善恶、好坏，不以智慧来辨别是非、邪正，如此我执不就是智慧的坟墓吗?

六、乱吃是健康的坟墓。现代人心之贪，贪财、贪色以外，就以贪食最为严重。明明身患糖尿病，不能吃甜点，为了喜好，吃了再说，全然不顾后果；血管硬化的人，明明油盐太多，会让血管阻塞，但他喜好油炸，不顾一切地贪吃。很多医师交代应该忌口的食物，病患还是照吃不误，所以好吃、乱吃，怎么不是健康的坟墓呢?

杀　手

人在世间生存，最恐怖的就是周遭埋伏了很多无形的“杀手”。天灾人祸、地震台风，都是人间的杀手；盗匪流氓、地痞恶棍，不知道什么时候会来找你的麻烦，成为威胁生命的杀手；经济萧条、生存艰难，都成为生活的杀手。

其实，人有时候也会成为谋杀自己的杀手，例如：

一、乱吃是健康的杀手。人要吃才能生存，但是乱吃就是健康的杀手。暴饮暴食、吸毒喝酒，都可能有害身体的健康，甚至危及生命。所谓“祸从口出，病从口入”，很多疾病都是从好吃而来。因此，想要获得健康，就要注意饮食，不要让食物成为健康的杀手。

二、变心是感情的杀手。人类及一切动物，佛教称之为“有情众生”。有情识的众生，要靠爱情来维护生命。举凡朋友的感情、恋人的爱情，最怕的就是变心。变心，就会成为情感的杀手。男女之间，海誓山盟的期许，一旦某一方变心的时候，再美的情爱，也会被变心的杀手摧残。但愿天下有情人，都要预防变心的杀手。

三、自满是进步的杀手。人生要不断求进步，学业的进步、道德的进步、事业的进步、修行的进步。但是“进步”遇到“自满”，一切都会停滞不前，所以自满是进步的杀手。自满不是在外境上，而是存在内心里。内心藏着一个自满的杀手，是人生的一大危机，不能不加以预防。

四、懈怠是工作的杀手。人活着，不能没有工作。有工作的人生，生命才有意义；有工作的生活，身心才会平衡。无论什么工作，重要的就是要勤奋，要不断地发心进展。一旦心生懈怠，懒惰偷安，对工作不愿承担负责，好逸恶劳，那么辉煌的人生前途，就会被懈怠的杀手毁灭了。

五、说谎是信用的杀手。信用好比人的第二生命，有的人甚至把信用看得比生命还重要。但是信用的存在，也要获得安全的保障，假如遇到妄语、说谎，让信用不复存在，则为一个没有信用的人，会被世人看不起，会被社会所唾弃，如此人生比行尸走肉还不如。所以，人要维护第二生命的信用，不能不预防谎言的杀手。

六、邪恶是社会的杀手。一个善良的社会，不谨慎也会遇到许多杀手。社会的杀手，就是那些邪行、邪知、邪见的人。一些专门抢劫窃盗的人，是经济的杀手；烟毒嫖赌样样皆来的人，是行为的杀手；散播邪说邪理的人，是思想的杀手。一个人“宁可正而不足，不可邪而有余”，所以正直的人生，不能受邪恶的杀手所害。

七、忤逆是伦理的杀手。自古以来，中国被称为“礼仪之邦”，讲究伦理，重视道德。但是今日社会，有些人对父母不孝、对师长不敬，种种忤逆的行为，就是伦理的杀手。伦理纲常是社会的秩序，不容许杀手侵犯其尊严、地位。

八、绝望是生命的杀手。生命是活在希望里，所谓“哀莫大于心死”，人到了绝望的时候，生命的希望火花熄灭，对生命燃不起希望、热情，那么人生就等于走上了绝路。所以，人不能失去希望，没有希望的人生，生不如死。

最大的失去

人生有所得，就有所失。有时候家遭小偷，窃走了一些财物，或是家中失火，烧去了房子，都还算是小小的损失，若是失去了某些东西，人生的道路就会感到很辛苦。例如：

一、失去了机会。人生需要很多好的机会，诸如读书的机会、就业的机会、上进的机会、升迁的机会。失去机会，也许因此与成功失之交臂，自然会有失落感，会不快乐，所以人要善于把握机会。

二、失去了善友。人的一生要有几个好朋友，能结交到一个善友，有时候比兄弟姊妹还更重要。所谓“善友”，要能互相砥砺、照顾、规劝，失去善友，是人生非常大的损失，所以人之相交，善友第一。

三、失去了爱情。人一生的幸福，虽然来自很多方面的共同成就，但是一般男女莫不以爱情为人生最大的幸福，失去了爱情就痛苦不堪。其实人都需要爱情，为何会失落？只因一般人不肯研究远因近果，所以只有忍受世事多变的痛苦。

四、失去了父母。做人最快乐的时候，就是童年有父母的照顾，长大后有父母可以孝顺。假如为人子女，很早就失去父母，没有父母的关爱，没有父母可以孝顺，这也是人生最大的憾事。

五、失去了职业。人在世间生活，不能坐享其成、不劳而获，应该有正当的职业，赚取正当的所得，才能维持正当的生活。但看现在的社会，失业人口之多，可想而知，大家经济生活缺乏依靠，一日等待一日，不知就业的机会在哪里。尤其有的人上有年老父母需要奉养，下有年幼子女需要教养，却苦于没有就业的机会，真是岁月艰苦。

六、失去了健康。人活着，如果没有健康的身体，有时真是生不如死。没有健康的身体，一定要仰赖家人、亲友的照顾，成了别人的拖累，也是人生很大的无奈。

七、失去了希望。人应该活在希望里，有希望就有明天，有希望就有目标，有希望就有未来。假如没有希望，所谓“哀莫大于心死”，失去希望，就失去了人生的意义。

八、失去了信仰。人生一定要有正当的宗教信仰。有的人不能坚定自己的信仰，从这个宗教走到那个宗教，从那个宗教又信仰另外的宗教。因为没有从宗教信仰里求得安心、获得体验，因此怨天尤人，怪神怪佛，对宗教产生误会，这是最为可惜的事。

人生本来就“失之桑榆，收之东隅”，失去虽然可惜，但并不是最大的悲哀，重要的是，失落了要想办法补救。例如，只要勤劳，还怕没有机会？只要诚恳，何怕没有善友？只要自己健全，哪怕没有爱情？甚至没有父母，可以普爱天下之人；失去职业，摆个小面摊也能维生；失去健康的人，只要心理健全，残而不废也能成功；失去希望，可以建设正念、正见等。但是，一个人如果失去了信仰，就是失去了自己，那就很难得救了。因为信仰不是向外祈求神佛的保佑，而是向内的自我净化、自我健全。所以，希望世人不要怨叹“失去”，只要我们自己健全，增上心力，失去的也能再找回来。

伍·去留之间

有智慧的人，懂得寻找生命的根源，懂得提起“生从何处来，死往何处去”的疑情。有智慧的人，凡事往大处着眼，并能识大体，不会为了私事而和人计较，自然能够受人尊敬。有智慧的人，愈是紧急的时候，愈能镇静沉着，唯有在镇静中才能想出应付事变的方法。

谜 底

人生有许多像雾里看花一样的谜，对这些谜底我们无法看清，也难以了解。例如，为什么那个人慈悲为怀、公正道德，一生却是穷途潦倒？反之，一些心术不正、作恶多端的邪见之人，为什么反而享尽荣华富贵？像这种善恶的谜底，我们就无法看清。再如，为什么红颜薄命？为什么百无一用是书生？为什么健康的人忽然死去？为什么多病的身躯反能苟延残喘？为什么有人生性喜悦？为什么有人生性悲观？这一切的谜底我们都能了解，都能知道吗？

谈到谜底，人生究竟有些什么谜底呢？

一、千古的谜底难以考据。中国五千年的文化，盘古开天辟地、女娲炼石补天、黄帝打败蚩尤、嫘祖养蚕织茧，这些问题究竟怎样才能了解谜底呢？唐尧虞舜真是那么公正贤能吗？大禹王的父亲鲧真是那样庸碌无知吗？这些历史到底有什么事实考据吗？千古以来历史上许多人物的忠奸，许多山河的变迁，我们怎么样才能揭开谜底，怎样才能对上古社会有一番认识呢？

二、奇案的谜底难以真实。历史上，几乎每个朝代都有很多奇案发生。周幽王为了博取褒姒一笑而点燃烽火台，幽王真的拿国家的前途取悦一个宠妃吗？文王知道纣王烹煮自己儿子的肉，他仍然照吃，这是真有其事吗？孙膑和庞涓既然是那么能征惯战的智者，为什么自己不懂得防身呢？这些历史上的奇案，乃至清朝的“太后下嫁”“顺治出家”“雍正被刺”“珍妃投井”等，真实的谜底如何，至今也是扑朔迷离，难以大白。

三、冤案的谜底难以追究。历史的奇案真实难明，历史的冤案更是难以追究翔实，例如一八七〇年的“张汶祥刺马案”、一八七三年的“名伶杨月楼案”，二者同为清朝四大冤案之一，谜底究竟如何，一直众说纷纭。再如宋朝的徽、钦二帝落难，为什么宋高宗不肯积极迎回？甚至吴三桂打开山海关，难道真的只是“将军一怒为红颜”？尤其宋朝的“狸猫换太子”，当时若无包拯如此清廉正直的法界能臣，何能昭雪得了如此奇冤案情？乃至汉朝的“缇萦救父”，如果没有缇萦陈情，案情如何得以上诉？不过历代的冤案中，最让人扼腕的，莫如明末袁崇焕的死难，不但让大明江山因此提早灭亡，也让人为一代忠臣良将的冤死，一掬同情之泪。

四、私心的谜底难以公开。每一个人都有私心，所谓“心底的秘密”，我们心底的秘密能公开吗？不能！所以每个人的心底都有不为人知的秘密。本来这个世界就充满了各种神秘的人与事，例如，有的人“爱在心里口难开”，这个心中爱的秘密一藏几十载，始终不肯说出来；有的人为了复仇，甘愿卖身为奴数十年，屈辱投身只为一朝得以报仇雪恨。假如真的把每个人私心里想些什么都说出来，恐怕人间还真是会天下大乱呢。

五、生死的谜底难以明了。人生最大的谜底还是生死，“生从何来”固然不得而知，“死往何去”更是难以明了。佛法说“五趣流转”“六道轮回”，流转到哪里，轮回到何方，也因每个人的“隔阴之谜”而无法了知。谜底，谜底，人生如何才能解开谜底呢？

无奈

人生有很多的无奈！买不起玩具，这是儿童的无奈；考不取理想学校，这是青年的无奈；找不到适当职业，这是求职者的无奈；聘不到杰出人才，这是企业主的无奈；生长在贫穷家庭，固然无奈；娶到泼辣的妻子，更是无奈；经常为经济所困，感到无奈；不时听到别人中伤自己的恶言恶语，也会无奈。无奈，无奈，人生还有哪些无奈呢？

一、无奈养了不肖的儿女。生了不肖儿女，不但忤逆不孝，甚至从小就坏事做尽，好事没有一桩，这使父母心感无奈。把他打死吗？跟他断绝关系吗？把他送官究办吗？把他赶出家门吗？这些都不是最好的办法，因此感到无奈。反之，儿女遇到不好的父母，也会感到无奈。父亲经常不回家，母亲整天在外浪荡，有时即使遇到好的父母，但为了生活，平时在外各求生计，小儿小女成了钥匙儿童，从小就没有父母的爱护，从小心中就感到无奈。甚至若再遇到家贫，父母不负责任，只知在外吃喝玩乐，花天酒地，可怜的儿女除了在家怨叹无奈，又有什么办法呢？

二、无奈没有上进的环境。贫穷已经使自己无奈，要想就业，没有学历，这也是无奈；要想做个小本生意，没有本钱，也感到无奈；要耕种田园，自己巴掌大的土地都没有，当然会感到无奈；结交朋友，因为自己衣食不足，经济窘困，交不到好朋友，也会感到无奈；要想学习技能，没有学习的费用；想到远方找寻出路，但是基本的车费都筹措无门，怎不无奈？看到太阳出来，真是无奈的日出；看到下雨了，真是无奈的雨天。所谓“天无绝人之路”，可是天天感到无奈。无奈的世间，无奈的人生，为什么不给人一些因缘？有人说，勤劳的人生就不会无奈，但是我连勤劳的机会都没有。有人说，奋斗的人生就不会落魄，可是我连奋斗的环境都没有。所感觉到的只有无奈环绕四周，真是叫天不应，呼地不灵，难道就只能被无奈逼死吗？

三、无奈人情世事的浇薄。有人说，这个世间还是很有人情味的，只是人情味都只照顾那些有办法的人，一些受着苦迫煎熬的人，只有无奈，哪里有人情的照顾呢？除了感到无奈以外，还是无奈。

四、无奈身受无常的行苦。人活着，有疾病的时候无奈，贫穷的时候无奈，一无所有的时候，更是无奈！通过多少亲朋好友，才找到一份工作，忽然生了一场大病，没有办法工作，真是无奈。感谢好心人士周济了一些生活费，忽然急病投医，只得把生活费交付医药费。所谓“屋漏偏逢连夜雨，船破却遇打头风”，这真是生活无奈的写照。

佛法说“世间是苦”，所谓“苦受”“乐受”“不苦不乐受”，这都是苦。“乐苦”“坏苦”“行苦”，也都是苦。佛说“无常”，山河大地，人生万物，哪一样不是在无常的定律下运转呢？人生只有逃出无常苦空的无奈，才能找寻一个解脱自在的理想境地。

升 降

大自然的气候，气温高低，每天都有升降；人体的血压，尤其高血压患者，每天都要测量，以免升降幅度太大；生活里，到商店买东西，物价也有升降，甚至乘坐电梯，更是有升有降。

升降是物理上的自然现象，很多升降现象都会牵动社会人生。例如，水库里的水位升降高低，民众都非常关心，因为可能影响到大众的民生用水；石油价格的升降，人民也会加以关注，因为可能牵动到整个民生的物价波动。

其实，现实人生还有很多值得注意的升降问题，例如：

一、人情有升降。经济上的升降，气候上的升降，乃至社会上很多的升降，都不要紧，最要紧的是人情的升降。有的朋友，本来都很热络地相处来往，但是人情变化了，或者因为误会，或者有了利害关系，从沸点降到冰点，好不容易建立的友谊，就为了利害关系或别人的传言误会而破坏。东西打破了，可以再买一个；人情伤害了，需要多少人的帮助，甚至花费多少语言、时间，都不见得能够修补回来。所以，人情的升降，实在伤感情。

二、心情有升降。人的心情如温度计、寒暑表，升降最大。遇到好事，听到好话，就欢喜雀跃不已；遇到不顺心的人事，听到逆耳的言语，立刻心情烦闷，情绪低落。所以，人的心，时而可以升到天堂，时而可以回到地狱里，一天当中总要在天堂、地狱来回好几次。人生为了善恶好坏，每天升升降降，实在也很辛苦。心情与苦乐有关系，每天生活快乐，心情就像阳光灿烂；受苦了，心情便像寒冬的冰霜。人生本来就是苦乐交杂，哪里能天天快乐？不过最要紧的是，自己要有修行，要能在自己的心境里创造快乐；你自己创造不出快乐，怨天尤人又有什么用呢？

三、地位有升降。现代人的家中，大都备有磅秤，因为整个社会大众，莫不关心自己的体重。有的人体重不断上升，总要想尽办法减肥，尤其妇女更怕身材发胖，影响外观。其实体重体轻，还是其次，更要紧的是，人的地位会升降。本来在社会上取得相当的地位，但是一句发言不当、一件行事不周，或遭人陷害，致使地位下降、名誉受损，都是令人难以忍耐。人生如果能像升降机一样，升降自如，地位想升就升，体重想降就降，那就太完美了。

四、生命有升降。生命的价值有多少，就看自己的作为、表现。帝王不计较万人死亡，只在乎他一人的存在。其实，每个生命都有他的价值，现代人从事生态保护，就是感于生命的价值，即使一只小小的动物，也有生存的权利。不管政治、武力、权势，都不能剥夺人生存的权利，除非自己不爱惜生命，犯下伤天害理的重罪，必须接受法律的制裁，那么就算是伊拉克总统萨达姆，到了恶贯满盈的时候，生命也没有价值了。

我们在世间，随着时移世易，生命的升降、价值不一。我们要上升吗？上升有上升的因缘。我们害怕下降吗？你造作了下降的因，自然会有下降的果报。生命的升降，都在自己的所作所为。

颠　倒

佛教有一句话说：“颠倒众生。”颠倒就是不正常的意思，没有顺序，不依大小，不定高低，甚至倒果为因。当一切都陷入不正常的状态，就成为颠倒的众生，过着颠倒的人生。人生究竟有哪些颠倒呢？

一、日夜晨昏颠倒。白天工作，晚间休息，这是一般人正常的作息。但是有的人偏是夜晚精神抖擞，拼命工作，白天则懒洋洋，这是日夜颠倒。早晨应该早起上班，或者处理事务，黄昏应该下班休息，恢复体力，但是有人早晨不起，晚不休息，甚至到了夜晚，有的人还要吃喝玩乐、打牌跳舞，过着晨昏颠倒的生活。“日出而作，日落而息”，自古以来都是举世共同的生活习惯，假如有人生活作息违反这种规律，就是颠倒。颠倒的生活就是与众不同，没有得到公众认可，那就是不正常，就是颠倒。

二、轻重缓急颠倒。吾人在世，一定要与人共事、相处。说到做事，一定要有轻重缓急之分，有的事情要以急件优先处理，有的可以慢慢去做。是应该火速处理，还是要慎重地从长计议，你能知道轻重缓急，则与人共事相处，必然容易获得共识，步调也才能一致。如果与事理相违，大家认为你的想法颠倒，难以共事，则做人处事都会遭到非议，因此要有轻重缓急，不能颠倒。

三、苦乐认知颠倒。什么是苦，什么是乐，其实难有定准。你以读书为苦。他以读书为乐；你以做事为乐，他以做事为苦。有人希望先吃苦，后安乐；有的人先求享乐，不计未来将受苦果。过去中国的士大夫，十载寒窗，苦读学习，就是希望求得一举成名，苦尽甘来。但也有的富家子弟，将祖先遗留的财富，挥霍浪费，等到穷苦潦倒，懊悔已迟。世间人生，苦乐参半，苦中有乐，乐中有苦。若依佛法之说，生老病死，饥寒交迫，固然是“苦苦”；即使荣华富贵，可以呼风唤雨，仍然不免会“坏苦”；就算你有修养、有智慧，不以为苦，也不去纵欲为乐，却仍然是“行苦”，因为会变异，不能永恒。苦乐本来是自然的，只是我们对苦乐的认知正确吗？佛说“欲为苦本”，但有的人以欲为乐；佛说“涅槃解脱，人生第一”，但是凡夫认为不切实际，反而舍弃。这些都是颠倒。

四、是非善恶颠倒。世间各种颠倒当中，最可怕的就是不分是非善恶，以是为非，以非为是，以善为恶，以恶为善。道德应该是人生的根本，但有人认为道德空泛无稽；贪赃枉法是恶事恶行，但他认为今朝有酒今朝醉，我行我素，不知因果报应。所以，颠倒之可怕，莫甚于此。

五、正邪好坏颠倒。世间最难论断的是非，就是正邪。有的人是正人君子，偏受打击毁谤；有的人是邪恶小人，偏是得逞。白居易的诗云：“周公恐惧流言日，王莽谦恭未篡时。向使当初身便死，一生真伪复谁知？”所以中国人说“盖棺论定”，其实有些事盖棺也不能论定，真正要洞彻道理，必须从因果、业力去评鉴，才能使正邪好坏还原。

六、空有执著颠倒。众生最大的愚痴，就是对“空有”的执著。“空”是建设“有”的，但是凡夫偏认为没有。“有”是形相上的假有，但我们偏要认真。“空有”本来是一体的，所谓“色即是空，空即是色”，空有不二，但因为凡夫执著空有，而让空有成为对立。所以，吾人对真理的辨别、认知，不能不从“颠倒”中及早回头。

迷 思

人难免有“迷思”的时候。迷思就是想不通，想不懂，历史上有很多问题，到今天都不能解答。就拿近代史来说，汪精卫是不是汉奸，吴佩孚是不是军阀，历来众说纷纭，让一些小老百姓看得眼花缭乱，增加了自己的迷思。

在地理上，地球怎么是圆的？大自然怎么会造成诸多灾害？高山的雄伟，海洋的辽阔，甚至风雨雷电的形成，都是人类的迷思。家庭里的成员，爸爸为什么会那样？妈妈为什么会这样？他家为什么富贵荣华？我家为什么穷途潦倒？想不通，看不明白，这不都是人生的迷思吗？

说到迷思，人生有些什么迷思呢？

一、参政的迷思，难定得失。人是政治的动物，政治也是引诱人生的一种动力，很多人热衷政治，不自觉地就会陷身在政治的纷争里。政治党派的对立，走向党同伐异的人生。多少的理念，多少的牺牲，抛头颅，洒热血，在所不惜，为的就是政治的爱好。政治是操弄权力的游戏，有权力的人，人人羡慕。但现在的在野党没有权力，大家一样乐此不疲，致力于在野的反对运动。尤其现代的民主政治，要靠选票，有的人不费吹灰之力，在政坛上步步高升；有的人种种辛苦，一次又一次地参选，落选了再来，数十年的奋斗，到最后一无所成。有人形容“爱欲如飞蛾投火”，一次一次，不到身亡誓不甘休。其实不但情爱，政治的欲望何尝不是如此？甚至那些“一将功成万骨枯”的历史，难道我们只看到成名的一将，看不到万骨枯的悲哀吗？

二、感情的迷思，难定好坏。在各种迷失当中，感情最是莫名所以。父母替我看中的婚姻对象，我不满意；我钟情的异性，想要结合，父母不准。该爱的不能爱，不该爱的偏偏找上门来。有的人对我们示好，我们反而讨厌；有的人对我们厌恶，我们反而觉得他可爱。感情这种东西，就是这么愚弄于人。爱国爱家偏不重视，一点私爱就为他寻死觅活。古今英雄，为爱所迷；宗教圣者，为情所动。情爱究竟有多少力量，为什么给人那么多的迷思呢？

三、因果的迷思，难以深信。“善有善报，恶有恶果”，因果报应丝毫不爽，但是一般人对因果仍有种种的迷思。我行善，反而贫穷；他作恶，反而富有，因果在哪里呢？其实，因果有因果的定律，经济的因果，道德的因果，健康的因果，人事的因果，因果不能错乱。可是一般人还是对因果感到迷惑：为什么有人大难不死，为什么有人小故身亡？懂得因果的人都知道，这必定是有往昔的因缘。但是有的人看不到、想不通，这都是迷思。

四、生死的迷思，难知未来。千古以来，有情众生都离开不了生死问题，“生从何来，死往何去”，实在是一个最大的迷思，连孔老夫子都慨叹：“未知生，焉知死？”佛陀倡导“了生脱死”，认为生死本是一体的两面，“生也未尝生，死也未尝死”。常有人问：“人怎么会生？”因为死了当然要生。“人怎么会死？”生了当然会死。人生在世，为你忙，为他忙，但不能不为自己的生死做些功夫，解决一下这个迷思，因为毕竟“生死事大”，这个迷思不能不明白。

迷 失

“迷失”是人生最感伤的遭遇，迷失了前途，就没有前进的力量。迷失了回家的道路，成为流浪汉，就会痛苦不堪。世间的人，为了迷失，带给自己许多痛苦。迷失了宝藏，迷失了本性，迷失了良心，迷失了向上的力量。很多人醉生梦死，很多人自暴自弃，都是因为迷失。迷失了国家的人，就不知道爱国，甚至成为汉奸走狗；迷失了道义的人，往往只看到利害，不知道义的价值。对朋友迷失了友谊，对工作迷失了责任，有的人骑驴寻驴，有的人戴着眼镜找眼镜，这不都是迷失的后果吗?

其实，世间迷失什么都不是太重要，迷失了自己才是最可惜的事。关于“迷失”，略述如下:

一、迷失了良知。一个人遗失了金钱，丢掉了物品，都不是最严重的事，最要紧的是不能迷失良知。一个人纵使把身边所有东西都遗失了，只要能保有一点良知，最后必定还是会有办法。等于一棵草木，只要根部厚实，就会“春风吹又生”。《法华经》中有“怀珠作丐”的故事，说明有宝反穷，这是最大的愚痴！假如本诸自己的良知，发挥自己的良知，使良知成为自己的力量与希望，有良知，就能找回自己。

二、迷失了友谊；有的人交朋友，跟甲交往许久，认为甲不够道义，不肯为朋友牺牲奉献；有的人交朋友，不要多久，他也怪朋友诸多不是，不能见义勇为，最后失去了所有的朋友。其实，道义、奉献等美德，是要求自己的，不是用来要求朋友的。一个迷失自己的人，才会怨天尤人，实在可惜。

三、迷失了天真。人不能太世故，要保留一些天真。一个人如果迷失了天真，凡事不讲厚道、仁慈。人没有天真做背景，就如儿童没有天真，也难获父母的喜爱。佛菩萨有时在度众生时，不是游戏人间，只是不失天真而已。

四、迷失了道义。有的人只认识人与人之间的利害，利害关系之外，他不知道还有道义。你把人比作秦桧、魏忠贤，比为商纣、夏桀、幽王，人所不喜；把人比作失败的诸葛孔明、刘玄德，人反欢喜，其分别就在有道义、没有道义而已。人可以没有金钱，甚至可以没有学问、没有能力，但不能没有一点道义。

五、迷失了信心。信心就是力量，失去了信心，就没有力量。信心就是我们的财富，失去信心，就等于失去了财富。我对国家有信心，我就有国家的存在；我对道德有信心，道德就成为我的希望；我对未来有信心，我就有了方向；我对因果有信心，我就不会怨天尤人。所以，一个人什么都可以迷失，我们的良知、友谊、道义，信心，千万不能失去。

幻 想

人要有“思想”，有思想才能产生智慧。不幸的是，一般人常常只是“妄想”，谈不到“理想”，更不能成为“思想”。妄想多的人，自己制造很多的“幻想”，但是幻想不能成为事实，徒然空费人生，实在可惜。什么是幻想呢？例如：

一、幻想不劳而获。世间的事情，都要靠自己辛劳付出，才能有所得，就算是黄金随着潮水流来，也要自己动手把它捞起，因此不劳而想有所得的人生，就如“缘木求鱼”，是不可能的事。

二、幻想不种而收。胡适博士说“要怎么收获，先那么栽”，没有栽种，如何能收成？没有春天播种的因，如何能有秋天收成的果？

三、幻想一夜致富。有的人幻想“一夜致富”，除非是幸运中奖，或是《聊斋志异》里的仙狐怪谈，否则真实人生里，不可能有一夜致富的人。

四、幻想不学而成。世间有很多事是别人代替不得的，例如，别人吃饭，自己不能当饱；自己的生死，别人替代不了；乃至别人不能代替自己走路、学习等，所以不要幻想不学而成。相对地，自己学得的知识、技能，也是别人偷不走的财富。

五、幻想连番升官。人的欲望是无止境的，尤其做官的人，“七品五品皆嫌小，四品三品仍嫌低。一品当朝为宰相，又想君王做一时”。其实人有正当的欲望也不错，可惜的是只有幻想而没有实践，到最后真是“总总妄想无止息，一棺长盖抱恨归”。

六、幻想一步登天。人生有很多事不能躐等，一定要按部就班，例如不能一步登上二楼、三楼，那又如何能“一步登天”呢？所以，凡事要循序渐进，要脚踏实地去做，光是幻想，不能成为事实。

七、幻想无为而乐。有的人自己毫无作为，只想贪求快乐。自己没有努力付出，如何体会辛苦所得的快乐？自己没有智慧，没有福德因缘，快乐又从何而来？就算祖先留下一些财富，如果自己没有作为，也经不起坐吃山空，就算能获得短暂的快乐，也维持不久。所以，人生必须经过自己辛苦的努力经营，才能获得快乐。幻想是“苦因”，如何能有快乐的结果呢？

八、幻想不修而证。“一分耕耘，一分收获”，没有六年的苦行，哪有释迦佛陀？没有八月舂米，哪有六祖惠能？没有九年面壁，哪有达摩祖师？没有三十年不出庐山，哪有慧远大师？每一个伟大人物，都是经过多少的辛苦。所以，“不修而证”虽然是佛教修行的最高境界，但在事相上，有多少修行，就有多少证悟，这是不容置疑的事实。

总说上述种种“幻想”，都是不容易成为事实的“妄想”。所以，人不能活在“幻想”里，人生要活在“实际”的现实社会里，能与时代的脉动紧紧结合在一起，才能活得踏实，活得真实。

妄 想

在世间，有的人对未来满怀着憧憬与梦想，有的人一天到晚只有妄想纷飞。有梦想的人，只要化为行动，梦想也有可能成真。但是妄想的人，由于所思所想都不切实际，因此难有所成。妄想是什么呢?

一、精神异常。现在社会上有一些被称为“草莓族”的人，因为抗压性低，经不起来自四面八方的压力，因此演变成“忧郁症”“躁郁症”等种种精神病。所谓“精神病”者，大多是精神异常，异想天开，所有言行都不切实际，对于善恶、好坏并没有标准，只是个人的妄想。因为不能活在现实里，与现实的人事因缘总有一些距离，所以患了这种妄想症的人，医师只有叫他每天走路、跑步、运动、晒太阳，让他回到现实里，希望能治好不切实际的妄想症。

二、愚昧无知。妄想的人必定是愚昧无知，因为他不知道世间凡事都是相对的，都是有因缘果报的。有因缘才有收获，有努力才会成长。患了妄想症的人，以为凡事可以不劳而获，甚至妄想一夜致富，妄想你的都成为我的。由于不知世间一切都要靠自己努力才会拥有，因此活在愚昧无知的妄想里。

三、执著偏见。妄想的人没有正知正见，没有般若智慧，只有偏见执著。他不是执著“常见”，就是流于“断见”，没有“中道观”。他在有无、是非、善恶、好坏里，不知分别，只凭着自己的偏见、执著，随便对世间妄下论断。因此，妄想的人所思所想都异于正常人，对事情的看法不客观，不能以事明理、以理解事，每天都是想入非非。如此异想之人，连朋友都交不到，哪能成其事呢?

四、胡思迷信。妄想的人每天都在胡思乱想，没有分辨真假、有无的智慧，所以容易产生迷信。例如，有的人相信风水吉地，但是在同一条街做生意的人，为什么有的人发财，有的人做到倒闭? 可见不能怪地理不好，要怪人谋不臧。有的人迷信时辰，但是同一天结婚、同一个时辰出生的人，为什么他们的前途遭遇都不相同呢？也有的人迷信星座，但是同一个星座的人，都有不一样的人生，可见这都是“心外求法”，不知道心为主人翁，只在变化的外相上攀缘、计较，哪里能找到真理呢？所以，人要有正见，尤其要有“正信”；信仰必须合乎必然性、普遍性、平等性等条件，要信仰有道德的、有能力的、有真实的、有历史性的，不然陷入迷信，就很难拯救了。

不切实际、虚幻妄想的人，不能与真理、实际相应。由于他的精神异常、愚昧无知、执著偏见、胡思迷信，有了这么多谬误，怎么能得救呢？所以，《般若心经》要我们“远离颠倒妄想”，诚为得度之道也。

痛 惜

人生在世，总有一些“痛惜”的遭遇，例如家中失火、钱财被偷、爱人早逝、好事难成等。这些遭遇也不必怨天尤人，只要化痛惜为力量，发愤图强，改善自己的思想、行为、环境、因缘，没有不可转变的事。

我们试举一些“痛惜”的例子如下：

一、痛惜英才早逝。我们的朋友，我们的同学，正值花样年华，不幸早逝，真是痛失英才。假如有痛惜的心情，对于他尚未完成的志愿、事业，我们可以帮他完成。

二、痛惜学业无成。本来可以念大学，因为家庭经济不许可，失去了升学的机会。但是不必慨叹，社会就是大学，在工作中一样可以学习，因此不必自暴自弃。

三、痛惜事业未就。一次创业不成，可以再来一次。孙中山先生的革命事业，不也是经过十次的失败，才有第十一次的成功吗？因此只要有心，只要勤劳，世上没有不能成的事。

四、痛惜人情浇薄。别人的人情浇薄没有关系，我对待人要情意深厚。宁愿天下人负我，我不负天下人，如此又何必叹息人情浇薄呢?

五、痛惜知行难全。能知不能行，的确是遗憾。人有时候知道，但是做不到；有时候所做的，事与心违，总难美满。不过人生事情能满意的，难有一二；不满意的，倒有十之八九，所以凡事都要退一步想。

六、痛惜社会混乱。有心关怀社会，应该算是社会的爱心人。不过我们要化关怀为力量，社会既然混乱，我可以发心拨乱反正。凡事怨恨别人，不能改正。只要从自己做起，就有机会改善。

七、痛惜生灵涂炭。战争的时候，我们痛惜人民无辜死亡；平时的自然灾害，也让人感到生命的脆弱。面对人力难以左右的天灾人祸，只有无奈。不过对于现在的社会，政治上的政策不当，会使许多人家破人亡，这就不可原谅了。

八、痛惜媒体沉沦。现在有人慨叹媒体沉沦，真相难得，报道不正，媒休沉沦，确实殊堪痛惜。

九、痛惜经济不振。孟子说：“上下交征利，而国危矣！”经济是人民赖以生存的命脉，眼见到处贪污腐败，苛捐杂税，贪官的吃相难看，老百姓只有忍耐度日。

十、痛惜人心不古。现代人的危机，主要就是没有廉耻心。过去提倡四维八德，所谓“礼义廉耻，国之四维。四维不张，国乃灭亡”。现在我们要想救国救民，只有提倡礼义廉耻，唤回人格道德，或许有望。

综观以上十点，光是痛惜没有用，只有积极地发心，积极地参与、改正，所谓化悲愤为力量，化痛惜为实干，舍我其谁，不亦快哉！

依　靠

幼儿要依靠父母，老人要依靠拐杖，夜晚要依靠明灯，人生都需要有依靠。出外工作，到了夜晚，有一个家可以依靠；出外经商办事，要有朋友依靠；很多伟大的男人，事业成就，要依靠家中的妻子；儿女出人头地，背后必定有父母或老师给予教育，成为有力的依靠。人生究竟要依靠一些什么呢？

一、在海洋中依靠船只。世间的人，横渡海洋要靠船只。人生也如苦海，需要有所依靠，才能渡越。人生要靠善友、善缘，要靠自己的技能、美德、诚实、忠信，在茫茫的人海里，有了这些条件，就等于有了船只，自然可以顺利航行。

二、在高山上依靠罗盘。人行走在世间，前途很难一路平坦，因为人情的高山横挡在我们前面，必须拿出自己的罗盘，看看前途的安危、方向的正确与否。所谓罗盘，包括我们对人的谦卑、礼貌、热诚、服务、尊重、包容等。人情的高山，在我们智慧的罗盘指引之下，才能顺利通过，平安无事。

三、在天空里依靠航线。人虽然生长在地球上，但是人生就如同空中飞航的飞机，不能漫无目的地飞行，必须依靠航线。所谓“礼义廉耻”“忠孝仁爱信义和平”，乃至佛教的“慈悲喜舍”“五戒十善”等，都是我们航线中必要的指标，有了这些航线的指引、规范，才不至于发生危险。

四、在歧途中依靠目标。人生经常会走到十字路口，不知道方向在哪里。例如被爱情迷失、被公司解雇、被经济围困、被人情遗弃，这时候必须依靠目标，才能脱困。东南西北，可能都是歧途，都是险路，必须靠着你人性的良知、本性的道德、般若的智慧、行事的定力，反省，惭愧，忏悔，难忍能忍，难行能行，本着对前途的一线希望，掌握目标，奋力前行。如此不但能挣脱困境，而且能安抵自己所想要到达的终点。

五、在危险时依靠镇静。人在平安顺利中生活惯了，容易忽略生存环境中可能存在的危险。在佛经里有一则故事说，一个旅行的人走在旷野中，失足掉进了一个深坑，所幸及时攀着一条枯藤，借以暂时维持生命。深坑底下有蛇蝎猛兽，不能下去，往上攀登，已无力气。就在此时，五只蜜蜂飞过，滴下了五滴蜂蜜，旅行的人一见，欣喜不已，竟然忘记了危险，只顾尽情地享受蜂蜜。故事中的旅人，并不是镇定，而是无知。所谓镇定，譬如房子失火了，你不能惊慌失措，必须冷静地判断情况，迅速找到通路，并且帮助别人逃出火场。所以智慧、灵巧、镇静、勇敢，才能化险为夷，获得安全。

六、在宗教里依靠正信。人不能没有宗教信仰，在信仰自由的社会里，你可以选择任何一种信仰，但是“正信”是非常重要的。你信仰的宗教，其教主有历史可考吗？你信仰的道理，合乎真理的条件吗？你信仰的对象，真能救苦救难吗？所以信仰的标准，要有历史考据，要有圣贤言教，要有因果理论，要有解困脱苦的方法，这才是值得信仰的宗教。

以上所讲的“依靠”，就看个人的智慧把握了。

风　险

世间不管做任何事，都要考虑到风险的问题。从出门坐车，就有交通的风险，即使深居在家，也有盗匪，甚至遭人绑架的风险。人生在世，自然的灾害，人为的打击，有时候一根钉子戳到脚底板，喝一杯茶水中了毒，甚至吃饭也会噎到，可以说人生到处有风险。人生到底有哪些风险呢？

一、结婚的风险。男婚女嫁，成家立业，这是人生很自然的事，但是大家也都知道，男女结婚，也要考虑到风险。现代离婚率增加，家庭暴力不断，生活的应付，两性的了解，都会造成许多的风险。当然，也不是有风险就不结婚，只是在结婚之前，不妨把各种风险考虑周全，能有应付之道。比方说，男女双方对于互信、互助、互谅、互解、互知，都能经得起考验，能把风险降到最低，才能走上红地毯。

二、医疗的风险。人体有病，不医治当然有风险，但是进了医院仍然有风险。医师的误诊，药物的误用，固然是风险，就是正式的手术开刀，也要先填写保证书，不能让医护人员负担你的风险。风险必然是有的，但事先的评估，例如做详细的检查，先由医师来一次会诊，让医疗风险降到最低，纵有风险也是归于自然，不能错怪哪一方。

三、投资的风险。投资买卖做生意，没有百分之百必定赚钱的事，投资也有一点赌博的性质，可能会赢，也可能会输。所以，一般投资者在投资之前，都要先做各项评估、调查，包括合伙人的信誉、分红的公平、市场的销售反应、将来产业的发展潜能等。不要存着一定成功的希望，对于任何可能发生的风险，都要想好补救之道，或是尽量分散风险，才能减低风险。

四、担保的风险。亲戚朋友互相帮助，担保是常有的事。但是经常听说担保人因为受到连累而倾家荡产、一蹶不振的例子，多不胜数。人到了靠借贷经营的时候，本身就已经有了风险，因为资本不够，只有借贷。别人借贷，我为他担保，这种相互的连锁，必然有很大的风险。但是基于情谊，实在不得不担保，此中不能说可不可，只能说你是否承担得起风险。如能，当然这是义举，不妨为之；不能，据实以告，也要获得对方的谅解，才算妥善。

五、战争的风险。两军开战，生死搏斗，很难保证谁胜谁败。历史上，很多以寡击众、以少胜多的例子，不一定军容强大就一定获胜，所以没有绝对必胜的战争。就如现在的公职竞选，谁都不敢在选前说自己有必胜的把握，顶多只能说有百分之多少的胜算。所以，不管两军争战、二人决斗，胜败输赢是最后的结果，不是事前所能预测，所以都存在着风险。

六、决策的风险。做一个领导人，常要负担很多的决策。国家经济的决策、军事的决策、外交的决策、教育的决策，不管任何一个决策，都有风险。所以，在决策之前，要不断地召开会议，让各方表达意见，让多人参与，分担风险。风险不一定会发生，但不能没有风险的评估。

死　角

马路上，许多车祸的发生，只因为驾驶人变换车道时，没有从后视镜里确实看清左右后方来车就强行切入，以致造成严重伤亡，甚至倒车时，因为看不到后面的情况而酿祸。

人的眼睛，有时虽在视力范围内，都有观察不到的死角。军事上，在火力射程内，有时候也因地形的因素而有死角。其实，社会人生到处都有死角，例如：

一、法律的死角。法律本来应该是最公平、最公正的，但是法律也有死角。例如，有人造假，有人伪证，有人误判，乃至不公不义的法律，都成为侵害人权的法律死角。

二、经济的死角。银行里的呆账，官场上官员贪污舞弊、浪费公帑、图利他人、政商勾结、掏空国产、恶性倒闭、内幕交易等，都是经济的死角。死角不清，经济难以活络。

三、治安的死角。现在社会上有许多治安的死角，例如，监守自盗就是治安的死角，瓜分公产就是治安的死角，窃听窃录、跟踪调查都是治安的死角；警界经常用小偷做线人，这也是治安的死角；军中用黑道为助力，这都是治安的死角；尤其现在的社会，好利不好义、笑贫不笑娼、造假欺诈、黑函密告，这都是治安的死角。

四、知识的死角。知识本来应该有益于吾人的言行，但知识成为“所知障”，这种知识就会成为障碍人生的死角；甚至知识也会生病，生了病的知识就是“愚痴”。见闻觉知是我们的知识，但我们的知识不能被无明蒙蔽；般若智慧是我们的知识，但般若智慧不能被成见挤爆。知识讲究应用，我们的知识有适当应用吗?

五、进步的死角。人生本来应该是向上、向善，向美好的前途迈进，但是人生也会遇到阻碍，不能向前，那就是“执著”。人一旦产生执著，不放弃后面的一步，怎么能向前迈进呢？我们要想向前进步，就要把成见的阻碍、我执的坚持放弃，不然怎么能向前进步呢?

六、发展的死角。各行各业都希望发展，国家要发展，经济要发展，教育要发展，就是一个小店吧，也希望能发展。可是发展也要有发展的条件，发展最大的阻碍，就是守旧。旧的思想、旧的观念、旧的行为、旧的言论，守旧落伍的一切不放弃、不改进，就成为发展的死角。守旧落伍的人要想创造新发展，此实难矣。

七、人我的死角。人我相处也有一些死角，例如，互相猜疑嫉妒、暗中较劲、见利忘义等。人我之间不能开诚布公，不能同舟共济，不能同甘共苦，不能相互包容，都会出现人我的死角。朋友之间有了死角，你说不会发酵、发臭吗?

八、思想的死角。思想的空间要有新鲜空气流通，假如思想混浊，思想污染，这就是思想的死角，就是发展的障碍。思想偏激、不合时宜、不合大众的利益，如此期待思想能开朗、开阔，能够为人所接受，事实上也不容易。思想要开明、开通、开朗、开阔，思想要让大家接受。没有思想的死角，思想才容易升华。

人生的死角，不能把它找出来，让它明朗化，只是任它藏污纳垢，总有一天必将成为人生的致命伤，所以死角要整顿。

角　度

时间有快慢，空间有远近。在空间里，东西南北方位不同，就有各种不同的角度与视野。因为角度不同，所看的景致也会有不同的美感。因此，照相取景要取一个好的角度，买房子也要买一栋视野角度好的房子。

其实，不只是空间的方位有不同角度，人的眼光看事物，也有不同角度，因此就会产生不同的观感。试就“角度”略论如下：

一、看别人好坏的角度不同。卫灵公身边有位很得宠的美少年弥子瑕，有一天陪着灵公到果园散步，发觉桃子的味道甘甜，就将吃剩的一半分给灵公。灵公非常欢喜，就赞美说：“爱我的人莫如弥子瑕，有好吃的都不会忘记我！”又有一次，弥子瑕因为母亲生病，情急之下驾着灵公的车赶回家探望，灵公更夸赞他的孝心。后来日子久了，弥子瑕的容貌逐渐衰退，因而失去灵公的宠爱，两人的感情渐渐疏远。这时无论弥子瑕做任何事，都招致灵公的厌恶，甚至还怪说：“他曾经私自驾我的车回家，甚至还把吃了一半的桃子送给我。”这就是感情影响看人的角度不同所致。

二、看社会真相的角度不同。有人说美国的社会很公平，很有法治；也有人说，美国人太有优越感，对其他种族存有歧视。有的人说美国人很正派，少有偷鸡摸狗的事发生；也有人说美国的男女作风大胆，完全不知羞耻为何事。因为角度不同、看法不同，自然有不同的评论。对美国如此，对其他国家也是一样，有人爱其社会有情、有理、有法，有人嫌其社会无情、无理、无法，这就看各人观察的角度如何了。

三、看世界形势的角度不同。有人观察世界大小国家，认为英国人有绅士淑女的风度，虽然过去曾经一度在全世界建立许多殖民地，但第二次世界大战后，一一助其独立，像澳大利亚、印度、马来西亚、新加坡等，这不就可以看出英国的绅士风度吗？有人说美国很强势霸道，美其名曰是做世界的警察，实际上是无时不在借机扩张其势力，尤其为了石油而攻打伊拉克，最为世人所不谅解。但是美国对全世界的移民，又给予法律上、宪法上的照顾，也可见出其胸襟之伟大。过去有人把日本、德国、中国做比较，认为中国人说了不做，日本人边做边说，德国人做了不说。但现在中国崛起，此说已不再是定论，现在观看世界各国的形势，因为角度不同，结果也不一样了。

四、看自己功过的角度不同。一般人看外在世间一切人事物的角度，都难有标准，难有公平，难有定论。看自己的功过，自己最清楚，应该能有一个公平、合理的评鉴才对。但实际上，每个人对自己的功过，不但“当局者迷，旁观者清”，甚至对自己一生的过失，尽量掩盖，对功德之事则是大肆宣扬。一个人如果本着正直、公平的心，或是基于对自己人格、道德有一个高标准的要求，有时即使护短，从另外的一个角度来看，也不失其自我提升的作用。

总之，尽管视野角度各有不同，只要内心公平正直，看法就不至于有偏差。

生　理

人的身体，包含了精神、心理和生理的现象。一般学子升上中学以后，由于身体不断地发育、变化，这时开始就有生理教育、心理教育的课程。因为生而为人，不能对自己的身体茫然无知，所以必须通过生理教育，帮助我们对自己的身体有所认识。以下兹就“生理”的相关问题，略谈如下：

一、生理卫生。中学生对生理卫生的知识，最是需要了解，因为随着年龄渐长，生理机能不断发生变化，自己要有所了解。例如，牙齿掉了，要懂得这是换牙，不必紧张；对生理或异性发生好奇，这也是自然现象，不必挂碍。尤其对生理卫生，要学会自己料理，例如刷牙、盥洗等，再不能像儿时一样仰赖父母帮助。甚至对生理器官，如眼、耳、鼻、舌、手、脚的保护，乃至肠胃内脏等，都要懂得保健。

二、生理疾病。人体上的内外器官，都会生病，我们看街上悬挂着眼、耳、鼻、喉科招牌的医院到处林立，可见眼、耳、鼻、喉都会生病。甚至有牙科，表示牙齿也会生病。当然，还有内科，肠、胃、肝、胆，无一不需要保健，乃至皮肤病、香港脚，都需要有医疗护理的常识。如果对生理疾病一无所知，吃亏的当然还是自己。

三、生理时钟。人体有一些现象，例如晚上要睡觉，早晨要起床，这不是单纯因为疲劳不疲劳的问题，而是依生理时钟指示，天黑要睡觉，天亮要起床。在睡觉的时候，虽然睡着了，生理时钟也会告诉我们，什么时候该翻身，什么时候要起床大小便。养成良好的习惯，生理都会跟我们合作，提供给我们很多讯息。

四、生理反应。身体有了活动，或是接触外境时，会产生一些自然的生理反应，例如，天冷了需要穿衣，天热了自然要吹风散热，肚子饿了想吃饭，工作疲倦了想休息。生理的各种反应，当然也受到心理的指示，心如统帅，对眼耳鼻舌身都会加以统治、运用。心理如生理器官的操纵者，它会指示它们要这样，要那样，所以生理做好做坏，心理都脱离不了关系。因此我们要重视生理的保健，更要注重心理的健康。

五、生理现象。人的身体不断在成长、老化，所以儿童、少年、青年、壮年，乃至老年的生理，都有各种阶段的变化。这是因为人体的细胞，不断在新陈代谢。据专家的说法，人体的细胞，一个星期都要重新生灭一次，也就是七天一循环。因为新陈代谢，把不好的细胞汰旧换新，我们才能常保健康。但是随着年龄渐长，新陈代谢能力愈来愈弱，生理机能也愈来愈衰退，这是自然的现象，所以不必惊慌。人的身体，就如一栋房子能住多久、一件衣服能穿多少时日，都有一定的限度。只不过保养得好，当然就能延长使用年限；保养不好，在时间之流中，加上心理的业力，就会或长或短，或功或过，还是难以料定。

六、生理承担。人体好像一个村庄，里面住了很多村民，为了供给村民的各项需求，人体的生理负担自然很沉重。例如，为了经济生活的需要，生理上的各部门必须多负担一些工作。有时候不但要承担粗重的工作，甚至还要加班，增加工作时间。不管村民要求这样，要求那样，生理都不能推辞。唯有生理和村民通力合作，共体时艰，共度患难，当生理和心理调和了，身体才能健康。也唯有身体和心理都健康，才能成为一个健全的人。

脱　困

经云："三界无安，国土危脆。"有情众生在世间生存，常常会遇到一些困难，例如，飞机在空中遇到乱流、河堤因洪水泛滥而决堤、身在高楼忽然遇到地震、房屋失火而逃生无门等。不管个人也好，团体也好，脱困成为人生重大的求生课题。

其实不只是人，凡是有生命的动物，当它遇到灾难、生命受到威胁时，总是不惜一切地想办法脱困。试将动物脱困的方法，略说如下：

一、臭鼬放屁。臭鼬是一种体内含有臭腺的动物，平时会排放一种臭气，臭不可闻。尤其遇到敌人靠近时，它会冷不防地喷出臭气，把对方臭得难以呼吸，自己则趁机逃跑。

二、乌龟装死。乌龟被人捕捉，或是遇有小孩顽皮捉弄它时，聪明的乌龟会把头缩进壳里，然后装死，任凭你怎么逗弄，它都是动也不动，等到玩弄它的人走了，才又把头伸出来恢复活动。

三、蜗牛缩头。蜗牛含有丰富的蛋白质，经常成为其他动物果腹的食物，如鸟类、鼠类、蛇类、野猫等，都是蜗牛的天敌。蜗牛御敌的方法，除了缩回壳内，另外还会分泌大量黏液，或分泌刺激性的化学物质来退敌。

四、乌贼喷墨。乌贼又叫“墨鱼”，当它遇到攻击的时候，会释放如墨汁一般的液体，就像烟幕弹一样，自己便在烟雾的掩护下逃跑，这成为它逃命的利器。

五、刺猬团身。刺猬是一种哺乳类动物，全身长满刺人之毛，唯独腹部的皮毛柔软，容易成为敌人攻击的致命处。所以，每当遇到危险时，刺猬就把全身团起来，利用背部的利刺来保护自己。

六、河豚吸气。在印度洋和地中海一带，有一种叫刺河豚的鱼类，身上长满如针一般的鳞片，平时伏贴在身体表面。一旦遇到危险，刺河豚就会大口吸气，使身体膨胀成一个圆球，全身的刺状鳞片自然向四周竖起，借以御敌。直到危险解除后，刺河豚再大大松一口气，放出空气让身体恢复原状。

七、狡兔三窟。“狡兔三窟”是中国民间有名的故事，说明一只聪明的兔子，当它筑窝时就已懂得预作退路而同时造三个窟，以在猎人猎捕时可以适时脱困，这就是它的逃生之道。

八、壁虎断尾。墙壁上的壁虎，一旦遇到袭击，它会即刻断尾。当你注意着它的尾巴时，它已逃脱无踪，这是它的求生之计。

从以上观之，动物在遇到危险时，都懂得自我保护，甚至不惜牺牲一小部分以保全生命，此即人类所谓“留得青山在，不怕没柴烧”。

人比动物更聪明，平时有忧患意识，对危险的防范，乃至面对大自然的灾害，都与动物一样懂得设法脱困。甚至人在遇到社会上的政治、派系、集团围剿时，也都懂得急流勇退。乃至生逢乱世时，只得隐居山林，韬光养晦，不敢稍露锋芒，以免招来横祸。尤其自古以来，“大智若愚”更是智者与圣贤脱困的方法。只是人间仍有多数人，往往为了金钱、名位、爱情，不惜一切让自己陷入险境，看起来一般人似乎反不如动物聪明，可不悲哉！

题　目

人生，凡事都要“就题发挥”，有题目才能做文章。从小学习写文章要有题目，长大后参加各种会议，也要掌握题旨，切题发言。社会上一些名人应邀讲演，主办单位都会先问讲什么题目。人际之间的访问，彼此也要讲究谈什么题目。

有好题目，才能做好文章；没有好题目，做不出好文章。不过，有时候有好题目，也写不出好文章。有人干脆就“无题发挥”，像古代的国家、近代的军阀，说打就打，不必有什么题目。所以，有题目“借题发挥”还算是正人君子，没有题目随便乱来，也大有人在。兹就“题目”略论如下：

一、借题发挥。一个国家的议会里，代表们滔滔不绝发表高论，不都是借题发挥吗？舆论界的诸公们所做的社论、专论、评论，不是常要借题才能发挥吗？我们希望国家社会，都有正当的题目，如此就算借题发挥，也还算正常。

二、小题大做。社会上，有些人做人处事都讲究低调，就是办大事，也懂得低调，以免招人嫉妒。但是也有一些人“小题大做”，办了一个小型活动，就大肆宣传；做了一点随喜善事，就极力张扬，唯恐天下人不知。也有的人为了一点小事就“小题大做”，不惜对簿公堂，反而置很多攸关国计民生的大事于不顾，实在可惜。

三、无题乱扯。现在很多社团，经常邀请政治人物当嘉宾，出席活动致词，例如开幕、落成、纪念，甚至公祭等。这些应酬式的场合，其实也没有什么话好说，但是嘉宾们一个个上了台，还是滔滔不绝，侃侃而言，真是无题乱扯，浪费时间。记得一九七六年第二十一届奥运会在蒙特利尔举行，英国女王伊丽莎白二世主持开幕典礼，当她步履轻盈地走上台，轻轻举起右手，只说了一句话：“我宣布运动会现在开始。”即刻鸣枪。如此一个世界性的典礼，只花三秒钟就完成，留给我的记忆，至今难忘。

四、离题漫谈。现在的教育失败，原因是有些教师没有真正用心在教学上，课堂上都是离题漫谈，经常在上课时谈“我的家庭”“我的老婆”“今天路上塞车”“昨天报纸上报道了什么”……主要的课程内容不讲，真是浪费学生的时间，也浪费国家的教育经费。甚至损失金钱事小，误人子弟事大。

五、就题论述。学生在校读书写作文，老师都指导他们要“就题论述”；毕业后在社会上工作，开会或业务报告，主管也欣赏能就题论述的员工。但是也有一些人，不管说话、做事，往往不能掌握主题，原因是他没有事前做功课，准备功夫不够，掌握不到主题，无法就题论述，当然只有敷衍了事。

其实，人的一生就是一个题目，如何就人生这个主题好好论述，多方发挥，这是一个很值得用心的课题，千万不能让自己的人生交白卷。

年 关

举世各国，都有年节的纪念，尽管庆祝的月份、日期不同，但是一年十二个月当中，总有一天是“过年”的日子。例如，泰国的泼水节、美国的万圣节，就是他们的过年日。在中国，除了过农历春节的年以外，现在还有一个公历元月一日，叫作“元旦”，也是公历过年。

年节总是人生岁月的关卡。现在的银行，大部分每周或每月结算一次。过去的农业时代，则是每逢农历过年做一次总结账，所以过年可以说是小老百姓名副其实的“年关”了。

“年关”对人应该有正面的意义，略述如下：

一、要清偿债务。过去农业时代，一般民众没有月薪收入，贫寒之家并无余钱，平时买东西总要赊账，甚至遇有急用时，必须向人借贷，因此每当年关一到，偿债是必然的。年关偿债，不但讨债的人义正词严，偿债的人也觉得理所应该，不可耍赖。所以，每逢过年，儿童兴奋地等着父母买新衣、给压岁钱之际，父母面对清偿债务的压力，其辛苦就不易为人所知了。正如现在的刷卡族，刷卡的时候不知道严重，到了付款时，才知道刷卡也是人生一个严重的“关卡”。

二、要清洁环境。农业时代，平时忙于农耕，家里即使杂乱一点，也还说得过去。但是到了过年，如果不把家里打扫整洁，不重视环境美化，隔壁邻居也会看不起你。因此，每逢过年，全家总动员，大家齐心协力打扫环境，也是理所当然的事。借助年关，把家里做一番整理，更是大事一件。

三、要清空仓库。商人营业，投下资本，批发货物出售，所谓“将本求利”，这是正当的买卖。但是一年下来，仓库里难免囤积一些存货，所以每到年关将届，总会来个清仓大甩卖、清仓大减价。商家通过打折、买一送一等方式出清货物，回收资本。而一般民众，趁着年关减价时刻，买到便宜货也都乐不可支。所以年关清仓，可谓“皆大欢喜”的好事。

四、要清净语言。过年，人人都想讨个吉利，所以大人会交代儿童说话要小心，不能说不吉利的话。另外，家家户户的门口，也会挂个春联，图个大吉大利，像是“吉祥平安”“万事如意”等。佛光山顺应民间的风俗，每年年关之际，总会写下一句祝福的好话，例如二〇〇七年是猪年，因此就祝福大家“诸事圆满”，也算是响应“做好事、说好话、存好心”的三好运动。

五、要清除恶习。年关新旧交替之际，每个人应该有“过去种种譬如昨日死，未来种种譬如今日生”的观念。假如过去有不好的习性，在年关时加以革除。如有任何新的计划、志愿，也可以借着年关交替，加以实施，此即所谓“除旧布新”也。

六、要清新生活。过年正是“天增岁月人增寿，春满乾坤福满门”的时刻，所有的人都在享受清新的生活。有的人举家到寺院礼拜，祈求诸佛菩萨加被平安吉祥，有的扶老携幼到外面旅行。经济条件好的人，更是趁此年关放假之际，远渡重洋，出国散心。所谓“读万卷书，行万里路”，这也是人生不可少的功课。

总之，年关之际，不只是儿童欢喜过年，一般人也可趁此机会，应该结束的加以结束，应该更新的加以更新，应该计划的加以计划，应该实施的加以实施。尤其借年关春假期间，放下重担，和亲朋好友团聚，经过适当的休息、调适，可以在过年后重新出发，向人生的道路迈进。所以，站在社会学的立场来看，过年实在是社会人生最美好的事。

冲　击

刮风冲击树林，波浪冲击堤岸！世间只要有所举动，此一方都会冲击彼一方。人，都不是独立的个体，而是相互关系的存在，所谓“牵一发而动全身”，彼此相互助成，也相互毁灭。例如，战争让很多生命因而死亡，文化因而毁坏，但也有人因为战争而发迹，让世界在另一方面有了更多的成长与另外的建设。兹述“冲击”如下：

一、父母的离异冲击家庭。现在家庭离婚案件日益增多，夫妻结婚有所谓“七年之痒”，一般到了七年左右，因为意见不同、感情不睦，很容易离异。一旦父母离婚，对幼小的儿女而言，可以说是人间最大的风浪。一对夫妻离异，就像天上一颗星星的毁灭，一个家庭因此而破碎，至少也是莫大的伤害。离婚的男女，男可以再婚，女可以再嫁，但是心灵上的创伤是难以弥补的，对家庭的冲击更是难以平复。看起来今后的社会，遏止两性离婚是不可能的事，假如能为离婚后的男女做些教育，不要让社会受损、儿女受害，在这种情况下，让家庭的冲击减到最小，这是非常重要的课题。

二、股票的涨跌冲击经济。在举世的各种人口当中，有所谓宗教人口、教育人口、商业人口。现在从事股票买卖的，名曰“股民”。股票的涨跌，尤其大幅的震荡，影响经济，让一些股民叫苦连天。现在全世界，从美国纽约曼哈顿到新加坡、中国，多少亿的股民人口，每天跟着股票的涨跌，心中不时地七上八下。其实，玩股票是全民的赌博，大家都希望凭智慧、财运能赚钱，你也赚，他也赚，谁是输家呢?

三、官员的操守冲击政坛。乡长贪污了，县长被起诉了，部长被搜查了，这些触目的新闻，震撼了社会。所以，官员的操守对社会的冲击、对民心的撼动，不能说没有影响。报载，过去八年，台湾官员贪污有数可据的，总合起来有六兆五千亿元之多，假如把这些平均分配给台湾居民，每人可得二十八万。这许多重大弊案冲击社会，不但造成经济萧条，而且使失业人口增加，造成严重的社会问题。

四、自然的灾害冲击国家。所谓“天灾人祸”，人为的灾难以外，自然灾害也会冲击国家社会。例如，二〇〇八年中国的雪灾，造成十几个省份道路不通，机场关闭，尤其人员的伤亡、财产的损失，都可见出灾情之惨重。历年来，各地的地震、风灾、水患，也都造成人民伤亡、经济损失。所以，自然灾害对国家社会的冲击，不可谓不大。

五、思想的分歧冲击人类。人类的思想，过去有君主、民主之不同的思想，现在有共产、资本之不同的主义。总之，人类难得有思想相同的人，所以一个国家，国内有党，党中有派，派中有团，团里又再各有山头。思想的分歧，冲击国家的团结。思想可以分歧，但是爱国、卫国不可以二心。

六、利害的取舍冲击人性。吾人在利害之前，都会有所取舍。取其利，舍其害，这是人性之常。但是，一个社会，如果全民只讲利害，没有道义，也是非常危险。因为一旦利害当前，就会冲击人性。人性是脆弱的，只懂得取其利、舍其害，然而在利害的后面，有关的好多问题，吾人都有全部考虑吗?

惩 罚

奖功罚过，这是人群社会里一个很正当，也有其必要的规范措施。在一个机关团体里，“赏罚公平”才能鼓励士气。就算是海洋公园里的海狮、海豹表演，也会有两条小鱼慰劳。即使是要把戏的猴子表演，它也喜欢观众掌声鼓励。有功则赏，反之“有过则罚”。军队里的关禁闭、社会上的监狱等，都是作为惩罚之用。

惩罚不是为了报复，不是为了让别人受苦来获得自己心头上的快感。惩罚只是一种象征的意义，让人知道世间“有功则赏，有过则罚”的理则。因此，每个人应该兢兢业业，以一生没有受过刑事处分，没有在警局、法院里留下记录为荣。现在社会上有“良民证”，就是表示自己没有受过惩罚的不良记录。

社会是要让好人居住的，作奸犯科的人，不但为人所不容，也是法理所不容，不能不慎。兹将“惩罚”的方法，列举如下：

一、用“口头警告”惩罚。交通警察在高速公路拦下超速的汽车，跟驾驶员轻轻说一句“你超速了”，之后即刻放行，这比罚款更容易收效，下次他就不好意思再超速了。

二、用“记过”惩罚。学生犯错，给予记过；公务人员违纪，给予记过；工厂违规，给予记过。记过的目的，一者对其行为有所惩罚，二者也让他有改过自新的机会。

三、用“公开发表”惩罚。有了过失，将其犯行在媒体披露，如赌博、嫖妓、吸毒、家暴等，一经媒体发表，违者即感事态严重，也可吓阻来者。

四、用“服劳役”惩罚。例如罚他扫街几小时，或者到慈善机构服务几天，但是必须获得该机构的签名认同，才能解除。

五、用“不让参与”惩罚。如取消参会资格、开会不准出席等。

六、用“停薪”惩罚。只象征性地扣除一两日的薪水，以示薄惩。

七、用“降级”惩罚。例如，武将可以从“将官”降到“校官”，“校官”降为“尉官”，不管任何阶级都可以降级。

八、用“关禁闭”惩罚。过去军人有军人监狱、军事法庭，社会上也有拘留所。严重者，甚至判刑十年、八年，乃至无期徒刑，那就是很大的惩罚了。

世界上，有的国家轻刑薄罚，但社会非常善良有序；有的国家严刑峻法，但恶事不断发生。所以，要究竟杜绝违法乱纪等各种恶事的滋生，还是要靠社会的教育、政治的清明，让人民心悦诚服地守法，才是治本之道。

检 查

公路上，一部车子抛锚了，需要检查引擎、机械，看看毛病出在哪里。田地里，农作物发生了病虫害，也要检查一番，然后加以对治。现在社会非常流行各种检查，例如身体检查、财物检查、环境检查。尤其政府对各行各业、各个机关团体，都有例行检查、定期检查、突击检查等。总之，不合标准，就要接受检查。

其实，人生也要经常自我检查，诸如：

一、检查事业的损益。现代社会，各种企业的经营，规模愈做愈大，从家族事业到集团、股东投资。这当中所有的运作，必须公正、公开。董事会要接受所有投资人的监督、检查，公司所有的损益都要透明，让股东明白、了然，大家才能放心托付。所以，一个事业的经营，确实不易，不但要经常召开股东会议，而且要接受各种检查，包括生产、营销、人事、财务等。事业经过检查，就能健全。检查对任何事业体而言，必定是有利无害。

二、检查自己的功过。曾子说“吾日三省吾身”，就是反省自己的言行举止、举心动念。袁了凡有“功过格”，每日行事，是功是过，都有记录。一个人每天的行事，必定需要检查，尤其吾人之心，时而善念，可以直通天堂，时而恶念，即刻堕入地狱。我们的心，每天在天堂、地狱之间来回多次，所以要时时自我检查。假如心是善念，要让它不断生起；如果是恶心，要立刻加以改正。一般人都是宽以待己，苛责于人，不经过严格的自我检查，进德修业恐怕难矣哉。

三、检查社会的因缘。我们立足于世间，仰赖亲戚朋友给予我们的助缘，我们不经过检查，必然容易忘却别人的好意。例如，每日可以问问自己：我今日衣食从何而生？我今日利益从何而得？我今日名位因何而有？我今日平安幸福由何而来？检查过社会厚待我们的因缘，我们就会生起感恩之心，就懂得要回报社会，如此，“自利利他”“自觉觉人”就不为难了。

四、检查事情的是非。吾人的生性，凡事太计较利害。不论事情的是非，只要对己有利者，欣然为之；对己有损者，则必逃避。其实，事情只要是善事，对己纵有牺牲，也应乐于助成；如果对人无益者，于己有利，也应该立即止步。所以，检查过自己的心态，讲究是非，不论利害，则自己的品德必定有所增进。

五、检查往事的成败。每一个人都有过去，所谓“前事不忘，后事之师”。对于往事，必然有一些功过得失，不能只看现有的成就，忘记过去努力奋斗的过程。假如经过一些检讨，善美的往事永记在心，并且加以发展、扩大；对于不能搬上台面的思想、言行，要彻底修正。例如，对亲族的照顾不周，对朋友不够忠诚友爱，对社会不够奉献出力。假如现在已经略有成就，就应该弥补前嫌，要有赎罪的观念。对于往事能有此观念，未来才会有更好的发展。

六、检查未来的计划。往事固然要检查，对前途的发展也不能疏忽。当今进步的国家，都有第一个五年计划、第二个五年计划，甚至第三个、第四个五年计划。乃至个人，对未来也应该有一个计划表，也要有三年计划、五年计划、十年计划，同时要检查自己的计划是否合乎时宜、合乎社会的需要、合乎大众的利益，甚至你的计划是否有因缘可以助成。如果检查之后，发现有些缺失，就要不断地改进、修正，不断地接受社会的考验，接受别人的检查。只要能经得起考验和检查，则未来必然成功有望。

弥 补

房屋漏水了，可以找个专家来修补；衣服破损了，也可以找些针线来缝补。但是世间不是每样东西都能弥补，例如筷子折断了，碗盘打破了，即使弥补也不再完美；一句话伤了别人的心，事后弥补，也难消除对方心里的伤痕。所以，弥补是一段很艰辛的挽救，不能不慎。

世间有很多难以弥补的事，例如：

一、人情破坏了，难以弥补。人情是善美的，人情是尊重的，如果你伤害了别人的感情，要想弥补，非常困难。东西打破了，可以重买一个。你伤害别人的情、别人的心、别人的人格，要弥补也难。

二、青春蹉跎了，难以弥补。有的人正当青春年华，不知重视宝贵时光，一旦年华老去，要想青春再来，已经时不我与。所以，父母生养我们，给我们多少岁月，都要好自珍惜，不能蹉跎，不能浪费。蹉跎、浪费，就如杀害自己的生命一样，等到自己的生命被伤害了，要想补救，也是为时晚矣。

三、健康失去了，难以弥补。人的五官端正、五体俱全、四肢能动，五脏六腑都很健康，这是很大的福报。但是世间的风寒、人情的挂碍，不小心谨慎养护，一旦失去健康，整个身体的机器，不是这里不灵，就是那里不顺，要想找回健康，有时需要花费许多金钱，甚至即使有钱，也难以换回健康。所以，人在健康时，要善自珍重。

四、拥有浪费了，难以弥补。拥有的东西失去了，有的可以补救，有的也难弥补。打坏了桌子，可以再买一张；丢失了一本书，可以再买一本。可是人与人之间的情谊、道义、信誉、诚恳，一旦失去、损坏，再想弥补就不容易了。

五、人格污损了，难以弥补。人在世间，所以能受人尊重，就是靠人格维持。在家庭里，靠着自己的勤劳、奋发、信用、道义，所创造的人格，不能随便遗弃、丢失。人要靠自己优秀的人品、骨气，跟社会优秀的人相互往来，才能活得有意义。如果让人家一提到你，就觉得你人格缺陷，例如没有信用、懒惰懈怠、自私执著、无理无明，人家对你虽不谈虎色变，也会敬鬼神而远之。到了这个时候，要想找回尊严、人格，就难以弥补了。有的人自己本身条件很好，但是被人污蔑了，如果没有很大的再兴力量，也是不容易弥补。

六、业报定型了，难以弥补。我们身口意所造的业报，有善报，有恶报。善报是善因善果，恶报是恶因恶果。善恶业报，有的早报，有的迟报，都有各自的差别因缘，但是不会不报。一旦到了业报现前时，即使懊悔，想要弥补，也是困难的事。所以，“菩萨畏因，众生畏果”，不能不慎。

中国古代的传说，“女娲补天”，所以才能天长地久。现在科学家发现宇宙的黑洞，不知如何弥补，世界才能安全。上面所说的种种弥补，最主要的是需要诚意道歉，一个人如果对做错的事、说错的话，都能诚意地认错、道歉，誓愿重新来起，这也可以弥补一些错失。

陆・生命的流动

人生当放下执著，随缘放旷，自能超越生死之外。所谓：平常心是道。生死循环本是天地运转的常道，人死了只不过是换了一副躯壳罢了，人最重要的是把握当下，不负此生，不负他人！

流　动

世间上，会动的东西才美。白云飘飘，和风吹拂。天上的日月星辰都在移动，海里的鱼虾生鲜都在浮游。一片花瓣，远远地随着流水漂来，我们都觉得好美。

飞机从天际划过，大家都会翘首仰望；帆船乘风破浪，大家也争相一睹为快。静态的东西很美，流动的东西更美，更有价值。例如：

一、空气流动才会清凉。在房间里觉得闷热，打开窗户，让空气对流。因为空气流动了，顿时觉得无比清爽。同样的，你坐在汽车里，把玻璃窗摇下，微风轻轻吹送，感到凉快无比。因为空气流动才会清凉，所以现代建筑都很重视窗户，留个窗户，以便空气流通。流动的空气不但清凉，而且清新，所以我们早晨起床，喜欢到户外呼吸新鲜空气，与大自然融合在一起，会觉得清凉自在，精神焕发。

二、河水流动才能洁净。山中的溪水为什么清澈洁净？因为它不断流动的缘故。再怎么肮脏污浊的水，只要在山沟小溪中流动一公里，就会变成净水。长江大海里，倒入再污秽的东西，也不会污染，因为流动之故。不流动的死水，容易长青苔，变质发臭，就算是一盆净水，放在家中多时，也不能再饮用。所以，空气、流水，都要流动才有生命。

三、货物流动才有价值。“货畅其流”，这是社会经济运作的基本原则。稻米出产地，产量太多，不能销售到外地，则谷贱伤农；山区水果生产过量，贱价抛售都乏人问津；滨海地区不产水果，人民想要吃个木瓜、番石榴，千般困难。世间上货畅其流，才不会供需失调，才能稳定物价。古代的丝绸之路，就是商贩为了流通货物所走出来的路。现代江苏宜兴成为紫砂之乡，台湾旗山成为香蕉王国，麻豆是柚子的故乡，许多特产都要能够销往其他地方，才有价值。世界上，金银铜铁锡各有出产地，但我们在任何地方都能获取所需。假如货物不能流通，如何能有这种方便呢?

四、钱财流动才会富有。货物需要流通，钱财尤其需要流动。你把黄金美钞锁在保险箱里，就是一百年也不能为你增加一块钱。玩股票的人，有进有出，才能获利。银行里接受百姓存款，也有贷款服务，因为金钱要能进出流动，才能发挥价值。俗语说“钱滚钱，赚大钱”，钱财流动，看似流进别人的荷包里，实际上利益还是自己的。钱财流动的最大意义，是要“舍得”，能舍，才能得。

五、血液流动才能健康。金钱流动会富有，血液流动会健康。人的生命，系于一口气的进出。生命虽然只在呼吸之间，但是人的健康，要靠血液循环良好，如果血管阻塞，则百病丛生，甚至有致命之虞。因此，养生之道要多运动，运动能使血管里氧气充足，则血液循环正常，气脉保持畅通，才能常保身体健康。

六、人生流动才会进步。所谓“流水不腐，户枢不蠹”，世间事事物物都在不断运动之中，人也要动起来，要走出去，才能开阔眼界，才能与时俱进。人生能够流动，不断接受新知识、新观念，才能不断进步。现在交通发达，观光旅游盛行，知识交流，已经蔚为风气，甚至成为全民运动，这也是现代社会人生的一大进步。

生命是动的、活的，是有用的，一条毛巾能用三年、五年，就是它的寿命；一张桌子，能用十年、二十年，也是它的动力。世间所有的一切都有无限的生机，都能给我们人类使用。人类得天独厚，拥有世界这么多的资源，就应该好好加以运用，让它流动，才能发挥生命的能量。

六 度

佛经里一再开示人生得度之道，有六个“法门”，那就是布施、持戒、忍辱、精进、禅定、智慧。这六事为什么能让人得度呢？试说如下：

一、发心布施，会有人缘。世间的一切，自己健全固然重要，但是能获得别人的帮助，更增完美。世界不是一个人能够撑持的，要靠集体的因缘。即使是一个家庭，也不能一个人居住，要由很多分子组成；一间公司，也不会是“一人公司”，里面有各种的职务，要分工合作。也就是说，人必须要有因缘才能有所成，单独一人难成大事，就如独木难支大厦，所以人要布施结缘，互相成就。布施不一定只有金钱的布施，还可以用语言布施、用行为布施、用笑容布施、用心意布施。欢喜布施的人才有人缘，有人缘才能成事。

二、懂得持戒，不会犯法。现代的国家，讲究法治观念。现代的人民，最可贵的就是守法。数千年前的佛陀，已经为出家、在家的人士立了戒律。所谓“戒律”，就是“防非止恶”的意思，就是要人人守法、守德、守规矩，每一个人都能够健全自己，不去侵犯他人，就能尊重别人的存在和自由。所谓自由，不妨碍别人的利益，大家相安无事，社会不是非常和乐吗？

三、凡事忍辱，就有力量。谈到忍辱，一般人都认为是吃亏的事，其实忍辱不但不吃亏，反而会讨便宜，能忍一口气，则风平浪静。拾得大师说：“忍他、让他、由他、避他、耐他、敬他、不要理他，再待几年，你且看他。”忍，表示自己能够担当，能够接受，能够自我节制，这就表示自我的力量。有力量而不是逞匹夫之勇，还怕将来没有办法吗？

四、勤劳精进，一切能成。勤劳精进，是开创人生前途不可少的条件。良田千顷，你不肯播种，怎么能有收成呢？房屋多间，你不勤于打扫，怎么能居住呢？所谓“勤有功，戏无益”，就是说明精进的重要。人不要养成依赖别人、靠别人而生活的习惯，要养成我能为人服务的精神。我能拂拭尘埃，给人清净；我能手脚并用，帮人服务；我能用脑用心，替人策划；我像阳光，给人温暖；我像流水，给人滋润；我像空气，给人呼吸；我像大地，给人践踏。服务的人生，比享受更美妙。

五、修习禅定，身心安静。禅定，不能当成是佛教专有的修行功课，应该看作是生活必须培养、具备的能量。因为禅心、定力，是自我的法宝，我没有具备这种条件，就不能应付世间。养成了禅定的修行，在声色欲乐的前面，我心如止水；受到毁谤、伤害的时候，我能有不为所动的定力。不管世间如何动荡、变化，我都以安然寂静的态度处理，因为我有大禅定，就能“犹如木人看花鸟，何妨万物假围绕”。有了禅定，面对外境，自能如如不动。

六、具足智慧，心开意解。人在世间生存，固然要有世间的知识，但是更重要的是，要开发内心的般若智慧。现代人大都能认识利害，但不能分辨是非，大家都靠电脑，不靠人脑，都只注重作务，不重思想。可是有了般若智慧，才能根本解决世间的问题，甚至出世的问题。假如吾人能重视，并且修些般若智慧，必能心开意解，减少烦恼。

以上六法，都是人生得度之道，故名“六度”。六度之于人生的重要，于焉明矣！

与众不同

人都希望能活得与别人不同，至少比人好一点，比人高一些，所谓活得“与众不同”，就要有不同的条件。如何才能让自己活得“与众不同”呢？略述如下：

一、自己是一个爱护家庭的人。每个人都是家庭里的一分子，是家中的分子，就要爱护家庭。家不是哪一个人独有，是全家人共有的，就如同在一艘小船上，风雨行舟，大家要同舟共济。家庭里的每日三餐，我不煮菜，至少会帮忙择菜、洗菜，或是摆摆碗筷；家中的房舍建筑，我不会维修，至少能扫扫地，擦擦玻璃；家庭的经济情况，我不能赚大钱，至少每月有正常的薪水收入，以补不足。每个人都要为家庭付出，不能只是天天享受家人的供养。一个人能够“齐家”，才能进而讲到“治国”“平天下”。

二、自己是一个嗜好读书的人。自己爱好读书，成为一个书香人士，甚至带动家人读书，成为书香家庭。家庭里，酒柜不值得向人炫耀，能有丰富的藏书，不管史书、哲学书、文学书，都能让家中充满书香味。尤其家庭里若有同龄、同辈的年轻人，大家可以就共同的兴趣，研读共同的书。或者为一些幼龄儿童，讲说一些忠孝节义的故事，如此不但利益别人，同时也勉励自己精进用功，不断进步。

三、自己是一个愿意吃亏的人。人都喜欢讨便宜，不肯吃亏，其实人格、道德，要在吃亏中才能增长。共同做事，自己做粗重一点的；上班时间，自己多花一些时间，多做一些工作；分享利益时，让别人多得一些；有了升迁机会，让别人先来。看起来这些都是吃亏的事，实际上能吃亏，才能讨大便宜。所谓圣贤，不就是一生都肯吃亏的人吗?

四、自己是一个勤劳助人的人。有的人“拔一毛而利天下，吾不为也”，这样的人怎么能获得别人的尊敬呢?高山，是由一堆堆的土累积起来的，人格也是要靠点点滴滴的累积、助长，才能成其高。有志于服务乡里，能做村长；有志于服务地方，能做镇长；能服务国家，甚至全世界的人，才能成为地球人。

五、自己是一个公正讲理的人。一般人不知道“理”是公平的，只有自己，没有别人，这就没有理。自己的家人都对，外人都不对，这也是不合理。自己所接触的同乡、同学、同门，都是对的，别人都不能相比，这也于理无据。理都站在自我的一边，不能公平、公正，就是无理。有人说，胳膊肘都是往里弯的，这种想法在一般愚夫愚妇可以，如果是一个社会的公众人物，不把道理摆平，就无法令人信服。我们常见一些老师、家长，对自己的子弟护短，则其将来的前途如何，可想而知。反之，有的子弟在学校受到老师责罚，回家后父母责骂之余，甚至还会到学校请老师严格管教，这种子弟多数能成才。可见自省、自责、自我要求，才合理，才能成器。

六、自己是一个能够忘我的人。“我”是自私的，是无明的。“我执”重的人，往往昧于事理，不能成其大。社会的成就，要靠每个人都能忘记自我，凡事大众优先。能够忘记自己，社会第一，才能活得与众不同。所以，要想活得“与众不同”的人，必须学习以上的道理。

无形的可贵

世间的人，都以看得到的东西，只要是真的、美的、雅的、少的，就觉得无比可贵。其实，更可贵的东西，是看不到的，所以无形的东西，才更宝贵，例如：

一、精神。我们看一个人，除了身材高矮胖瘦、五官轮廓美丑以外，尤其这个人有无精进、忍耐、慈悲、智慧，乃至大勇、大力、大无畏的道德精神，更是重要。精神虽然无形无状，但是它充满十方，普遍法界。一个伟大的人物，有形的七尺之躯，都是有限的。无形的精神，才是无比可贵。

二、爱心。“爱”是无形的，你爱父母吗？你爱妻子儿女吗？你爱国家、社会、人类吗？有爱！你能把爱拿出来给人看吗？剥开全身的骨肉、血液、细胞，想要找到爱，那是不可能的。但明明人人有爱，只是大爱、小爱、私爱、执爱，各有不同。爱是无形的，却又是真实的。吾人因为知道爱的可贵，所以更要提倡爱心、真心。纯洁的真爱，世间一切难以比拟。

三、智慧。科学家、哲学家，和一般普通人站在一起，有分别吗？没有！一样是一双眼睛、一对耳朵、两个鼻孔、一张嘴巴、两手两脚，也都是血肉之躯。但是，隐藏在他脑海中、心灵上的智慧，无色无味，对人的影响，可大着呢！一句智慧的话，能使衰微的国家转为强盛；一个智慧的计策，能使战场上的军队转败为胜。牛顿看到苹果掉落地上，他知道有地心引力；富兰克林放风筝，证明宇宙中有雷电；伽利略发现地球是圆的，地球是会动的，在当时连天主教的大主教、大神父，都还茫然无知；达尔文看到生物互相残杀，于是说出了“物竞天择，适者生存”的宣言；中国的诸子百家，都是智慧不凡；中国的文学家，尤其描写人性之美。只是七尺之躯，他们的智慧能知世间的无限，不禁令人顿首赞叹。

四、慈悲。慈悲是什么？慈悲不是口说，而是要去实践的。佛陀“割肉喂鹰，舍身饲虎”，这种慈悲是从无形而到有形。佛陀的慈悲愿力有多大？可以包容虚空。所以，《华严经》说：“若人欲识佛境界，当净其意如虚空。”

五、空气。空气是什么样子？有人说空气很清，有人觉得空气很浊。当你看到空气很清、很浊，那也不是空气的本来面目。真正的空气，无形无色，只可以用“空”来形容。以容器来说，长短方圆，空气都会随之而长短方圆；大小多少，空气也是随着大小多少。甚至你说空气遍满虚空，“空”与“气”是相等并论的，所以说空气愈无形，就愈伟大。

六、器度。俗语说“宰相肚里能撑船”，器度不小！但是诸佛菩萨的器度，能包容天地，更是非凡。一个人的器度有多大，就能包容多大。但是每个人的器度是看不出来的，有的人爱自己的亲人都爱得不全，有的人能爱自己的仇敌，所以无形的器度，也要靠我们无限地去增长。

在家庭里，父母爱儿女，有的是有形的，有的是无形的。儿女孝顺父母，也有有形的、无形的孝顺。有的人对世间的贡献是看得到的，有的是无形的看不到。看似小的、无形的，却能发挥无比的力量。例如一句无形的好话，别人听了以后，可能因此受到鼓舞，加倍努力用功，而能成就伟大的事业。所以，吾人在待人处事、言行举止上，无形中都能发挥很大的影响力，不能不谨之慎之。

财 富

人生最大的欲望就是财和色，撇开色不谈，大部分的人都期望得到财富。一般人认为的财富，都是金钱、珠宝、土地、有价证券等。但是拥有这些有形有相的财富，不一定对自己有利。比方钱多了，人为财死；珠宝多了，容易被抢；土地多了，恶霸侵占；股票多了，政治干扰。更何况今日万贯家财，来日穷困潦倒，也不是没有可能。若真正到了这一天，哭天喊地也无济于事，所以人生除了拥有外在的财富，最重要的是拥有内在的财富，诸如：

一、智慧。智慧是别人抢不走的财富，举凡知识丰富、思想宽广、计划完备都是智慧。金钱乃身外之物，总有用尽的一天。智慧是内在的资粮，可以不断累积。智慧是我们的财富，有了智慧，生活处处见生机；有了智慧，就能实现自我的理想；有了智慧，何愁万事不成?

二、慈悲。“慈能予乐，悲能拔苦”，救苦救难即是慈悲。慈悲是用不完的，慈悲心是不断增长的。只要我拥有慈悲，也肯给人一些慈悲，慈悲就是我的财富。

三、道德。道德也是我们的财富。儒家的八德“忠孝仁爱信义和平”是我们的财富，佛教的“八正道”更是我们的财富。一个有道德的人，其正派的形象，必然处处受人欢迎。

四、健康。所谓“知足第一富，无病第一利”。纵有万贯家财，没有健康的身体，财富与我何干? 失去健康，就没有了一切，所以健康就是财富。

五、满足。满足就是我们的财富。一个人即使拥有再多的钱财，不能满足，还是穷人一个。如果能满足，大地山河是你的，日月星辰是你的，阳光、空气、水也都是你的。你能满足，就是一个富者。

六、欢喜。欢喜就是财富。有时儿孙满堂，不见得就有欢喜，因为难保不会出个忤逆的儿孙。纵使金银财宝满仓库，也不见得欢喜，因为会担心被人偷走。真正的欢喜不是来自外在的辉煌成就，而是发自内心的喜悦，那才是心中真正的欢喜之财。

七、心宽。一个人心量大，凡事就能想得开，生活也就没有挂碍。所以，心宽怎么不是财富呢?

八、禅悦。生活不能光靠物质来满足自己，还要有精神上的禅悦法喜，才是莫大的享受。禅悦法喜是公修公得、婆修婆得，你修得了，它就是你的财富。

九、自在。生活自在，居家自在，交友自在，工作也自在。观境自在，观心自在，处处都能自在。“自在”是再多的钱财也比不上的财富。

十、平安。平安是最大的财富。人自呱呱坠地后，最先感到需要的就是平安。人生会有恐惧，就是感受到外在的不安。人生会有颠倒妄想，不外乎是想要得到安全感。因此，若能得到平安，也就心无挂碍、意不颠倒，凡事也就不贪恋了。

财富不一定从外而来，我们的心就能制造财富。人是万有的主人，你可以开发万有的能源吗?你能发大心，你能开启愿力，你能悲智具足吗?如果你能做到，你就是一个精神世界的大富翁了。

物以稀为贵

世间什么东西最重要?应该是空气、泥土！没有空气就无法呼吸，生命如何能存活?没有泥土，人类居住在哪里?三餐又吃什么呢?如此重要的空气、泥土，因为它广大、普遍，所以平时很少有人感觉得到它的宝贵。

此外，阳光也是宝贵的，流水也是宝贵的，但是因为阳光普照，流水不断，所以也都被视为稀松平常的东西。因此，若问世间什么东西最宝贵，答案是“物以稀为贵”。

“物”以“稀”为贵，列举数物如下：

一、钻石。世间最受女士们喜爱的东西，大概就是钻石了。钻石被称为“宝石之王”，与红宝石、蓝宝石、祖母绿和金绿猫眼石，同列为大自然赋予人类的五大宝石，其中又以钻石居冠。晶莹剔透、光芒四射的钻石，是永恒的象征。尤其重3107克拉、出产于南非的库利南巨钻，是世界最大的天然钻石，很多人以能一睹它的风采为毕生最大的心愿。钻石的魅力，可见一斑。

二、黄金。举世各国，都争相囤积黄金，哪个国家富有，就看它黄金储存量多少；一些百姓，莫不羡慕家有黄金万两的人家；家人子弟，也都以披金戴银来炫耀自己的富有。所以，黄金一直是富贵的象征。

三、白玉。白玉的价码究竟有多高，难以定论。不过战国时代，赵国的蔺相如，怀着“和氏璧”到秦国，要交换十五座城池，其价值如何，由此可知。虽然最后交易没有成功，但蔺相如“完璧归赵”，成为历史上的美谈。

四、陨石。太空中，经常有一些奇异的现象，除了日食、月食以外，偶尔几块陨石掉落人间，这也是奇事。全世界有名的博物馆，都收藏许多价值连城的陨石。陨石和普通石头没有什么不同，只因为是从其他星球掉落而来，稀有难得，因此它的身价就和钻石、美玉等宝石，相差无几。

五、佛指舍利。目前世界上佛指舍利只有二颗，其中一颗在西安法门寺。二〇〇二年，西安法门寺的佛指舍利专机空运到台湾，供人礼拜三十七天，共有五百万人瞻仰礼拜，此亦不能不说是稀有之盛事，从中可见出佛指舍利的宝贵。

六、蒙娜丽莎的微笑。由达·芬奇所绘的“蒙娜丽莎”画像，现在收藏在巴黎的罗浮宫，被视为镇馆国宝。此画像的价值，在于蒙娜丽莎的嘴角、眼神中，透露出不笑而笑、不威而严的神态。尤其面部的表情安详自然，披肩的长发柔顺轻飘，在在表现出贵妇人温柔婉约、高贵大方的气质，普世皆尊为画作中的上乘之作。

七、翠玉白菜。现在收藏在台北“故宫博物院”的镇院之宝“翠玉白菜”，很多慕名的人士从世界各地专程赶来参观。一块玉石，能雕刻成一颗白菜的样子，而且栩栩如生，怎不令人叹为观止？另外，与翠玉白菜齐名的，还有一块“肉形石”，状似猪肉，甚至与真的猪肉难分真假，因此同为镇馆之宝。

当然，世界上稀有的宝物还有很多，只是“物以稀为贵”，假如今天天上不断掉下陨石来，地上不断长出翠玉白菜，自然也就不觉得稀奇了。

不能挥霍

家庭里，最怕子孙挥霍祖产；正派的人士，最怕挥霍感情；政治人物，最怕挥霍权力；有为的青年，最怕挥霍生命。世间每个人都不能任意挥霍，本来是你所拥有的东西，但是你不珍惜，随便糟蹋，一旦挥霍殆尽，到最后一无所有，懊悔嫌迟。以下数事，提醒大家不能任意挥霍：

一、金钱不能挥霍。金钱来之不易，必须量入为出。有些年轻的公子哥儿，怀着万贯家财外出创业，可是他挥金如土，“有时不知无时苦”，到了床头金尽，呼天不应，唤地不灵，真是悔不当初。

二、时间不能挥霍。时间就是生命，生命是非常宝贵的。现代医学发达，可是当一个人病倒在床，通过各种仪器急救，想要多挽回几天的生命，都非常困难。因此，在健康的时候，一天要当几天用，起早贪黑，或利用零碎时间，把时间拉长到三百岁，那才活得够本。所谓“一寸光阴一寸金，寸金难买寸光阴”，人要懂得惜时如金，千万不要把时间虚耗在打牌、跳舞、游乐上面，这不但是浪费时间，也是谋杀生命。

三、友谊不能挥霍。友谊是难得而可贵的，人家给我们一分的友谊，我们要一分珍惜；十分的友谊，要十分珍惜，不可以把别人的友谊当成廉价商品，随时可以弃之不要。所谓“在家靠父母，出外靠朋友”，在外面扬名立万，也要靠朋友的资助。就如红花虽好，也要绿叶衬托。因此，自己纵然才华盖世，也需要朋友的助缘，才能有所成就。

四、信誉不能挥霍。一个人点点滴滴，为自己树立了信誉，这是非常宝贵的，千万不可以儿戏，把信誉拿来挥霍。今天在这里少了一些信誉，明天到那里又少了一些信誉，等于买卖做生意，到处蚀本，等到挥霍竟尽的时候，想要再树立信誉，就非常困难了。所以，纵有一些信誉，自己更要兢兢业业，让自己的信誉增加，让自己的信誉发光，让自己的信誉赢得别人的信赖。做人宁可吃亏，宁可自我在其他方面有所损失，但不能在自己的信誉上有些许亏损。

五、福报不能挥霍。一个人的福报有多少，就好像银行里的存款，再多，如果挥霍无度，也有用尽的时候，所以佛教叫人要惜福。福报是我们的资本，要慢慢用，要用得适当，用得有价值、有意义，不可以随便挥霍、糟蹋福报，浪费福报。等到没有福报的时候，再想拥有福报，那就困难了。

六、生命不能挥霍。每个人都有一个生命，有的人能活五十年、六十年，有的人能活七十年、八十年。不管生命长短，都不可以挥霍。一天有一天的事，一周有一周的事，一年一月都有一年一月的事，我们要用人生数十年短暂的岁月，创造无限事业的生命与价值。

世界上什么东西都可以用金钱购买，唯有生命是金钱买不到的，生命是有定期的，怎么可以把定期的生命任意挥霍呢？我们可以把生命奉献给佛教信仰，奉献给大众福利，奉献给弱势群体，奉献给人间的公益、真理，但是不能随便挥霍。

总之，世间的物质，多余的东西都可以与人共享，唯独金钱、时间、友谊、信誉、福报、生命，不能挥霍。

三八二十三

稍有数学常识的人都知道，“三”乘“八”等于“二十四”，这是数学上不能更动的定律。然而在圣人的哲学理念里，三乘八可能是：

一、三八是二十四，这是常人的。

二、三八是二十三，这是圣人的。

三、三八是无计数，这是佛教的。

四、三八就是三八，这是本来的。

最近经常听到一则故事：孔子的得意门生颜回，有一天到街上办事，看到一家布店门口有两个人在吵架。卖布的要向买布的收取二十四枚钱，但买布的说："一尺布三枚钱，八尺布应该是二十三枚钱，为什么要我付二十四枚？"

颜回一听，走到买布的人跟前，说："这位仁兄，你错了，三八是二十四，你应该付给店家二十四枚钱才对。"买布的人很不服气，指着颜回说："你有什么资格说话，三八是二十三还是二十四，只有孔夫子有资格评断，咱们找他评理去！"

颜回说："很好，孔子是我的老师，如果他说是你错了，怎么办？"

买布的人说："如果我错了，我就把头给你，但如果是你错了呢？"

颜回说："如果是我错了，我就把头上的冠输给你。"

二人找到了孔子，孔子问明情况，对颜回说："颜回，你输啦，三八就是二十三！你把冠取下来给人家吧！"

颜回从来没有反对过老师，现在听孔子这么一说，他认为老师糊涂了，便不想再跟随孔子学习，因此第二天借故家中有事，就想请假回家。孔子明白颜回的心事，但并不说破，只说"事情办完后就早点回来"，同时嘱咐他两句话："千年古树莫存身，杀人不明勿动手。"颜回应声"记住了"，即刻动身回家。

就在回家的路上，突然乌云密布，雷声大作，颜回于是躲进路边一棵树干中空的古树，猛然记起孔子的话，赶快从空树干中走出来。说时迟那时快，一个响雷迅即把古树劈个粉碎。颜回惊险逃过一劫，连夜赶回家里，他不想惊动熟睡的家人，就用随身佩带的宝剑拨开门闩。进了屋里，发现床上睡了两个人，一时怒从心起，正要举剑砍人，又想起孔子的话"杀人不明勿动手"，于是点灯一看，床上睡的是妻子和妹妹。

颜回大惊，不等天明就迫不及待地赶了回去，一面向老师忏悔，一面感谢老师的话救了自己和妻子及妹妹三个人的命。不过这时候颜回还是忍不住问道："老师，三八到底是二十三，还是二十四呢？"

孔子反问："那么你说，到底是生命重要，还是帽冠重要呢？"

"当然是生命重要了。"

孔子说："这就对了。如果我说三八是二十三，你输的只不过是一顶冠。如果我说三八是二十四，他输的可是一条人命啊！"

的确，数字只是一个符号。佛教讲"一就是多""一即一切"，因为"法无定法"，因此三八可以是"二十四"，也可以是"二十三"，甚至是"无计数"，但其实三八还是"三八"，这就是圣人的智慧。

不　如

世间上凡事都有等级差别，拿币值来说，韩币不及日元，日元不及美金，美金不及英镑。若以交情来论，同学不如朋友，朋友不如亲戚，亲戚不如家人，家人不如自己。就等于小学老师不如中学教员，中学教员不如大学教授，大学教授不如学者专家。以下兹就类此之对比，列举数例说明：

一、聚金不如积谷。平时一般人都好贪财，喜欢积聚金钱，但是一旦重病在床，空有黄金，无人卖米，黄金何用？台风地震过后，五谷歉收，再多的钞票也买不到一斗米。战乱时，随着逃亡潮，即使身怀金条，也换不到一块面包。所以，人之性在有所得，但是懂得积聚，也要会算什么东西对人生比较需要，否则聚集很多东西，到时候黄金如砖块，倒不如积一些人情、因缘、功德，可能比积财更重要。

二、强梁不如商量。人之性格，有的人喜欢用高姿态欺压下面的人，例如讲话都是命令人："你要马上做好！""你要尽速完成！"表面上别人不表反对，但是内心不服，所以强梁命令，不如商量拜托。因为即使地位再高，权力再大，对朋友、同事乃至属下，如能客气地拜托，别人也才会心甘情愿地为你做事。

三、严师不如益友。一般学生喜欢慈悲的老师，不喜欢亲近严师。事实上，“爱之深、责之切”，“恨铁不成钢”是严师共同的心情。只是有时候让我们心悦诚服，对我们有所帮助的，反而是一些学长、益友的从旁协助，因为他们不像老师之严厉，反而容易让人接受。所以老师者，要如师如友，如父如兄，能让学生敢于亲近，才是好老师。

四、百闻不如一见。“庐山烟雨浙江潮，未到千般恨不消。到得还来别无事，庐山烟雨浙江潮。”人常常是“不见棺材不掉泪，不到黄河心不死”，凡事总要亲历一回，总想见上一面。不过有的人见面不如闻名，有的人闻名不如见面。尽管见了面发现不过如此而已，也总是得个心安。

五、求人不如求己。人生凡事求人，可能人家会拒绝你的所求、应付你的所求，或是马上拦截。最好是求神明、佛祖，因为他们都不开口，你也不知道他们是拒绝或接受。但是有时求人，人不能如我所愿时也不能怪人，因为人家给你是恩情，不给是本分。最好是求己，自己都求不到，如何求人?

六、改名不如改心。有的人不欢喜小时候所取的名字，总想改个名。有的商店不能赚钱，也想换个名号。甚至有一些政要的名字里有“火”、有“水”，大家就把国家的火灾、水灾频仍，归诸他们。事实上改名是小事，横竖是假名。名字背后的意义，才重要。你看过去，一些人的名字虽然俗气又不雅，如牛屎、阿土、罔市、阿花等，其实是长辈的用心，主要是要他做人低调、平实，甚至不雅不好的名字，也能为自己消灾解难。所以，一个国家社会或是个人，不是改名就算数，改心才重要。心正则一切皆正，心歪一切皆歪，因此与其改名，不如改心。

宁 可

在吾人的生活中，经常会面临抉择与取舍。名和利当前，宁可要名，宁可要利？亲和情之前，宁可重亲，宁可重情？新旧朋友相交，有了问题时，宁可护新，还是护旧？孟子说：“鱼，我所欲也；熊掌，亦我所欲也。二者不可得兼，舍鱼而取熊掌者也。生，亦我所欲也；义，亦我所欲也。二者不可得兼，舍生而取义者也。”人生时时都需要做出一些重要的抉择，如何取舍，兹举数例提供参考：

一、宁可千人好，莫与一人仇。在芸芸众生当中，必定有与我们谈得来的朋友，也有比较疏远的人。甚至有的人可以与我们共思想，有的人待人处事的观念与我们迥然不同。不过，我们应该宁可和千万人保持友谊，不必与某一个人为敌。所以，和大众相处，不一定要每个人都把你当朋友，只要不视你为敌就好了。

二、宁可悔了做，切莫做了悔。人生有很多事情，总要等到事后才懊悔，所谓“菩萨畏因，众生畏果”，就是这个道理。因此，很多事宁可懊悔自己没有先知先觉，没有审时度势，不懂得洞察先机。千万不能凡事不经考虑，不经计划，懵懂无知地就一头栽进去。因为即使事后懊悔再去做，仍有可为。但是如果莽撞行事，事后才来悔不当初，则为时晚矣。

三、宁可不识字，不能不识人。在常人的看法里，总认为知识分子要比一般人强得多。事实上有很多知识分子所做的糊涂事，比乡村的村夫村妇还更差劲。因为知识分子有时候感情蒙蔽了智慧，反不如没有知识的人胸无城府，对识人更有佳境。

四、宁可少年苦，不受老来贫。做人要有忧患意识，所谓“养儿防老，积谷防饥”，晴天要备妥雨伞，以防雨天来临；白天准备手电筒，以备黑夜停电。不用说，少年的努力，就是老年的富有。一些年轻人年少轻狂，老来一无所有，所以“有”时要为“无”时预备，不要等到需要时才来准备就来不及了。

五、宁可直中取，不向曲中求。做人，有的人正直，有的人谄曲。正直的人处世或者偶尔让对方不快，不及曲中之人虚意应付、给人面子，来得讨人喜欢。但是做人恒久的信用，是在耿直不阿。假如只是以谄曲媚世，到急难时要想有个知心朋友，可就难矣哉。

六、宁可没有钱，不能没有道。在吾人一生当中，金钱重要呢，还是道德重要呢？一般人根本不必多想，从现实面来看，当然金钱重要！道德一斤值多少？讲道德、讲好话，旷日废时，不若用金钱能及时办成。但世间事就是这么奇怪，有时候金钱办不了的事，道德能办；金钱办不好的事，道德才能办得好。所以，吾人在世间，无钱无财虽然生活艰辛，但无道无德会给人轻视。世间金钱的铜臭气，总不若道德的美酒芬芳。

七、宁可人负我，不可我负人。三国时代的曹操“宁可我负天下人，不可天下人负我”，这种人以自我为中心，虽然成功，也不过是枭雄而已。做人时时刻刻都要注意，不可得罪人，不可辜负人，不可伤害人，宁可让人来负我，也不愿我负人。就如借钱给人，总比欠债好。

八、宁可失一切，不可少慈悲。世间什么东西最宝贵？就是慈悲。金银财宝失去还会再来，失去慈悲怎能再拥有呢？所以，一个人宁可失去天下、失去所拥有的一切，都有再来的时候，但慈悲心一时一刻都不能失去。

以上从“宁可”的取舍，可以看出每个人的价值观不同，对“宁可”的看法也会不同。但是凡事宁可从正面，从远处去看、去想，这是非常重要的。

好　人

俗语说：“一样米，养百样人。”世间的人千百种，如果能够被人称赞一句“那是一个好人”，实在说也并不容易。

在旧社会里，所谓“好人”举目皆是。但时代不同了，现在如果赞叹一个好人，都说“今之古人”。其实，十步之内何处无芳草？只是古今对“善”的标准不同，对“好人”的看法也有差异罢了。今日的社会，好人仍然很多，有的是做好事的好人，有的是说好话的好人，有的是存好心的好人，有的是做义工的好人，有的是行布施的好人，有的是安分守己的好人。

现代的社会，坏人者不论是非，也不讲正义，没有公平、公道，只凭自己的喜怒而公然营私，揭人家丑，扰乱社会，使社会人心惶惶不安。而好人洁身自爱，袖手旁观，不愿主持公理正义，所以让世间的好人、坏人，难以分辨。

在佛教徒的眼中，好人必须具备“诸恶莫作，众善奉行”，只要有善言、善行、善念、善心的人，都可以称之为“好人”。试论如下：

一、言善的好人。不恶口骂人，不谎言骗人，不两舌搬弄是非，不花言巧语鼓动人心，不论人长短是非。假如再积极地主持公义，发扬公道，言好人好事，这应该就是语言上的好人了。

二、行善的好人。有的人在行为上做许多的善事，例如修桥铺路、救灾济贫、慈悲护生、布施真理、正行不乱等，这就是行为上的好人。

三、心善的好人。不管古今中外，社会上一直有很多心善的人士，例如不贪不义之财、不嗔恨抱怨、不计较恶人、不邪见、不异端、不嫉妒、不障碍人，这是心理上的好人。

四、念善的好人。如上所说，在语言、行为、心理上都能行善的人，就如佛光会提倡的“三好运动”——身做好事、口说好话、心存好念，如此就更可称之为好人了。

有一首《好人歌》，录之于下，作为对今日好人的勉励：

恶人骂好人，好人不答对；恶人打好人，好人只躲避；
不论大小人，好人不得罪；不论大小事，好人合天理；
富人做好人，阴功及后世；贵人做好人，乡党不咒詈；
贫人做好人，说甚千顷地；贱人做好人，不数王侯贵；
少年做好人，德望等前辈；老年做好人，遮尽一生罪；
弱汉做好人，强人自羞愧；恶人做好人，声名重千倍。

选　择

有一天，张家兄弟六人齐聚在一起，大家“各言其志”。

一、老大说，人生在世，“财富”最重要。一个人只要有钱，就可以呼风唤雨，让人对你言听计从；尤其今日社会，有钱的人可以买票选民意代表，不但能够买个官位做做，还可以买栋大楼，和上流社会的人士交往，甚至“有钱能使鬼推磨”，所以财富怎么能说不重要呢?

二、老二说，大哥既然选择财富，我就选择“名声”。因为财富虽然重要，但是一个人如果默默无闻地终老一生，“与草木同腐朽”的人生有何价值可言？假如能够扬名乡里，甚至国际皆知，所谓“光大门楣，荣宗耀祖”，这样的人生才有价值，所以名声很重要。

三、老三说，大哥有“财富”，二哥有“名声”，我则选择“权势”。你看，位高权重的人“一呼百诺”，一言出万方响应，不管走到哪里，因为有权有势，总是被人前呼后拥，到处受人欢迎，所以我觉得大丈夫宁可无财无名，但不可以无权无位。

四、老四听后，对三位兄长的话很不以为然。他说，有钱不会用，只有当个守财奴；有名声而不能利人，虚名无益；有权有势的人，往往遭人疑忌，所以我想“杰出”最好。一个人不管是学问杰出，或是事业上、道德上、能力上，凡事能有杰出的表现，在社会上立身处世，自然受人尊敬。所以，我认为广学多闻，在百千行业里能够头角峥嵘，最为重要。

五、老五听了以后说，各位兄长所言都很有道理，只是有钱有财、有名有势，乃至有杰出的表现，都不是人生最大的成就，也不一定代表成功，所以小弟我只想“成功”。所谓“功成名就”，人生在世能有辉煌腾达的事业，让儿孙满堂欢笑，让朋友近悦远来，甚至受到社会诸多的礼遇，这样的人生才算是真正的成功，也才不枉来到人世走一遭。

六、老六年纪虽小，但冷静沉稳。他听了五个兄长一一发表过高论后，仍然一言不发。这时其他五个兄弟等不及催促他：“老六，你说呀，你希望将来能有什么样的发展呢？”六弟这才缓缓地说，我希望将来能在我们的家族里做一个“和谐”的分子，因为大哥有钱，如果大家为钱起了争执，我可以出来调停；二哥名声很高，如果遭人毁谤，我可以为你辩护；三哥权势太大，容易树敌，我可以帮你化解；四哥非常杰出，假如还有需要，我可以为你宣扬，让你有更好的善名美誉；五哥成功了最为可喜，但小弟我没有其他能力让你更好，只有跟随你成功，表达我对你的拥护与支持。

六弟话音甫落，其他兄弟只觉惭愧无比，一致说道，实在讲，财富、名声、权势、杰出、成功都没有了不起，还是六弟的“和谐”最重要。一个家族里，有了和谐才能平安。社会上，有了和谐才能无诤。人间如果人人都能和谐，才会多元可爱。所以，今天我们应该推举六弟出来领导大家，因为不管财富再多、名声再好、权势再大，表现再怎么杰出，人生再如何成功，如果没有和谐，一切都没有意义。“和谐”才是人生最有智慧的选择，才是人生最值得追求的成就。

判　断

人从出生之后，就要学习各种知识，储备各种生存能力；在立身处世的条件中，“判断”的能力不可少。因此，从小学开始，老师就教我们认识山水的不同、手足的功用、刀尺的能量、男女的分别等，这都是在累积我们未来判断事理的常识。

及至成长之后，人生的常识慢慢丰富了，知道人我的是非，明白世间的善恶，懂得事理的轻重，一切都要靠自己的智慧判断。甚至商人投资经营，对市场营销要能判断；就业工作，对工作的正邪好坏，也要能判断；结交朋友，对方是益友是损友，都要懂得判断。

有些人对事情的是非对错，总是模棱两可，或是对人的善恶好坏不加判断，难免吃亏。所以，聪明的人从小到老，都要学习判断，有正确的判断，自然不会吃亏上当。如《佛遗教经》说：“五欲（财、色、名、食、睡）如刀口之蜜，不足一餐之美，小儿舐之，则有割舌之患。”你一定要尝试吗？必须判断。朋友陷身火窟，我亲往抢救，虽有危险，我是否应该见义勇为？这也是需要有判断力才能合情合理。

关于“判断”，提供几点看法如下：

一、冷静观察事实。判断任何事情，不能匆忙之间就骤下论断，也不要在一时感情冲动的情况下做出判断。判断需要冷静观察事实，左思右想，能够思前顾后，所谓前因后果、利害得失都能想得清楚，才不会判断错误。

二、理性分析原因。世间凡一切事，都有远因近果，当中都有利害得失，所以必须理性分析其原因，以防所做的决定产生不良的结果。现在的人大部分感情用事，只讲究利害，不讲是非。所以，如果经过理性分析，避开利害关系，甚至只要于人有益者，虽然对我无利，也必须为之；于己有利，但对大众有害者，则不可为也。凡事能从大局着想，以大众的利益为考虑，就不容易做出错误的决断。

三、广泛参考佐证。判断事情，有的人智慧很高，遇事立即明快判断。有的人能力不够，碰到事情犹豫不决，难以判断，必须广泛参考旁人的意见。但是有时众人所云，未必是对；众人所否决，也未必成非，还是需要小心求证。例如，一个真正懂得做学问的读书人，有时为了考据一个数字、一个标点，不惜花费时间跑遍图书馆来广泛搜证，以获取最正确的答案。所以，一个能判断的高手，必须有求真、求实、求证的精神，才不会被蒙骗。

四、客观同理思考。一个善于判断的人，不会完全站在自己的立场来思考，应该客观、超然地假设，因为主观容易被蒙蔽，客观才能看清周遭。尤其我们在做判断时，要能设身处地为他人想，甚至想通整个事情的来龙去脉、因缘关系，唯有想得周全，判断才会圆满。

判断是智慧，判断是能力，我们在社会上立功创业、交友处众，都需要讲究判断。判断之后才有是非善恶，判断以后才有得失轻重。我们要把人做好，把事做好，必须要有明确的判断能力。所以，主管用人要有判断之明，结交朋友要有判断之智，处理事情要有判断之能。能具备判断之智慧，才不会为人、为事所误也。

评　价

一栋房子价值多少，一头牛马能卖多少钱，都有行情，都要评价。甚至一斤芹菜、一篮萝卜要价多少，都有价格。过去的人家娶媳妇，聘金有的十个银元、二十个银元，但也有百万金圆券的，所以世间很多东西，价码不一。大都市中心的土地，一坪数千元；沙漠地带，一亩数元不值。市价多少，经过评估，才有标准。即使是人，也有价码。如何评价一个人呢？

一、以能力来评价。人的职业，大都为了赚钱，维持生计。赚钱之道，有的人以资本赚钱，有的人以时间赚钱，有的人以智慧赚钱，有的人以名气赚钱，有的人以劳力赚钱。劳力也分多种，有粗工、细工，有专职、兼差，不管凭任何本事赚钱，都要看他对人的贡献多少而定价码。

二、以人格来评价。一个人受人尊敬、重视与否，就看他的人格高低。有人说：某某人的人格一钱不值！也有人说：某某人的人格万金不动。可见人格，除了自己本身的道德、做人以外，还要社会的评价。一个人有良知、有慈悲、有服务、有能力，当然人格高尚，品行健全。如果于人无益，专门用人的、吃人的、享受人的，那么人格就随着低落而没有价码了。

三、以良心来评价。我们评价一个人好不好，大多评论这个人有没有良心，有没有道德。所谓“良心”者，就是恻隐之心，就是羞恶之心，就是慈悲之心，就是利人之心。良心者，好心也，经云“诸恶莫作，众善奉行”，这就是有良心。有良心的人，让人乐于亲近，乐于追随；没有良心的人，人人避而远之。有良心才能立足于社会；没有良心，即使家中的父母兄弟也难见容。

四、以道理来评价。物品的评价，用度量衡；一般的评价，用道理衡。道理虽没有一定的标准，但你讲话做事、待人接物，经过公论的道理给予评议，其价码多少，也是八九不离十。所谓“有理走遍天下，无理寸步难行”，道理就是一个公定的价格。

五、以勤惰来评价。一个人价值多少，用勤惰来衡量，用智慧来测知，用快慢来了解，用能力来评论。尤其在工作职场上，勤快的人比较容易受老板欣赏。所以，吾人在工作中，不要以为老板看不到就可以怠慢，虽然老板没有时刻在你前后，但是工作效率如何，久而久之，自然呈现，真相必然大白。因此，一个人自我评鉴价码多少，可以先评鉴一下自己的勤惰如何！

六、以好恶来评价。世间上，人情、事物、道理，都没有一定的价码，就看我们的好恶。我之所爱，可能一幅画千万高价都舍得买；我不喜欢，即使再宝贵的东西，我看都不看一眼。所以，价码多少？在我们好恶的喜欢与否，可以做决定。

平时我们评价人、事、物，但其实自己莫不也是时时在被别人评价着，所以要想获得别人对我们好的评价，就不能不注意自己的行仪风范！

位　置

有一种人，被人谑称为“上中前”，因为他时时都在计较自己的位置。宴会时，是不是坐在上席？照相时，是不是站在中间？走路时，是不是走在前面？好像上中前的位置，才能显得出他的身份。

有的人参加庆典，总要打听我今天的席位在哪里；参加开会，也要知道自己的席位安在何方；为了一个席位，决定他的参加与否。这种例子比比皆是。

人从出生到老死，都为了位置在计较，例如：

一、儿时要争床位。无知的儿童，常常闹情绪，要睡在床的里头，要睡在床的外头。如不依他的意，就哭闹不休，甚至以罢睡来威胁。在大人的心目中，为了争床位而哭闹，简直是无聊的事，但儿童无知，就把床位当作他的世界。

二、读书要争学位。到了读书时期，中学毕业、大学毕业还不够，总希望拥有硕士学位、博士学位。有人说，美国的博士在街上比比皆是，博士学位不代表一个人学业的完成，真正实至名归、真才实学，才是重要。计较学位，有识之士，也在窃笑。

三、居家要争名位。古代的官宦富豪，家中妻妾成群，彼此都会计较位置问题；一般人家，兄弟阋墙，多数为了争财产；宫廷中的斗争，则是为了家族中位置排序的问题。甚至有一些人没有地位，也要花钱买个名位，可见名位的重要。

四、工作要争职位。人成长之后，为了生计，总要谋个工作。无论公司、工厂，工作者对自己的职位，都是十分关心。从领班到科长、经理、总经理等，职位愈高，权力愈大，待遇愈好，因此一旦职位升等，马上宴会请客，忙得不亦乐乎。其实，职位高并不值得庆贺，职位要能代表工作的贡献、工作的成就，才是重要。

五、当官要争官位。举世滔滔，政治上的官职席位，还是人人羡慕。从乡镇长到县市长，从地方官到中央官员，假如家中有人做高官，这一家人会为社会人经常道及，认为光宗耀祖。所以，位置愈高，愈能光耀门楣。

六、往生要争龛位。生的时候要找位置，死后还是要计较位置。有钱人家早就买好风水宝地，作为死后安葬的位置。就是一般人家，土葬花费大，改用火葬，存放骨灰时，也要找居中的龛位，或高处的龛位。孝顺的儿孙后代，为了长辈的荣耀，总要多花一些钱，找一个比别人好的位置。其实，什么位置都不重要，如慈航菩萨说得好：只要自觉心安，东西南北都好！不管什么位置，人生到最后，从大自然来，又回到大自然去，这中间的位置，讲起来，实在算不得什么。

地 位

人生关心的问题很多，其中有一个最令人挂念的事，就是自己的地位如何。在家庭里的地位，在公司里的地位，在朋友中的地位，在亲人中的地位等，总要求得一个合乎自己身份的地位。兹就“地位”一说，略述如下：

一、席次的地位。开会、宴会、集会，我坐的席位，能代表我的地位。如果我是默默无闻的普罗大众，当然不计较席位；如果我的财富多、官职大，就会计较席位是否合乎我的身份。所谓席位，一般客人坐定之后，忽然来了一位贵宾，则席位就要搬家，为有地位的人让出席位。《水浒传》里，很多好汉集中在梁山，就是以地位来定身份。第一宝座及时雨宋江，第二宝座玉麒麟卢俊义，第三宝座智多星吴用……他们就是用位置来确定地位。现在社会进步，宴客、会议，有方形的席位，有圆形的席位，有长条形的席位，甚至有的还用座位卡排定席次，以免一般人坐错位置，让地位不能彰显特定的身份，乱了身份，也就乱了地位的次序。

二、官场的地位。地位的前后、左右、上下，在官场中分得最清楚。例如，有中央的、地方的，有掌握实权的、虚有头衔的。在各种官阶里，总要比一比斤两，地位不能错乱。官场的伦理，官做得愈大，愈有权威。愈有权威的人，愈有权力讲话。其实，也不能说官场势利，官场的伦理、秩序，总有大小、前后，以定尊卑。

三、社会的地位。有的人在政治上没有地位，在学术界也没有地位，他只有在社会上谋取地位。例如，急公好义，为人正直，主持公道，他会赢得一定的地位；乐善好施，不落人后，凡是公益，全力以赴，他也会赢得社会的地位；发言中肯，可以成为意见领袖，就有社会地位；当然，著书立说，造福乡里，关怀大众，他也会赢得社会的地位。中国民间就有很多这样的社会领袖，具有社会地位，为社会人士所尊重、赞美。假如一个民主政治，真的“选贤与能”，这些有社会地位的人，就会很容易当选。

四、历史的地位。有的帝王施政有方，赢得在历史上的仁王明君地位。一场战争，不论胜败，只要是一个英雄人物，也会赢得他的历史地位。例如，关云长、岳飞、文天祥、史可法，都有他们的历史地位。其实，小人物也能获得历史地位，例如武训“乞讨兴学”，现在兴办教育的人，都以武训为荣，所以小人物也有历史地位。就算是老子、孔子、孟子，他们并未做过大官，但凭他们的道德、智慧，也能赢得历史的地位。因此，人不必灰心，只要对国家社会有贡献，历史不会辜负人，都会有他的地位。

上面所说的地位，有的是用金钱来衡量，有的是用权势来定位，当然也有的是社会、历史的地位，那就需要自然形成，由众人来给予肯定。世间有很多可以下令杀人头、要人命的帝王，到最后历史上没有他们的地位，那些被杀者反而成名，可见人生的成败、地位，都不是一时的。

荒地

荒地又称“处女地”，是未经开发，还没有被人认定、应用的地方。荒地经过改良，有的就成为建地、良田。反之，市地如果不好好利用，也会变为荒芜之地。

其实，地球上的大地，最初都是荒地，后来经过人力开发，价值就提高了。例如，二百年前的上海滩不就是一块荒地？一千年前辽金初到北京城时，不也是荒地一片？美国的洛杉矶在三百年前也只是一块沙漠，澳大利亚悉尼在库克船长登陆之前，也是蛮荒未开发的野生之地。然而当初的那些荒地，今日都已成为钻石宝地，所以荒地不要废弃它，不要藐视它，因为荒地自有其价值，试说如下：

一、荒地可以带来希望。“地”和我们的“心”一样，所谓“心地”，心地里本来都是贪嗔痴的杂草丛生，经过修行开垦，也会成为良田。相对地，好地如果不加以种植利用，也会成为杂草丛生的荒地。佛经有云：“烦恼即菩提。”只要我们修剪心地上的荒芜，开垦心外的荒地，还怕不能成为增值的宝地吗?

二、荒地可以成为建地。本来是恶毒凶狠的心地，只要能够一转，所谓“放下屠刀，立地成佛”。荒地经过开发，一样可以成为价值连城的建地，可以建设高楼大厦。例如，台北一〇一大楼建成之后，四周的地价马上飞涨，成为台北的黄金地段；上海浦东地区，经过开发之后，今日已然成为地球上一个耀眼的钻石宝地。

三、荒地可以招致富有。过去中东的沙特阿拉伯地区，只是一片沙漠荒地，人民不容易生存。而今发现地下蕴藏石油，一夕之间荒地变成黄金，所以今日的沙特阿拉伯各种族，都是靠着荒凉的沙漠招来财富。

四、荒地具有未来性。“有”总比“没有”好，有一片荒地可以开垦，可以种植，就有未来。人生也是一样，即使心地上有再多的妄想、烦恼，只要肯开垦、灌溉、改良，都会带来未来的成功。

现在已进入太空时代，有人要到月球买地，其实也是对荒地抱有希望。荒地有开创、发展的空间，荒地可以建设公司、大楼，尤其可以再造新城市，疏解人口压力。任何荒地，经过人类的化腐朽为神奇，都可以成为美丽的新乐园。甚至西方极乐世界也是靠着阿弥陀佛的四十八大愿完成的，因此只要我们有心，肯勤劳、立志、发愿，荒地里也有黄金，沙漠里也有甘泉，一切就有待我们去开垦、发现。

双手万能

双手万能！确实不错。人靠双手开山辟路，垦荒搭桥。人的双手能建高楼，能把飞机驾驶到天空上，能把轮船航行到海洋里。人无法升空，但可以用手做梯子，就能爬得高；人无法入地，但可以用手钻洞，就可以深入地底。双手能写文章，能绣花，能绘画，能处理很多事情，双手真是万能。双手的功能很多，试举如下：

一、能给能受。我们有东西送人，用双手捧给他，表示尊敬；别人给我们东西，我们也用双手接受，表示感谢。我们的双手能送东西给人，也能接受别人所给，则是正常；如果只能接受，不能给人，或是只能给人，不肯接受，就像双手不能屈伸自如，都不正常。所谓“施与受，等无差别”，能给能受，才算健全。

二、能文能武。手能写文章，下笔千言，倚马可待。手可以做出很多巧艺，绘画、书法等艺术作品，都是出自双手。一笔工整的小字，比印刷的还要美丽。绣工精美的湘绣、苏绣，在世界称绝。双手不但能文，如果配合双脚，则如语云：“双手降伏下山的猛虎，双脚踢倒出海的蛟龙。”《水浒传》里有名的“武松打虎”，不就是表示双拳的力量吗？

三、能开能合。一只手有五个指头，大拇指伸出来，表示“顶好”；食指一伸，指东指西，要你去哪里，你就要到哪里；中指居中，又是最长；无名指戴满钻石戒指，珠光宝气；小拇指最小，但合起掌来，是它最靠近圣贤。五指伸开来，可以劈掌，掌风横扫八方；如果握起来成为拳头，一拳可能把人打死，会武功的人，只要把五指一握成拳，一般人都会望而生畏，心生惧怕。双手开展起来，可以五体投地拜佛；双手合起来，可以对人合掌为礼；双手伸直，拳实分开，以一心和佛相应；双手合掌，拳实合一，表示以一心印中道之义。

四、能高能低。高处的东西够不到，把手伸高就可以接触；低处的东西，把手放下也逃不出手掌心。佛陀成道时，一手指天，一手指地，说“天上天下，唯我独尊”，这也表示双手万能；行军的将领，手指一指，千军万马，向前奔腾，表示服从其命令；修行的人双手垂下，表示“愿将佛手双垂下，摸得人心一样平”。一个人如果能够双手运用自如，还有什么能比双手更有用的呢？

五、能善能恶。双手功能很多，可惜能为善，也能作恶，所以是“一半一半”。双手可以欺负弱小，可以偷盗、抢劫，可以杀人、打人，所以罪恶的双手，有时候罚它也不为过。反之，双手也可以行善，替人开路搭桥，帮人莳花刈草，或是到医院替人书写病历表，到社区扫街做环保等。甚至举手之劳，帮人推车、提水，都能助人一臂之力。尤其用技艺为人服务，例如理发师、裁缝师、烹饪师、化妆师、工程师、医师，以及一些农业专家、工业专家、科技专家等，更是功德无量。能够善用万能双手助人，自利利人，人生何其有意义！

怀 抱

一个人心中怀抱什么，将来就能成就什么。胸怀文韬，日思夜想，当然成就文章；胸怀武略，挥拳舞棍，当然助长武功招式；胸怀社稷，志在邦国，只要出于真情真义，锲而不舍，不管多少年都能完成其志；胸怀天下，放眼全球，将来总有一天，必能为天下人奉献服务。

所谓“诚于中，形于外”，胸中怀抱理想，才能付诸实践。人总要有所抱负，人应该要怀抱什么呢?

一、怀抱群众。有的人胸怀群众，非常乐意为大众服务。“以众为我”的人，只要是大众的事，就当成自己的事，经年累月，乐此不疲。在民主时代，怀抱群众的人，就可以获取选票，因为心中有大众，必定会被大众所拥护。所谓“敬人者，人恒敬之”，一个被大众拥护的人，只要他能实践怀抱群众的事实，不是一时做作，群众绝对不会辜负他。

二、怀抱时空。怀抱群众的人，这是心中有“人”，另外还要有“时间”与“空间”。时空都与人间群众有关系，怀抱时空的人，对于群众所争取的时间，不能与之相违，不能不重视时间。

时间，事之始也。开学典礼、开业典礼、开工典礼、开张典礼，在时间上，只要有一个开始，锲而不舍地往目标努力，假以时日，必有所为。反之，心中没有时间观念的人，一日拖过一日，一件事情，从今日延到明日，明日拖到将来，日复一日，胡混时光，到最后“时不我与”，一事无成。

空间、地盘也是很重要，国家与国家之间的征伐，大都为了土地问题。一棵小草，要给它空间才能生长；一张凳子，也要有一个地方才能安置。时间有过去、现在、未来；空间有此地、他方、十方。胸怀时空的人，因为有人，有时间、空间，还怕将来事业无成吗?

三、怀抱正义。有了人间、时间、空间，更重要的是，还要有正义。有正义的人，群众才乐于跟随，时间用了才有意义，空间用了才有价值。假如没有正义，活到八九十岁，甚至百岁又有什么意义呢? 亚历山大、耶稣、颜回、僧肇、谭嗣同、蔡松坡等，都是三四十岁正当青壮年时逝世，但因其胸怀正义，所以能名垂千古。正义是什么? 就是天地大众所要的公理、正道，就是天地间的正气。古来多少英雄豪杰，为正义而战，为正义而牺牲，人间如果缺少正义，就如同一个人缺少灵魂一样，其重要不言而喻。

四、怀抱理想。人不能没有理想。人有生命，牛马、一切植物同样有生命。只是牛马的生命，水草之外，别无所求。即使是蜜蜂、蚂蚁，它们虽有团队的精神，但也只看到自己的族类。人的理想，如林肯先生的“民有、民治、民享”、毛泽东及其同志的“解放群众”、释迦牟尼佛的“佛性平等”，再如我们现在弘扬的“人间佛教”，提倡生权时代、提倡幸福人生、提倡欢乐家庭、提倡希望将来等，这都是响应“人要有理想”的主张也。

人喜欢怀抱什么，就怀抱自己的喜欢。儿女是我的，我喜欢儿女，就怀抱我的儿女；夫妻相爱，彼此认为你是我的，对方也愿意，我就可以怀抱你。爱的，就要怀抱；不爱的，则要去之。一个人假如感觉国家是我的、社会是我的，为什么不怀抱国家和社会，进而感觉无形的慈悲是我的、忠义是我的、服务是我的、贡献是我的? 那我为什么不肯怀抱慈悲、忠义、服务、贡献呢? 人喜欢发扬自我的精神，忠孝仁爱信义和平，都有待我们怀抱它。

殿堂

一个国家元首，需要有官邸；经商营业的人，需要有一家商店。人生在世，不但要有一个温暖的家庭，心中更要有一所殿堂。一个人尽管贫无立锥之地，但是心里的殿堂不能少。甚至世间万物，都需要有殿堂，例如：

一、海洋是鱼虾的殿堂。鱼虾螺蚌等水族类，它们生活在哪里？它们生活在江、河、湖、海里，湖水海洋就是鱼虾的殿堂。只要有水，鱼虾就能生存。鱼虾需要以流水作为它们的殿堂。

二、山峦是野兽的殿堂。山峦起伏，人类感到举步艰难，但山峦却是鸟兽的天堂。在丛林里，鸟类成群地飞舞歌唱，因为那是它们的殿堂；在高山上，虎豹往来其间，如履平地，因为那是它们的殿堂。只是，海洋、山峦虽为鱼虾螺蚌、飞禽走兽的殿堂，但因人类的残杀，甚至它们自己同类之间也不断“弱肉强食”，使得原本美好的殿堂，却成为杀戮战场。

三、沙场是将帅的殿堂。老兵不打仗，就会感觉生活不是滋味，所以军人的生命在战场，因为战地沙场才是军人的殿堂。空军英雄以天空为沙场，海军官兵以海洋为沙场，陆军健儿以攻城略地为沙场，这些沙场就是他们的殿堂。

四、家庭是母亲的殿堂。家庭里，每个分子都在各自寻找他们的殿堂。喜爱运动的人，运动场就是他的殿堂；喜欢读书的人，图书馆就是他的殿堂；喜欢旅行的人，大地山河都是他的殿堂。当然，一个家庭主妇，家庭就是她的殿堂。妇女自结婚之后，在有限的空间里度过数十年岁月，甚至在厨房里厮守一生，把自己的心力、时间都奉献在为儿女、家人准备三餐的生活所需之上，因为家庭就是母亲的殿堂，她以理家为乐。

五、书房是知识的殿堂。人在世间生活，需要有一间卧室，有了卧室还需要一间客厅，客厅有了进一步需要一间书房，因为书房才是一个知识分子的殿堂。小小的书房里，可以收藏古今圣贤书，让我们超越时空，得以和古圣先贤神交往来，可以卧游书海，走遍五洋四海，遨游山河大地。古人说“书中自有黄金屋，书中自有颜如玉”，其实书房里更有自己的天地，在书房的殿堂里，才能安住身心。

六、慈悲是行道的殿堂。世间上，有很多乐善好施、热心公益的人士，把自己的生命岁月投注在宗教、公益及慈善事业里，在这些领域里出钱出力，毫无怨言。因为慈悲里有他们的殿堂，因此即使牺牲奉献，也是心甘情愿，甚至节衣缩食，也要把节省下来的经费用来布施、奉献。因为在慈悲的殿堂里，能以行道来开创自己的人生，这才是生命最大的意义。

柒·人生的方向

人要建立心中的价值，世间的事物无所谓贵贱，但心目中的价值会有贵贱。因此，凡事不要只从相上去看，而要看它在我心中所显现的价值，那才重要。心中有偶像，能启发见贤思齐的能量；眼前有目标，能激发勇往直前的力量。

人生的方向

每个人的一生，都是朝着自己希望的方向走去。有的人喜欢住在东方，有的人喜欢住在西方。有的人喜欢住山上，所谓“仁者乐山”；有人喜欢住水边，所谓“智者乐水”；有的人喜欢住高楼，一来可以登高远眺，二者可以免于打扫庭院；也有人喜欢住花园洋房，因为庭院的花木，美不胜收。

人生，有的人立志向学，研究学问是他一生的方向；有的人以道德为人生的方向，一生信仰宗教，普利人群；有的人发心从事社会服务事业，养老育幼，观光旅游；有的人一生所定的方向，好奇探险，历经冰川雪谷、高原沙漠。总之，每个人都有方向，没有方向的人生，好像迷航的船只，不知航向何方；又如被围困的军队，不知出路在哪里。

人生要有方向，但是应该如何决定人生的方向呢？兹将选定人生方向的原则，略述如下：

一、前人走过的方向。前人走过的方向有迹可循，就如唐三藏玄奘大师到西天求法，沿途八百里流沙，他只是以尸骨为路标，知道前人曾走过此路，以此作为辨识，朝着他所要的方向走去。前人走过的地理方向、历史方向、宗教方向、政治方向，吾人有志，继续朝着前人的方向走去，虽有冒险，虽然需要再试探，但是前辈先贤已经为我们作了示范，朝着前人的方向走去，应该是最好的方向。

二、目标明确的方向。佛经讲："丈夫自有冲天志，不向如来行处行。"假如不走前人走过的方向，那么还是可以找寻其他的方向。例如，哥伦布航海探险，就能找到美洲新大陆；库克船长衔命掌舵，第一个由英国到达澳大利亚；中国的郑和下西洋，可惜辎重过繁、人马太多，未能到达他所要抵达的目标。现在后起的中华民族，散布在五大洲，只要有人的地方，就有中国人。所以，前人走过的方向之外，还有很多正确的方向，有待前往。中国的商人，背井离乡，万里经商；中国的军人，身陷绝域，忍受酷寒严暑，只为了保护国家命脉。遥想古人，希望今后国家领导人，都能领导民众，走向未来正确的方向，发扬人类更高的壮志情怀。

三、了解方向在哪里。现代人出国旅游，都要了解方向在哪里。是飞往欧洲？美洲？大洋洲？亚洲？确定了方向，备妥了资粮，不至于迷失方向。古今的宗教徒，都有他们理想中的方向，"从此西方，过十万亿佛土，有世界名曰极乐"，那不就是信仰方向的净土吗？上生"兜率天"弥勒菩萨的世界，那就是人间净土，不也是信仰的方向吗？有的禅者，一个蒲团坐了一生，那个蒲团就是他的方向。有的人闭生死关，小小的茅屋数间，生死都在那里，他已经找到他的方向。

四、选定方向不改变。现代的人，有的人还没有找到方向，就一头栽进去，再回头已荒废多少时日。也有的人，选定了方向，多少年后，当快要达到目标时，因其不耐而回头，放弃了他的方向，终于一事无成。所以，选定了人生的方向，不能轻易改变。能够坚持到底，才有成功的希望。

过去儒家为人生所定的方向，有的是忠孝仁爱，有的是信义和平。佛教要人慈悲喜舍、发大誓愿。任何一个圣贤前辈，都为我们指示了人生的方向，就看我们能否按照这些方向前进。

人生的加油站

李白的《春夜宴桃李园序》说：“夫天地者，万物之逆旅；光阴者，百代之过客。”人都是世间的过客，是孤独的旅人，在人生的旅途上，有资粮才能走长远的路。就等于汽车可以开往世界各地，但是如果油料不继，也是无可奈何。所以，人生百年，你想要到达自己所定的目标，就必须事先预备好加油站，才能供你长途旅行。什么是人生的加油站呢?

一、善知识的指导。我们出外旅行，首先要知道前途的地理方位，要认识当地的历史风情，要了解有关的食宿讯息，所以善知识是我们旅途上最要具备的加油站。我们从善知识那里得到指导、指引，才不至于盲目、莽撞而走岔了路。善知识在哪里?凡是能提升我们的信心、道德，能鼓舞我们的勇气、毅力，能为我们确定前途的目标、方针，就如佛陀说“我如善导，导人善路”，这就是我们的善知识。世间的良师益友，都是我们的善知识，世间的好因好缘，都是我们的善知识。在善知识的善缘好缘引导下，我们加足了油料，前途就没有什么可畏惧的了。

二、家人的合力。我们在人生旅途上创业、发展，首先要取得家人的支持，要注重家中分子的同心协力，因为父母的一句鼓励、兄弟们的一个意见、家族的一个拥护，都是我们前进的力量，都是我们油料的能源。当然，除了家庭分子以外，社会上善心人士的助缘、社会讯息的指引，也都是我们人生重要的油料。

三、社会的因缘。大自然里，从太阳能到水力、风力、石油，都能供给我们能源。此外，社会也可以成为每一个人的加油站，例如图书馆提供我们图书、资讯，充实我们的知识，增加我们精神、心灵的能量。我们的大众媒体每日提供新闻，演艺人员提供娱乐，工商大众提供生活所需，这一切可以说都是我们能源的补给站，我们应该感谢一切大众提供的因缘，因为有它们，才能让我们的人生处处都有加油站。

四、学校的教育。从小，我们进入学校读书，老师就像园丁一样，小心翼翼地灌溉、照顾每一株幼苗。我们有了错误，老师纠正我们；我们有了不足，老师帮助我们增补。我们开车进了加油站，知道要加三十公升、六十公升。我们到学校里加油，小学、中学、大学、研究所，加的油愈多，在人生道路上的马力愈足，走的路途愈远、愈快。所以，人生的旅途要把油料加足，未来才能放眼天下。

五、宗教的信仰。人生旅途的加油站，当然还是以宗教信仰最为重要。一间寺院，在我们遇到挫折，心灰意冷的时候，进入礼佛拜拜，可能重新找到奋斗的勇气。假如在道场的佛堂里，听了几句甘露法语，可能人生的观念改变了，这就好像汽车补足油料一样，又能开拓人生的境界。尤其寺院道场里，有善知识的鼓励开导，有亲如家人一般的同参道友相互提携，有社会的善因好缘助成，有学校般的教育养成，所以道场才是我们真正的人生加油站。

油是人生的能源，是人生的动力，是人生的营养。油不只是世界强国赖以的强大后盾，也是每个人所应具备的能源。你走路走不动了，有人鼓励你要加油；你说话说得不好、做事做得不当，也有人叫你要加油。“加油”，就是对我们的勉励。其实，一个人能发挥自己的潜能，训练自己的灵巧，跟平常的加油一样，都是同等重要。

人生的“路”

一个人的世故经验从哪里来？就看他走过多少的人生路。有人说“我走过的桥，比你走过的路还要多”，可见走路也是累积人生经验，甚至是创造人类历史不可少的功夫。

走路，能让人登峰造极。有的人以单翼螺旋桨飞过太平洋，有的人要以帆船独航大西洋，有的人以自行车环游世界，总希望能在“走路”的上面创造人生。

路，也有很多类别，宽广大道、羊肠小道、崎岖山路，乃至沙漠里用尸骨写下的道路。道路也代表一种风险，我们要慎选人生的道路，才不至于迷失自己。

从人生的意义上看，路有六种：

一、往上爬升的路。一个人不甘愿自己渺小、低下，总希望做人上人，学问力求进步，道德不断增长。所谓圣贤的道路在招引着他，他一直往上爬行，路途虽然辛苦，但是一旦站上峰顶，放眼四周，风光旖旎，人生自有另一番天地。

二、不断下坡的路。有人看到上坡的路艰辛难行，因此意志消沉，精神不济，干脆往下坡的路滑行。上坡的路，日行二十里；下坡的路，日行百里以上，容易到达。所以，有的人在人生的路上，只想投机，不肯靠实力奋斗创造，甚至为了求财、求名、求富贵，不择手段，如此纵有所得，也不长久。

三、平凡安稳的路。有的人胸无大志，不想走往上爬升的路，但也不肯自甘堕落，走下坡的路，于是选择平凡安稳的路，循规蹈矩，忠厚老实，不与人争，只要谨慎平凡地过日子，一家老小三餐能得温饱，平平安安，没有风险，这就是他最大的祈求了。

四、没有前途的路。有的人喜欢冒险，喜欢意外所得，凡事抱持姑且一试的心理。明知革命失败居多，他希望侥幸一试；明知大企业的经营，需要很多条件因缘，自己因缘不具，他也要孤注一掷。甚至欺诈、赌博、走私、贩毒，都是没有明天的路，他一样财迷心窍，铤而走险，于是走上了没有前途的路。

五、崎岖不平的路。除了上述的四种路以外，有的人命运坎坷，一生为理想奋斗，创业几经失败，投资屡遭倒闭，甚至被朋友欺骗、出卖。几番奋斗，才从高低不平、崎岖难行的路上走出，但人生岁月已不知耗去多少。不过这种人精神可嘉，他总算没有被困境打倒，所以人生唯有不屈不挠，才能把崎岖的路走完。

六、峭壁悬崖的路。崎岖不平的路难走，但并没有多大的风险，只是困难而已。峭壁悬崖的路，不但困难，还有风险。很多成功的人，大都是走过人生的万重山，冒险越过人生的悬崖峭壁，才能走上成功之路。

总之，只要有路，条条大路通长安。不管是海峡两岸和平的路，还是自我完成修行的路，路总是要往前走的。

人生的镜子

镜子，一般是拿来照面用的，不管胖瘦美丑，在镜子里都能如实显现出自己的容颜。但是在佛门里，还有一种“照心”的镜子，心灵里的各种烦恼、善恶、好坏，在照心的镜子之前都能显露无遗。

其实，不管是照面或照心的镜子，最重要的是，我们要善用镜子来观照自他，甚至观照社会人生，成为自我学习、自我警惕的一面人生的镜子。什么是人生的镜子呢?

一、用放大镜看别人的优点。视力模糊看不清影像，可以用放大镜来看；字体太小看不清内容，也可以用放大镜来看。其实，我们对别人的优点，也应该用放大镜来观看。可惜人都喜欢看别人的缺点，不喜欢看人的优点。除了自谦自爱的人以外，一般人往往嫉妒别人的优点。假如我们能把别人的优点，用放大镜来看：张先生聪明能干、李先生忠厚老实……如此所有亲人朋友、诸相识者，在你的放大镜下看来，都是美好、善良的人，则人生还有什么不能称心如意的呢?

二、用显微镜看自己的缺点。人都懂得用镜子来整理自己的仪容，却很少用镜子来看自己的缺点。甚至一般人都喜欢为自己护短，不容易看到自己的缺点。假如能用显微镜把自己的缺点看清楚，诸如自私、执著、嗔恨、嫉妒，甚至喜欢丑化别人、美化自己，看低别人、抬高自己，小看别人、扩大自己等。对于自己的缺点，假如不用显微镜透视清楚，不知道自己的自私、执著，又怎么能改进自己呢?

三、用透视镜看内在的欲望。我们看人的外表，看不到人的内脏，不过医学上有透视镜可以观察肠胃，有X光可以透视内在的器官。内脏器官能用透视镜来看，假如我们能增强透视镜的功能，不但透视器官，还能透视自己的欲望。欲望是人生最大的痛苦来源，自己所爱的，就会生起执取之欲望；不爱的，就心生嗔恨，总想去之而后快，所谓“爱之欲其生，恶之欲其死”。假如能有一个透视镜，透视自己的欲望，将之减少，甚至加以去除。污染的欲望减少，善美的欲望就会增加，人生自能增加安乐。

四、用广角镜看社会的美好。有些人看社会，只看到某些黑暗面，他就“以偏概全”地认定社会到处是陷阱，到处充满危险，因而充满失望的想法。其实社会也有它可爱、善良的一面，假如我们能用广角镜看出这是个善恶、好坏各半的社会，然后凡事多往好处想，多看社会美好的一面，这就是广角镜的功能了。

五、用望远镜看未来的愿景。有的人天生近视眼，长大后佩戴近视眼镜就能看书，甚至对于远处的事物，透过望远镜就可以看得十分清楚。但是一般人对于人生远大的前途、未来，很少能看得到。假如我们能用望远镜，不但看到现在，而且看到未来，不但看到近处，还能看到远方，则所谓“有远大的眼光”。只是我们自问：自己有远大的眼光吗？假如没有，就用望远镜来帮忙吧！

六、用凹凸镜看人生的起伏。人的一生，贫富贵贱、穷通得失，都难以预料。人生为什么荣华富贵，为什么穷途潦倒，必然有其因缘，只是一般人不容易看清。就像一个患有近视眼或老花眼的人，不容易看清事物。假如我们能戴上利用凹凸镜原理制成的眼镜来矫正视力，就能看清事物的原貌。同样的，我们要看出人生的起伏因缘，也需要有凹凸镜来帮助。假如我们能洞然明白人生起伏的原因，还有什么逆境不能克服、改善的呢？

人生实相

很多人都会要求完美，凡事要求完美固然很好，表示精益求精，更上一层楼。但是，有的人因为小小的缺漏而全盘否定，有的人因为小小的遗憾而全部放弃，这样的要求完美，有时反而因噎废食，流于吹毛求疵，不管对自己或是与自己共事的人来说，都会很辛苦。因为人生本来就有很多的缺陷，因此在追求“完美”的同时，要能认清人生实相，例如：

一、有苦有乐的人生是充实的。大致说来，人都“趋乐避苦”，这是很自然的事。但是佛说世间是苦，因为这是实相，所以人生不能只是一直希望获得快乐，而不肯面对苦难。没有经过苦难的快乐，给人感到虚假不实在。能够克服困苦而获得的快乐，才显得珍贵，也才有成就感，因此有苦有乐的人生，才是充实的。

二、有成有败的人生是合理的。追求成功、追求卓越，是生命的希望和进步的驱动力。但人不可能一直都成功，容许自己有失败的时候，反而会给自己一个退步省思的空间，一股再求突破、增上的力量。因此，当人生遭逢挫败的时候，要勇敢地面对它，继而再接再厉，愈挫愈勇，因为有成有败的人生，才是合理的。

三、有得有失的人生是公平的。“得”很欢喜，“失”很痛苦，因此人总是希望得而不要失。然而，有时“得”也不见得是“得”，“失”也未尝是“失”。今天得到名位权势，明天失去尊严、道德、自在，这样的“得”是否值得追求？这里失去职务，可能另一处发挥的空间更广、世界更大，这样的“失”未尝不是再造人生的另一个契机。所以，有得有失的人生，才是公平的。

四、有生有死的人生是自然的。凡人都“好生恶死”，看到新生命欢喜不已，面对死亡就排拒恐惧。其实有生必然有死，这是人生再自然不过的事。事实上，生命是不死的，此处死了，彼处会再生，生生死死，死死生生，都是同一生命。好比太阳，东升西落，升未尝升，落亦未尝落，升升落落原是同一个。重要的是，如何用有生之年，为生命留下意义、价值。

喜欢月圆的明亮，就要接受它有黑暗、不圆满的时候；喜欢水果的甜美，也要容许它通过苦涩成长的过程。人生“一半一半”，能够认识人生实相，放下对好、对全的执著，在人生的乐、成、得、生中，包容不完美、不完善，那才是完人。

人生之计

现代人重视“生涯规划”，很讲究“计划人生”，诸如读书的计划、创业的计划、婚姻的计划、生育的计划、退休的计划等。确实不错，人生哪样事情不需要事先做好计划，然后才能按部就班地实施呢?

人生的计划很多，列举如下:

一、一日之计在于晨。人都要活在当下，尽管生活一日复一日地过，但是人生最宝贵的，还是在当下的一日。在一日当中，尤以晨光最为宝贵，所谓晨操可以增强健康，晨读可以增加学问，晨作可以提升效率，尤其吃过早餐以后，一天的生活才正式展开。所以，一日之中，把握早晨的时间最为重要。

二、一年之计在于春。人生不但每天有一日，生命之中还有很多的一年。人生一日复一日，一年复一年，一年之中最重要的，就在于春天。春天里，春光明媚，莺飞草长，万物复苏，到处一片欣欣向荣的新气象。因为春天到了，小花小草都在展现它们的风姿。生而为万物之灵的人类，岂能不懂得把握春天，好好努力?当然，也不是说其他季节都不重要，只是春天播种、夏天耕耘、秋天收获、冬天藏谷，一切都以春天为基础。如果春天不播种，何来秋收冬藏呢?

三、一生之计在于青。人生数十寒暑，在一生数十年的岁月里，最重要的年华应该就是青年时期了。在青年时期，你立志做一个运动家，或是企业家、科学家，或者成为作家、学者等。你立下志愿，如果在青年时期好好打稳基础，则未来人生的发展，必然大有可为。

四、一人之计在于勤。人的一生，当然要从自己做起。“人是一个，命是一条，心是一点”，但是“一”不是单元，而是无限。只要发心勤劳，所谓“勤有功，戏无益”。勤劳的人，前途万般美好，万种事业都能在一个“勤”字之下，发挥开来。俗云“一人得道，鸡犬升天”，可见一人勤劳，众人得福，这是必然的道理。

五、一家之计在于和。每个人都是家庭的一分子，但是家庭中还有其他很多人，包括父母兄弟姊妹，甚至还有其他亲族。有的家族三代同堂，有的五代共住。管你小家庭也好大家庭也罢，主要的是，有“家”就必须有“和”，因为“家和”，才能万事兴。

六、一国之计在于仁。从一人、一家，进而推至一国，所谓“国家兴亡，匹夫有责”，国家的施政，每一个人当然都应该关心。国家的施政，最重要的在于一个“仁”字。过去儒家一再强调“仁政”，佛教也一再提倡“仁王护国”。从地方的村长，而到乡长，再到县市长，甚至推及全国的领导人，如果大家都有一颗“仁心”，用“仁政”来治理天下，则以仁治国，国必昌盛。以仁治天下，天下人必然归心，如此何惧国家不能强盛，社会不能安定呢！

人生得意事

古人有所谓“人生四喜”：一是“久旱逢甘霖”，二是“他乡遇故知”，三是“洞房花烛夜”，四是“金榜题名时”。现代人生也有一些欢喜得意的事，试举其例：

一、学业有成，毕业的时候。现代的家庭，儿女从幼儿园毕业、小学毕业、初中毕业，到了高中、大学，甚至研究生毕业，都有亲人父母莅临毕业典礼。尤其大学毕业时，在众多亲友祝福下，学有所成，即将步入社会就业，所谓人生“学习”的过程已经过去，到了“应用”阶段的开始，怎不满心欢喜呢?

二、获得肯定，得奖的时候。我们在社会上服务，所学的专长获得团体或社会肯定，会颁发给我们成就奖，例如：体育方面有各种冠亚军；艺文方面有音乐、绘画、表演等各种奖项；写作方面有散文、新诗、小说、论文、传记等各类著作奖；社会方面有公益、服务、杰出青年、杰出成就奖等。所谓“十年寒窗无人问”，到了得奖的时候，真是“一举成名天下知”，怎不得意?

三、民主选举，当选的时候。现在的社会，人人都有机会可以出头，尤其民主政治，人人得以参与选举。虽然选举难免“几家欢乐几家愁”，但是当选举过后，开票的结果是自己当选了，真是祖上有光，家族有荣，人生顿成“万户侯”，得以参与民主议事，这是多么荣耀、欢欣的时刻。

四、发明成就，获得专利的时候。现代社会，每个人在士农工商各个岗位服务，只要不断精勤研究，做一些发明、发现，都能在自己所学的专长上获得成就。例如，中国铁路之父詹天佑，发明火车每节车厢之间的“自动挂钩法”，后人取名为“詹天佑法”；世界闻名的医学科学家何大一医师，研发出“鸡尾酒式处方”，阻止艾滋病毒的繁殖，成为举世公认医治艾滋病有效的方法。另外，中国台湾地区有人得到农业品种改良奖，也有人在畜牧业方面获得成就等。能够造福人群，也是人生一大乐事。

五、兴建高楼，落成的时候。台湾的建筑业特别发达，虽然过去一般人想要建一栋房子并不容易，有一个时期，台湾的“无壳蜗牛”还集体上街游行，然而时至今日，台湾各大都市的大楼鳞次栉比，耸天林立，十层、二十层，举目可见。台北一〇一大楼在跨年晚会中施放烟火，当七彩烟火璀璨射向天空的那一刹那，全台北市民及所有业主，无不欢欣鼓舞，同享荣耀。

其实，人生得意事也不是“古人四事”，也不是“今人五事”，只要吾人信奉佛法，一心法界，心中自有净土，心中自有大千，怎不快活如之！

人生的危机

人在世间生活，再怎么平顺的人生，总会潜藏着一些危机，包括身体的疾病、朋友的出卖陷害、社会上的因缘不具、自然水火风灾的困扰，甚至乘车行船时，都可能发生一些意想不到的危险。

人生的危机，有一种是从外面而来，有一种是由内心而起。现在不说外面的危机，只说自己内心的危机如下：

一、无知。人的无知，不知礼，不知义，不知情，不知好坏善恶，迷昧幼稚，见识短浅，思想鄙陋。无知的人，比贫穷更为人所贱视。

二、傲慢。世间上，“人外有人，天外有天”，但是有一些人“满瓶不动半瓶摇”，稍有一些条件，例如长得高大庄严、有好的家世背景、在名校读过书、曾有过一些特殊的表现等，他就自恃很高，觉得天下人都不如自己。其实若跟天下人一比，自己还差得远呢，但他就是傲慢无礼，不懂谦让，这种人纵有一些小聪明，也会因为傲慢而被人看不起。

三、恶习。人生外面有了危机，还知道预防。自我内在的危机，不但不知预防，反而维护。例如，有不好的习惯，包括虚浮、夸大、吃喝嫖赌，甚至招摇撞骗等。有了这些恶习，一生难有成就，甚至连基本的生存都有困难。

四、无志。人生是生生不已地往上成长，往前进步，但是这些都要靠立志发愿。所谓“壮志凌云”，有志就会有力量，有志就能实现理想。反之，一个人如果胸无大志，甚至“哀莫大于心死”，无心、无志，自然不会有出息。

五、无礼。人生从小就要养成对父母有礼，进出要告知的习惯；对家人要有礼，懂得谦让。尤其进入社会以后，如果见人不打招呼，跟人说话粗暴无礼，经常怪人、冒犯人，却不知自我检讨，一旦被你冒犯的人多，树敌也多，人生怎么可能会有成就呢?

六、恶口。“口边有道德，口边有人缘”，讲话可以和人结缘。相对地，口舌也可以如刀似箭，伤人于无形。一个人如果讲话尖酸刻薄，别人怎么会欢喜亲近你呢? 平时讲话经常口不择言，次数多了，不但降低自己的人格，减少自己的信誉，久而久之，讲话也没有人听信，这样的人想在社会上立足，其艰难也就可想而知了。

七、无行。行为不检，必然是人生的危机。例如，和人走路，不知前后；和人谈话，不知辈分；和人吃饭，不知礼仪。无行无状，必然遭人轻视。所谓“诚于中，形于外”，行为就是内心的反射，别人从你的行为就可看出你的程度，所以“无行”也是人生的危机。

八、无缘。一个人走到哪里，说话，别人不喜欢听；做事，没有人欢喜跟他共事；提议什么事，也没有人赞成；所有与他有关的一切，都没有人愿意资助，这就是没有人缘。人活在世上，就是要靠大家的因缘成就，如果别人都不给他因缘，处处碰壁，人生还能顺利活下去吗？

人生的危机，来自社会的、自然的，都有征兆，都有警讯。唯有身心的危机，习以为常，一旦有了问题，就一发不可收拾。所以，人在平时，要懂得反躬自省，要经常自我检查：我有内在的危机吗？

人生的劫难

唐朝时，民间流传一个说法："黄巢杀人八百万，在数在劫命难逃。"相信因果业报或命运劫数的人都会知道，冥冥中，人类受着业力的牵引，由不得自己选择。

我们看，有的人买了飞机票准备搭机，但临时因故不能上机，结果飞机失事，逃过一劫；有的人本来不打算坐这班飞机，临时补位，搭上了死亡班机，遇上劫难。

谈到劫难，佛教把我们所居住的世间，称为"娑婆世界"，娑婆世界就是一个充满劫难的"五浊恶世"。所谓"五浊"，就是：劫浊、见浊、烦恼浊、众生浊、命浊。此中所谓"劫"，就是在时间之流中，例如生长在这个时代，要受时代的共业，这就是人生的劫难。人生有哪些劫难呢？例如：

一、名劫。俗语说"人为财死"，其实，为"名"而死的人更多。探险家为了想要成名，最后以身殉难；军事家为了扬名立万，结果战死沙场。诚所谓"暑来寒往春夏秋，夕阳西下水东流。将军战马今何在，野草闲花满地愁"，都是为了成名而遭到劫难。

二、情劫。有一句话说"为情伤风，为爱感冒"，其实为情伤身失命的，为数也不少。在社会的许多凶杀案中，为财为色而发生的，为数最多。情关难过，情劫难逃。有情众生，在情场艰辛难过的时候，不知返身自觉。旁观者看来，只有为他惋叹。

三、财劫。人生为了贪心，苦苦营求。贪什么呢？都是为了钱财！为钱为财而身败名裂，甚至家破人亡的，也是“在数在劫”。为官贪财，所谓爬得高，跌得重；商人贪财，经营万里，命丧羊肠，所以自古遭遇陆海空劫难的，商人最多。孔子说“未见有好德如好色者”，同样的，世间也很少有好义胜于好财者。多少的朋友，为了钱财而闹上法庭；多少的兄弟，为了分家不公而对簿公堂；甚至为了经商共财，私动手脚，招来杀身之祸，也是时有所闻。酒不醉人人自醉，财不害人人自害。钱财是给人用的，但钱财有时反而惹来杀身之祸，令人不解。

四、见劫。见劫就是思想问题。朋友之间，因为思想不同，分道扬镳倒也罢了，有的甚至因为见解不同，视如仇敌，彼此不能相容。政治上的思想犯，自古以来更被视为罪大恶极，一点政见不同，就非要把对方置之死地。古来的冤狱，莫如见劫受害的人之多。古代的政治，一句话不当，诛杀九族；一点异见，造成世仇。所以释迦牟尼佛创立教团，首倡“见和同解”。其实就算是见解不同，能包容不同的存在，也表示雅量。人体上，眼睛容许鼻子存在，鼻子容许口腔存在。五官同在，肠胃共有，皮骨相连，也没有闹出什么问题。为什么为了一点意见不同，就要拼得你死我活？真是何苦来哉！

五、命劫。吾人在世上生活，因为有生命。生命的安全，要靠消灾免劫。世间上，每天有人在水火里丧命，有人在虎豹蛇虫中葬身，有人在山林险阻中丧生，有的人在烦恼忧郁中失去生命。在世间万万千千的人当中，有的人命好，成为百岁人瑞；有的人命舛，短命早夭，才华不得发展，良堪叹息。

总之，人生劫难很多，所以人要消灾免难。但是消灾免难不是靠外力，重要的是靠自己的身心行为，所谓“自求多福”，才见功效也。

人生七宝

人总想要拥有一些财宝，珍珠、玛瑙、金银、钻石、房屋、地产、股票、证券等，其实这些都是身外之物，可能不但不能帮助自己，还会招来横祸，所以人生宝物应重视下列数点：

一、健康。所谓“留得青山在，不怕没柴烧”，自己未来的事业要靠健康的身体，如果没有健康的身体，不但带给别人麻烦，自己拖着个患病的臭皮囊，也是累赘。所以，健康是宝，千万要保护自己的健康。

二、正见。人都有思想，都有看法，大多欢喜表达“我认为”“我以为”“我的看法”。但是这许多“看法”“以为”，必须要有“正见”。你看错了，认为的错了，不但对自己不利，对别人也不好。“正见”就如照相，光圈焦距要对正，否则照出来的照片会扭曲。“正见”就是要辨别正邪，要知道善恶，要明白因果。不管看人、看事、看理，都要有“正见”，才不会谬误。

三、明理。明理是一种智慧，理不是自己个人的，理要有公论，有普遍性，要能被人普遍、公平地认同。现代人喜欢讲理，但都是以自己的偏理、私理、歪理、邪理。这种上不了台面的理，就是无知、愚痴。

四、信仰。人生有信仰，才有力量。有信仰，才有因缘。我们有对国家的信仰、对主义的信仰、对宗教的信仰、对人道的信仰、对因果的信仰，有了信仰，人生才有规则。

五、立志。人要立志，因为立志的人才肯奋发向上，才肯担当责任，才能建设未来。反之，一个人如果没有立志，空荡荡的人生，不知从何处下手，也不知目标何在，就如“行尸走肉”一般，人生必定活得非常痛苦。

六、善缘。人生的财富，有的看得到，是有形的，如房屋、事业的成就等；有的看不到，是无形的，如因缘、人脉关系等。平常能给人一些因缘、助人一些因缘。点滴因缘的种子播撒下去之后，一旦结出累累果实，就会知道因缘的重要。有的人家财万贯，没有人羡慕；有的人地位崇高，也没有人敬仰，此即无人缘之故。吾人即使无财、无名，但有人缘，到处都会得到助力，到处都能通行无碍。

七、道德。自古以来，有权有势的人不一定受社会尊重，反而无权无势而道德崇高的人，如历代的正人君子，即使是失败的将领文天祥、史可法等，因为他们都是忠勇有德之士，千百年来仍为人所称颂。

以上的人生七宝：健康、正见、明理、信仰、立志、善缘、道德，少一宝都不行。既是人生之宝，吾人自应好好珍惜它。

人生八求

人打从出生之后，在成长的过程中，便不断地展开各种追求：求财、求名、求福、求平安自在等。现代人追求的东西更多：求智慧、求官位、求安逸、求顺遂……人生追求的东西何其多。以下兹将人生普遍共同的追求，略述如下：

一、求身体健康。人在诞生的那一刻，家人都会关心婴儿的身体状况如何，总不希望生个残障儿，而能四肢健全、五官端正、一切健康正常，父母家人才会放下心来。一个小生命的诞生，就如出土的禾苗，必须给予种种的呵护，他才会慢慢成长，成为家族的希望，这也是全家人共同之所求。

二、求家庭人和。生男生女，不重要，但是成为家庭的一分子，要跟全家人融和在一起。家中的叔伯妯娌、兄弟姊妹，如果有一个人性情乖戾、个性偏执，对家庭没有正面的助成，反而造成负面的影响，例如有的人让父母不安心，有的人让兄弟姊妹不和谐，都会让家庭笼罩重重阴影。所以家中添丁重要，和谐更重要。

三、求学有所长。当年岁渐长，进入学校读书之后，当然希望表现杰出，学有所长。现在台湾一般的学校都有分科制度，大学入学考试，总分在四百分以上者，可以进入医学院；分数在三百八十分以上，可以就读机械科；三百五十分以上可以读物理系、化学系等，端看个人的才智而定你的所学。有兴趣当然投其所好，没有兴趣也要为考试制度培养自己的兴趣，总是希望能跻身大学的窄门，将来学有所长，能在社会立足，则全家荣耀，举家欢喜。

四、求事业有成。学业完成，并不代表人生完成，人生的事业才正要开始。学医的急急忙忙要到大医院里当个实习医师；学教育的也忙不迭地运用种种关系，拜托人求一份教职；普通行政、会计、法律等，都要找一个需要人才的雇主，投身在人家手下学习，希望从中找到自己人生的未来。

五、求社会安和。人生数十年岁月，并不是一天就过去了，因此在漫长的工作岁月里，尤其希望社会安和，自己工作稳定，家人生活都能无忧无虑。如果社会动荡，经济萧条，每月薪水入不敷出，万一再逢到裁员、失业，真是情何以堪。所以，我们不要以为社会是众人之事，与我个人有何重大关系。其实如大树之不存，鸟雀何处栖息？河水之不在，鱼虾何来天堂？社会之于人，可不重乎！

六、求生活无惧。前述的社会经济萧条，这是一可惧；社会治安不好，是二可惧；家中老人偶发事故，是三可惧；儿女在社会上惹出问题，是四可惧。社会安全，政治稳定，刀兵偃息，生活才能安稳，否则处处挂心，生活不安心。

七、求大众富乐。人不能独乐乐、自乐乐，个人的生活必定要在社会大众安全了，自己才会安全；社会大众富乐了，自己才会富乐。所以，不只求一己之富乐，更要求大众之富乐。

八、求世界和平。人生所求最根本的是世界和平。世间的战争像瘟疫一样，会传染、蔓延。但看中国的一部历史，可以说就是一部战争史，更别说千百年来，举世之间多少的瘟疫，多少的世界战争，都让人民生灵涂炭，凄惨无比。

所以，脆弱的生命，坎坷的人生，只希望能平安度过一生，这是一般普罗大众最大的愿望。

人生四不

人活着，应该注意一些什么重点？兹以四本佛经的四句经文，作为“四不”的提要：

一、对自己要能“不忘初心”（《华严经》）。“初心”就是最初的心意，例如，最初为什么要经商务农，为什么要当记者、作家，或是最初为什么要发心入道。如果能够不忘最初的发心，自然就有一股力量，鼓励你向上、向前。如果忘记了最初的发心，则很容易被境界打倒。所以，不忘初心就是要我们锲而不舍，照着最初的志趣，勇往向前。

二、对好事要做“不请之友”（《维摩诘经》）。每个人都有一些朋友，但是一般的朋友在我们需要帮忙时，都要请托。当我们有苦难时，无须经过请托就会主动帮助我们的人，就叫“不请之友”。像地藏王菩萨“我不入地狱，谁入地狱”，像观世音菩萨“大慈大悲，救苦救难”，都是“不请之友”的模范。

在世间，很多时候我们要靠父母、亲戚、师长、朋友，乃至社会大众给予我们的支助，才能冲过重重的难关，因此我们也应该做世人的“不请之友”，不必等人家来请托，只要我有力量，就随喜随缘地奉献、帮助，给予人间一些因缘。

三、对朋友要肯“不念旧恶”（《八大人觉经》）。朋友当中，善善恶恶，好好坏坏，都是难免的。但是一般人的陋习，总是记坏不记好，记仇不记恩。就如我们跟人家借钱，很容易忘记；借钱给人，则是时刻念念不忘。所以失德之人，如范雎，“一饭之德必偿，睚眦之怨必报”。吾人受恩于人，要铭记在心，并且知恩图报。反之，别人偶有对不起我的地方，不可记仇，如佛教讲“比丘没有隔宿之恨”，所以不要把仇恨带到明天。

四、对社会要懂“不变随缘”（《大乘起信论》）。我们处身的社会，不但千奇百怪，而且世态人情，变化不断。我们生活在多变的社会人生里，要能知所取舍，遇到不当的事情，有违伦理道德的，自己要有不变的原则。如果是一些人情之常的琐碎小事，要能随喜随缘。也就是说，对善恶是非，要有不变的原则，对人情得失，要有随喜随缘的性格，这就是“不变随缘”了。

吾人立身处世，佛法昭示我们的以上四点，有大利益在焉，所以希望大家都能以这四句经文作为自己的座右铭：

对自己要能“不忘初心”；
对好事要做“不请之友”；
对朋友要肯“不念旧恶”；
对社会要懂“不变随缘”。

人生八不可

人生有很多可以做的事，也有很多不可以做的事。例如，礼义廉耻、忠孝仁爱信义和平等“四维八德”，都是可以做的事；杀盗淫妄、贪嗔痴慢等“五戒十恶”，则不可为之。除此之外，一般生活里，还有很多不可做之事，兹举“八不可”，说明如下：

一、说话不可无忌。人每天都要讲话，讲话要有所顾忌，因为一句话讲了出去，就再也收不回来，所以每句话要说出口之前，必须想到：这句话是伤人，还是助人呢？是有益社会，还是扰乱大众呢？所谓“一言以兴邦，一言以丧邦”，语言不可不慎。

二、利害不可不知。在人生的际遇里，难免有一些对我不利，或者于我有利的事，我们都不可不知。如唐雎对信陵君说：“事有不可知者，有不可不知者；有不可忘者，有不可不忘者。”所谓不可不知者，如“人之憎我也，不可不知也；吾憎人也，不可得而知也；人之有德于我也，不可忘也；吾有德于人也，不可不忘也”。所以，我们对于每日所遇到的各种利害关系，不可不知。

三、人情不可不顾。人与人之间，要靠情义联系，如果对人无情无义，容易遭人诟病。因此，亲戚朋友之间，有任何婚丧喜庆之事，应该有一些往来表示，不可完全不顾情义。

四、财帛不可乱贪。钱财人人想要，所谓“见钱眼开”，人之常情，但是如果非法取得，也会惹祸上身。所以，君子不取非分之财，志士不饮盗泉之水。

五、晨昏不可颠倒。有的人该睡觉的时候不睡，不该睡觉的时候倒头大睡。“晨昏颠倒”不但有害身体健康，尤其与人往来共事，白天人家要办事，你睡觉造成别人的不便，日久失去因缘往来，终难成事。

六、轻重不可不明。凡事有轻有重，轻重不分，就是是非不明。更有甚者，本末倒置，以轻为重，以重为轻。有的人与人往来，把别人的事看得很重要，与自己有关的事，轻忽视之；也有的人，只看重自己的事，对别人的事毫不在意。如此都是轻重不分，必有麻烦。

七、感情不可乱爱。男女谈情说爱，这是天经地义的事，应该尊重。但是如果爱得不合道德标准，爱得没有方法、没有秩序、没有对等，也不能乱爱。爱情是两人双方的事，一般说，男有情、女有意，才能“来电”。如果一厢情愿，或对方已提出分手，甚至“使君有妇”“名花有主”，如此因缘不具，都应知难而退。

八、心意不可乱想。人的心意，可以“上天入地”，时而也可以在五大洲来去。心念之快，乃至世间的正念邪思，都是从“心”出发，所以我们要把“心”管好。“心”如同一国之君，心王不正，则下面的子民就会胡作非为，所以“制心一处”，非常重要。

上述“八不可”是人生明理、安稳之道，如果明知“不可”而强为之，则难有善果，所以吾人对此八事，“不可”不慎也。

人生十四转

人生要能“转”，不管转运、转心、转业、转型，所谓“转机”，能转才有改善的机会，能转才能重现生机。

你想要“转”吗？兹举“人生十四转”提供参考。

一、转迷为悟：把心中的迷惘转为日光遍照、无所不明，即是悟。

二、转凡为圣：把凡夫俗子的贪嗔愚痴，转为圣人君子之行，即能超凡入圣。

三、转邪为正：“宁可正而不足，不可邪而有余。”邪就是不正，心术不正、行为不正，都不能成为正人君子，所以人生要转邪为正。

四、转愚为慧：佛教的《百喻经》里有很多愚人的故事，都在启示愚痴的可怕，所以要转愚为慧。

五、转恶为善：古往今来，多少十恶不赦的人，如果都能转恶为善，则天下太平矣。学佛的人，能够转恶为善，才能与佛法相应。

六、转弱为强：国家的政治、军力，甚至个人的体力，如果衰弱不堪，就容易被人所欺。能够转弱为强，就能力图振兴。

七、转危为安：危机即转机，所以遇到危难时，只要能转，就可以化险为夷，就能转危为安。

八、转难为易：遇到困难的事，能够请教高人，得到指导，则易如反掌。

九、转苦为乐：苦乐都系于吾人一心，吾心一转，苦也即是乐。

十、转己为他：己有功德好事，要能回向他人。能够“回自向他”，就能“回小向大”。

十一、转贫为富：贫富不应对立，贫富要互补互助，才能共生共荣。

十二、转暗为明：所谓“千年暗室，一灯即明”，只要我们能点亮心灯，就能转暗为明。

十三、转小为大：吾人要将小心、小愿，转为大心、大愿。能转小为大，就是进步。

十四、转事为理：事相上的一切都是有限的，发心修行，将有相、有限的世间法，转而成为无相、无为的出世真理，就是大智慧。

说到“转”，转也要有转的空间，转也要有转的方法。转更要有魄力，尤其要转得有意义。能把世间的“有为法”，转成“无为”的功德，人生的境界就不一样了。

人生十六问

人生有许多问题，一般人都喜欢问人、问父母、问老师、问朋友，甚至问看相算命的，很少有人会反躬自问。其实，吾人如能养成“自问”的习惯，必能增德进业。例如，看到别人做事勤劳、做人有德，就会反问：我自己能吗？看到别人懒惰懈怠、为非作歹，也能自我反问：我会像他一样没有出息吗？

以下试为代拟一些人生的问题，大家不妨自我一问。

一、关于做人的：

1. 做人要修身正己，自觉觉人，我能做到吗？

2. 做人要读书明理，增进知识，负起养家之责，让家人生活不虞匮乏，我有这样的能力吗？

3. 做人要侍奉尊长，慈爱幼小，让长辈安心养老，让兄弟姊妹快乐，让亲族朋友受益，让社区大众和谐，我能做到吗？

4. 做人要勤劳务实，凡事自己操劳，在厨房里能烧饭煮菜，在庭院中能种花浇水，要把客厅、卧室打扫整洁，我有这样的耐性吗？

二、关于工作的：

1. 工作要按时上下班，要“今日事，今日毕”，不拖拉，不推诿，我能做得到吗？

2. 工作要尊重领导，服从指示，全心全意和主管、同事精诚团结，分工合作。除了平时经常向主管报告工作进度以外，遇有重要事情要勇于向上级建议，不徇私，不怕事，有信心，有热诚，让主管肯定，让同事赞美，我有这样的工作态度吗？

3. 工作以服务为首要，不可以计较酬劳，不可以常打官腔，不要有太多的人我比较，尤其不能贪污舞弊，不能假公济私，我有这样的廉能精神吗？

4. 工作要能做到“竖穷三际，横遍十方”，上行、中行、下行都能兼顾周到，都能周全处事，不会经常纰漏百出，让别人嫌恶，我能做到吗？

三、关于进修的：

1. 每天应该看一份报纸，读两本好书，能够的话多订一些杂志，多参加各种读书会。家中的客厅、卧室，随时都有书可以取来阅读，我能养成这样的读书习惯吗？

2. 读书贵在求知，知识要能读、能写、能说、能用。平时讲话要能引用几句书中的格言名句，尤其要把知识融入待人处事里，与生活打成一片，我能做一个学以致用的人吗?

3. 养成每天写日记的习惯，不能的话至少每周撰写一份心得杂感。生活中能够“以文会友”，至少要让别人觉得自己是个知识分子，是个有德之士，我能树立这样的形象吗?

4. 要有追求新知的精神，每个月至少能听一两次名人讲演，或各种专题讲座，多结交读书人为朋友，多亲近善知识，多虚心向人请教，我能养成这种好学的精神吗?

四、关于信仰的:

1. 信仰要纯洁，要“一师一道”，不可复杂。不管念佛参禅，读经修行，都有一定的层次，我能够如法修行吗?

2. 做一个佛教徒，不是只一味地讲究钱财布施，布施要随缘、随分、随力，更要不自苦、不自恼、不自悔，我都能做到吗?

3. 佛门重视淡泊，不要过分热衷，百分之八十的时间要用在人间的生活上，百分之二十的时间可以用在慈善、义工、信仰的修行生活里，我能如此实行吗?

4. 每周收看一次佛教节目，或参加一次道场聚会，或订阅一份报纸，或每月购买一两本佛书阅读，以增进自己对佛教的信心，尤其信仰要正信，不能见异思迁，我有这样认真地要求自己吗?

人能“自问”之外，尤其还要能“自省”“自我改进”，更是难能可贵。

人生七堂课

人从出生，一直到人生之最后，每个阶段都有每个阶段的功课，例如学习、求职、结婚、交友、信仰、历史、老死等。每一个阶段的功课，都需要好因好缘，也需要自己的“因地”健全，才能完成人生。兹将人生的功课，述说如下：

一、学习。人从出生开始，就要学习各种生存的能力。例如，人生最基本的需求，首先要求得“安全”，然后要有基本的物质生活，接着才会进一步追求精神、艺术、信仰等生活。一个人的学习对象，最初是父母，到了五岁以后，进入幼儿园、小学、中学、大学，甚至到了研究所，乃至出了社会，仍然要不断地学习：学做事、学技术、学做人，甚至学圣、学贤、学佛等。所谓“活到老，学到老”，人生的功课，总的来说，就是一个“学习”。

二、求职。当一个人学习到某一个阶段后，就要独立，要能赚钱，不但要养活自己，还要养活家人。一般说，二十岁之前是学习的岁月，靠着家庭、亲人、社会供给所需，二十岁以后就要找个职业。不管士农工商，在求职的阶段，一者摸索自己的兴趣，再者也是考验自己的能力。如果职业胜任称职，主雇合作就能如鱼得水；如果工作不顺，主雇之间纠纷不断，导致经常换工作，甚至失业赋闲在家，如此则如水源断绝，生活就会陷入困境。

三、婚姻。有了职业，经济能够自立，接着就需要结婚成家，因为“传宗接代”是中国人的伦理。在选择结婚对象时，门户相当，性情相投，才能琴瑟和谐。一旦结婚后，紧接着就要生儿育女，这时责任加重，当然生活的负担也重了，所以就要衡量自己养家糊口的能力，就必须更加勤奋工作，以确实负起养家之责。

四、交友。结婚之后，就是真正的长大成人，不但责任加重，生活圈子也相对扩大。平时生活里，除了父母家人以外，还要接触社会各行各业的人士，尤其是与朋友的交往互动。朋友是人生不能缺少的重要角色，交友要注意友直、友谅、友多闻，要结交益友。如果不慎交到损友，可能误了自己的一生，所以如何交友，也是人生一门重要的功课。

五、信仰。人的一生，有时从小就随着父母养成信仰的情操，有时在读书期中就知道信仰的重要，有时则是因为工作需要，或者为了迁就结婚对象而改变信仰。不管是在任何情况下决定信仰，也不管信仰任何宗教，重要的是要信仰正信的宗教，也就是要信仰有能力、有道德，而且有历史可考的，而不是来无影、去无踪的神仙。当然更不可以信仰怪力乱神的邪教，邪信最可怕。

六、历史。人生到了这个时候，应该是三十而立，或四十而不惑的年龄，面临的问题应该是对历史如何交代，所以人生都背负着对历史的责任。人的一生，父母生我，师长教我，社会育我，我应该如何回馈？这时候就应该想到留些什么事业给人间，留些什么观念给家族，留些什么示范给朋友，留些什么功德给宗教，所谓“留名青史”，这是一生最重要的规划。

七、老死。人生最后的规划，就是自己的老死问题。人生到了五六十岁以后，所谓“人生七十古来稀”，随着年岁增长，即使是百岁人瑞，也有老死。老死是自然的现象，既无可避免，也不必惊慌，更不能颠倒妄想，所以这时候信仰的力量最能发挥重大的功用。

以上人生的七堂课，如果都能应付裕如，那就是美满的人生了。

人生需要什么？

人生需要什么？人生需要的东西太多了。人从一出生开始，就需要安全，需要饮食，需要温暖，需要母爱。长大以后，需要充实各种知识，需要各种物质，需要各种学习的环境，乃至需要朋友，需要爱情等。在诸多的需要当中，人生最需要的是什么呢？试举四点如下：

一、需要有工作。人们常说“人生要活得有意义”。人生的意义到底在哪里？就在工作里！人生如果没有工作，难以展现生存的价值。世间上，有的人害怕工作太多，害怕辛苦，害怕麻烦。其实，一旦没有工作，闲得无聊，不能结缘，生活又不济，人生也就失去意义，所以人生需要工作。

当然，工作有种种的类别，有的是对社会有益的工作，有的是对社会造成负面影响的工作，所以慎选工作很重要。我们要选择于人有益的工作，能为人服务、对人有贡献，继而能为社会增加光彩的工作，这才是对生命有意义的工作。

二、需要有目标。人除了有工作还不够，还应该有目标。目标有短程的目标，也有长程的目标。有的人设定的目标，只为一己之生存；有的人为了一家人的生活；也有的人为社会、国家之需要而立定目标；更有的人为了世界大众之未来而努力。无论定的目标是为自己、为他人、为社会或是为国家，有了目标，人生的意义就会从中产生。

三、需要有愿力。人不是为了三餐而生活，也不是为了五欲尘劳而来人间，更不是为了荣华富贵、享受人生而生存。人所以来到世间，是为了完成使命，为了实现愿望。什么是人生的愿望呢？例如，希望减少与社会上冤亲债主的纠缠，希望远离世间的忧悲苦恼。甚至有的人希望了生脱死，有的人发愿完成自己，成佛作祖。佛教有所谓“四弘誓愿”：众生无边誓愿度，烦恼无尽誓愿断，法门无量誓愿学，佛道无上誓愿成。“四弘誓愿”不是让我们念诵，而是要去实践。能够付诸实践，才能“有愿必成”。

四、需要有善缘。人可以说我不要钱、我不要名利，但不可以说我不要善缘。有善缘的人，走到哪里，做任何事，时常都会有“贵人相助”。例如，前往某个地方旅行，正当担心目的地没有一个认识的朋友，却在到达时就有不相识的人前来招呼；走路迷失了方向，忽然有人说可以和他同行；来到人生地不熟的地方，一时找不到住宿的地方，马上有人好心提供寄住之处；面临失业的时候，刚好有一份工作等着有人去做。所以，平常要结善缘，才会有助缘。

人生需要的东西很多，但是如果没有经过努力、结缘，就没有办法得到。因此，人生除了工作、目标、愿力之外，能够广结善缘，成功的机会就会更大。

十全人生

清朝乾隆皇帝称自己为“十全老人”。人生真的有“十全”吗？试为“十全人生”列一标准：

一、没有敌人。有的人虽然没有与人为敌，但仍难免有人嫉妒你、障碍你，跟你过不去。如果自己的修养、道德，能够把对方“化敌为友”，消除敌人于无形，那就是有德的高人了。

二、具备善缘。一般的人生，不管如何飞黄腾达，总会有一些缺陷。如能具备善缘，事事称心如意，得心应手，那真是人生美事。

三、不生怪病。人生疾病是难免的，一般疾病只要早日发现，及早治疗，以现在的医学之发达，并不是很大的问题，怕的是罹患怪病。有的人富甲一方，权势声望如天，偏偏怪病缠身，群医束手，如此即使财富再多、权势再大，也无意义。所以，人生虽然不能长保永世健康，但如果能够不生怪病，也是很大的福报了。

四、少烦少恼。有的人儿孙满堂、家财万贯、童仆如云，但是每日忧悲烦恼，日子也不一定好过。如果能够少烦少恼，快快乐乐过一生，真是神仙也称羡。

五、身心健全。世间有的人身体很健康，但是心理上充满忧悲苦恼；有的人心境豁达，但是身体多病。因此，若能身心健全，真是人生最大幸福事。

六、事业成就。人生在世不能没有事业，有的人命运多舛，做事艰难辛苦。假如事业一帆风顺，能够福利社会，成就大众，自己更是善名广闻，也算不虚此生矣。

七、子孝孙贤。再富有的人家，如果生了一个不肖子孙，常为家族带来麻烦，甚至让家族蒙羞，总是不幸。反之，一个平常人家，如果子孝孙贤，上下和乐融融，为所谓“十好之家”，最是称心如意。

八、广学多闻。正常的人生，事业、家人、财富，都能具足，只是自己孤陋寡闻，不学无术，只凭福报，缺少智慧，所谓“修福不修慧，大象披璎珞”，总是缺陷。如能福慧双修，就更加圆满了。

九、生活满足。有的人生活富裕，但心中永不满足，这就是富有的穷人。如果能够少欲知足，尽管粗茶淡饭，却能知足常乐，他就是世上最富有的人了。

十、平安顺遂。人生所需要的东西很多，但是最重要的就是“平安”。如果心里不平安，人生不顺遂，时时操心，处处挂碍，人生拥有再多，也不快乐。因此，能够拥有平安，一切顺遂，那就是最理想的人生了。

以上所说十事，如果样样具备，人生真是再幸福圆满不过了。

三品人生

人生的舞台上，有各种角色：有帝王将相，有忠贞爱国之士，有随波起舞的庸才，有奸佞狡猾的臣民。在各种角色中，有的巍巍乎不可一世，有的本分知足自谦，有的善于逢迎拍马，有的喜钻门路、爱走捷径，真是不一而足。

兹将人生分为三品，让吾人有所抉择，究竟自己要过哪一品的人生呢?

一、上品人生：上品的人生，有正当的职业、正当的经济、正当的生活。家庭是书香之家，自己是有德之士。对外人缘很好，为公为众服务的能力超群。私底下为人谦和慈悲，被人称为正人君子，或者被赞美为积善之家，是为上品人生。

二、中品人生：虽不是荣华富贵，但有正当的经济来源，家庭衣食无缺，日用充足。为人知足，朴实无华，对朋友讲情重义，所有家中成员，子孝孙贤，正当地与贤能之人交友，平时热心公益，此不失为中品人生。

三、下品人生：三餐勉强能过，衣食也能维持，行为端正，虽无厚实的人脉关系，但自己仍能保持正当地交友，不攀附权贵，子弟也都安分守己，不贪赃枉法，不做鸡鸣狗盗之事，本本分分，小本营生，虽只能算是下品的人生，也还入流。

“三品人生”之外，有的人过着不登品的人生，没有正当职业，没有正当的经济来源，没有正当的道德观念。在外行为不检，说话不当，善友远离，所交非人，贪赃枉法，到处行骗营生，人见人畏。此种人生，是为不入品之流。

所谓不入品的人生，也不必自暴自弃，因为世间无常，一切都可以改变，有什么因自然结什么果。要想改变自己的形象，就应该改变自己的思想观念，建立自己正当的生活方式。例如佛教的“八正道”，就是八条正当的人生之路，包括正当的见解、正当的思想、正当的语言、正当的精进、正当的行为、正当的心念、正当的生活等。

所谓“如是因，如是果”，如《因果十来偈》说：“端正者忍辱中来，贫穷者悭贪中来，高位者礼拜中来，下贱者骄慢中来，瘖哑者诽谤中来，盲聋者不信中来，长寿者慈悲中来，短命者杀生中来。”意即人生的一切都不是命中注定的，因此只要自己改变因缘，则所谓上品、中品、下品人生，何惧不能随心所欲焉！

美化人生

现在的社会，一切都讲究“美化”。庭院要种植花草来美化，产品要通过包装来美化，甚至各种运动项目，举凡吊单杠、撑杆跳、掷铅球、有氧舞蹈，乃至田径赛跑、各种球赛等，都要美化。经过美化才有美感，有美感才能耐人寻味，才会吸引人欣赏。

其实，人更需要美化，不美化就会粗俗不堪，难以受人欢迎。美化过的人，在群众中，才能受人礼遇。我们要怎样美化人生呢？

一、美化语言。人和人讲话，除了声音要柔和，音量大小要适中，尤其措辞要恰当。我们看电视台的主播，乃至一些心理咨询师、旅行社的导游人员等，他们在语言的修辞上，必然也都是经过多少美化的训练，才能胜任工作。

二、美化笑容。语言动听还不够，还要有笑容陪衬。有的人没有美化过笑容，不会笑，所谓“皮笑肉不笑”，甚至“阴笑”“冷笑”。假如是美化过的笑容，会如春风般温暖，又如花开一样灿烂。一个脸上经常堆满真诚笑容的人，于人际、办事上，都会得到很大的帮助。

三、美化动作。有了语言、笑容之后，还要有美化的动作。一个手势，一个眼神，随意一个动作，都让对方觉得你高贵无比。一举手，一投足，都有一定的礼仪。即使倒茶、握手、赠送礼品，都应该加以美化，如此在外和人接洽办事，才能事半功倍。

四、美化心境。做人处事，都要经常往好处想。心的美好，“诚于中，形于外”，人家都会看得出来。如果心念中经常存着怀疑，凡事不往好处想，久而久之，我们听到的好事，也会在心中大打折扣。一些跟我们谈话的对手，如果他们高明的话，都会一目了然，最后吃亏的还是自己，因为不能达到与人谈话的目标。

五、美化观念。一个好的观念，要从幼小时慢慢养成。比方说，早晨起床，今天天气很好，阳光普照。如果天气不好，今天天气清凉，记得加件衣服。吃早饭时，心中感恩妈妈做早餐的辛苦，感谢爸爸工作赚钱养家不容易，乃至想到哥哥、姐姐、弟弟、妹妹，大家都对我很好，他们都很了不起，所以借着吃饭时，多叫几声“爸爸、妈妈、哥哥、姐姐、弟弟、妹妹，大家快来吃早餐”。甚至想到等一下要去见一个好人，要去听一个人训话。你能把一天当中的每件事、每个人都想成很好，这不但是观念的美化，其实是你整个人都美化了。

六、美化环境。有了以上的美化，最后就是要有美化的环境。环境美好不美好，所谓“境由心生”。比方我们到了一个地方，可以赞叹：这里通风很好、这里景观很美、这里交通很方便、这里文化气息很浓厚。你在赞美环境的同时，也要赞美你所拜访的对象：你很慈悲、你很周到、你待人诚恳、我们承受你很多的关照、今天打扰你了。这些虽然是客气话，但是随着为你美好的语言、美好的笑容、美好的动作、美好的心意、美好的观念所感召，美好的世界当下就呈现在你的眼前，你自然就能拥有一个美好的人生了。

举重若轻

举重若轻，这句话是指一个有能量的人，凡是经他承担的事，都能化繁就简、驾轻就熟地完成，丝毫不费力气，就叫“举重若轻”。例如，一个本领高强的厨师，请客时，十桌八桌的饭菜，对他而言，轻而易举，毫不困难。反之，一个烹调技术不佳的厨师，不要说十桌、八桌，就是一两桌，他就紧张半天，认为责任重大，不易应付。所以，人生只要能把各种功夫学得纯熟，就能举重若轻。

人生如何才能展现举重若轻的本领呢？

一、工作繁琐要举重若轻。有的人每天工作繁重、琐碎，但是经过自己整合、规划，甚至分配、授权，做好各种准备，不但能有条不紊、按部就班地处理，即使临时有状况，也能应付自如。反之，有的人工作一团纷乱，没有程序，没有分工，没有及早准备，即使简单的工作，都会觉得繁重不已。所以，做事其实不难，只要有方法，就能举重若轻。

二、重责大任要举重若轻。在公司里，有时候上级交付一项任务，同事也殷切期盼自己能有一番作为。这时候既不能推诿，也不能轻心慢心，必须全力以赴，把事情的前因后果、各种因缘关系，都了解透彻、考虑清楚，然后着手进行。只要能掌握办事的原则、要领，只要肯发心承担，即使再怎么重责大任、再怎么困难棘手的问题，都能迎刃而解，又有什么不能举重若轻的呢？

三、关怀社会要举重若轻。“我为人人，人人为我”，我们关怀社会，社会也才会关怀我们。关怀社会要心甘情愿，要发自至诚。救急济贫，养老恤孤，甚至修桥铺路，乐捐助学。只要一切都是心甘情愿，当然就会举重若轻。如果心不甘情不愿，一切都是勉强迫不得已，那么即使轻而易举的举手之劳，都会觉得千难万难。所以，关怀社会要有无限的慈悲，要有宽大的心量，如此才能举重若轻，乐在其中。

四、排难解纷要举重若轻。在社会上，一个有名望的公众人物，要有替人排难解纷的能力。甚至在家庭里，身为家长，如果家人有了困难、纷争，我都无法排难解纷，如何做家长呢？公司里的领导人，当员工之间有了纠纷、不平，我不能排难解纷，如何当他们的领导呢？替人排难解纷，不仅自己要有实力，而且要公平、公正、客观、审慎。你能公平公正、权巧方便地替人排难解纷，一切都是那么自然轻松，不至于让纷争扩大，这就是举重若轻的智慧。

五、维护正义要举重若轻。一般人，在正义之前大都畏缩不前，为正义讲一句话，为正义做一个证明，总是不敢、不肯、不为，实在可惜。每一个人其实都应该要有维护正义的勇气，也要有维护正义的能力、方法与发心。维护正义，不但人人要做，而且要能做得举重若轻。唯有人人维护正义，社会才有公理正义。

和而不流

佛教的初果阿罗汉又名为“预流果”“逆流果”“入流果”，意思是说，修行到某一个阶段“预入圣人之流”，或是“逆生死之流而顺圣道之流”，或者是“和合圣人之流，不合世俗之流”。所以，做人应该有“和而不流”的观念。

什么是“和而不流”呢？例如：

一、加入政党，就不必再属某某派系。现在世界上的国家，都有很多的政党，甚至在同一个政党里，又有很多的派系不同。这就像一个人的身体，眼耳鼻舌身互相不合流。在一个国家，不管执政党也好，在野党也好，如果党内一直为派系搞纷争，这对国家或是政党而言，都非福气。所以，任何国家的任何党派，所有党员可以有不同的意见，但彼此要和衷共济，这是第一重要的“和而不流”。

二、参加工商团体，就不必太分人我。社会上，工人要努力“增产报国”，商人要确保“货畅其流”，农夫要不断“改良品种”。一个国家的每一分子，不管士农工商，在国家的大团体里，都应该为国为民，各司其职，彼此分工合作。就像在学校执教的老师，术有分科，业有专精；又如医院里的医生，虽然分有内科、外科、眼耳鼻喉科、肠胃科等，但有时也需要会诊，这就是“和而不流”。

三、做佛教信徒，不是某人某寺之徒。人要有宗教信仰，信仰佛教者，应该要“依法不依人”，大家都是信仰同一个教主释迦牟尼佛，都是信仰同样的三法印、四圣谛、八正道，大家都是三宝佛弟子，不该再做某寺之徒、某人之徒。所以，佛教徒彼此应该要和谐、和好、和合，大家可以共同修学、共同研究、共同入道，但是对世间上的人我是非，应该和而不流。

四、同心救国救民，何必分某行某业。在社会的各行各业中，不管你从事什么职业，政治家、军事家、教育家、经济家等，只要发心为国为民，在国家的旗帜之下，爱国不落人后，救人不遑退让，大家只要各尽其力、各尽其能就好，彼此不要计较你贡献多少、我付出多少。就像溪湖支流，流入大海，同其一味，所以不论参加党派也好，从事职业也好，信仰宗教也好，尽管身份有再多的不同，在救国救民的前提之下，应该和而不流。

人，应该有所为，有所不为。“和而不流”就是我和国家只有一个，应该和而不再分裂；我的信仰也只有一个，应该和而不再分歧；我的家族，也是一脉相承，都应该和而不再分流。

捌·走更远的路

人生好比一条“路”，要靠自己走出来，自己走不出自己的路，总是没有把人生活得淋漓尽致，因此每个人都要重视自己的“生涯规划”。人的一生都在追求一个圆满。圆满的人生要有许多方面的成功才能完成。但是，成功有成功的条件，想成功必须先建立良好的观念，否则可能就差之毫厘，谬以千里了。

世间的一切，我们不可以用愚痴、贪心、妄念、邪见去追求，要用智慧去拥有。

发 现

古往今来，人类有很多伟大的发现，有了发现，然后才有伟大的发明。例如，富兰克林发现了雷电，经过半个世纪之后，爱迪生发明了电灯，让人类从黑暗走向光明，大大改变了世界文明的进程。

此外，牛顿发现“地心引力”，爱因斯坦发现“相对论”，达尔文发现“进化论”，毕达哥拉斯最早发现“地球是圆的”，乃至哥伦布发现了“新大陆”，以及莱特兄弟发明“飞机”等，在在都让世界文明有了长足的进展。

其实，世间最伟大的发现，是释迦牟尼佛发现了“真理”，说明宇宙人生一切都是“缘起”而有，不但帮助人类解答生死之谜，同时揭开了宇宙万有的奥秘。

说到“发现”，人类应该可以有更多伟大的发现，例如：

一、发现自己的缺点。孔子说：“人非生而知之，乃学而知之。”可见人要发现自己的缺点，才知道改进，才知道学习。所以，人生最大的发现，应该是发现自己的缺点；我执、无明、自私、贪爱、嫉妒，就是身心蕴藏了许多比盗贼还可怕的敌人，它们会污染人性，是我们进步的障碍，应该去除。可是一般人往往只看得到别人的缺点，发现不到自己的缺点，这是最大的愚痴，也是最大的遗憾。如同医生看病，要找出病源，才能把病医好，所以如何找到缺点，加以修正，这是人生第一要务。

二、发现自己的特长。语云："玉不琢，不成器；人不学，不知义。"人有缺点，但也有优点。假如能发现自己的优点、特长，例如对科学、物理、电机、音乐等，很有兴趣，把很多兴趣、爱好，发展成为自己的专长。别人不能，我能；别人不会，我会；别人不好，我好。能把自己的特长尽量贡献给社会、人类，则活在世间也就有存在的价值了。

三、发现自己的潜能。所谓"潜能"，就是还没有被开发出来的能力。根据研究指出，一般人所展现的能力，只有潜能的百分之十，另有百分之九十有待发掘，可见人的潜能无限。世间有不少的宗教家、哲学家、科学家，因为发现了自我的潜能，因此提出许多学说，说明对宇宙人生的看法、见解。其实，人的潜能包括慈悲的潜能、般若的潜能、成佛作祖的潜能，只是这些潜能都有待吾人自我发现。

四、发现自己的恩人。人在世间，不是靠自己就能成功，凡事要有助缘。例如，一个人的成长，需要父母的养育、师长的教导、朋友的提携、社会的重用，这都是对我们有益的恩人。另外还有一些不容易被人想起的恩人，例如我们从小喝牛奶，牛就是我们的恩人；寒冷了要穿衣，织布工人就是我们的恩人；肚子饿了要吃饭，农夫就是我们的恩人。举凡天地的孕育，万物的供给，一切众生的助缘，都是有恩于我，我应该对世间一切生起报恩的心念，这应该是人类一个伟大的发现。有了这种发现，则宇宙与我同在，世间一切与我共存，一切众生都是我的父母兄弟姊妹，则人生怎么会感到活得没有意义呢？

五、发现自己的尊严。人类都有自卑感，这是没有出息的想法。人能自谦，自然可贵。假如能活出尊严，更为重要。所谓"舜何人也，予何人也，有为者亦若是"，世间没有天生的释迦，也没有自然的弥勒，一切都要靠我们的自尊心，活出自我，成为人间的依怙。

六、发现自己的佛性。释迦牟尼佛在菩提树下大彻大悟，悟的就是宇宙之间，一切众生都有佛性，但因妄想执著而不能证得。佛陀这一昭示说明，假如吾人能发现自己也是佛种，也有佛性，也有成佛的潜能，这比起前述所说的科学家、哲学家之发现，不是更伟大吗?

找到了

失落的东西，忽然找到了，欢喜之情可想而知。“找到了”实在是一件值得欣喜的事，尤其是找到“东西”之外，如果能够找到“自己”，更是值得庆喜。人生应该找到自己的什么呢?列举如下:

一、找到了自己的缺点。人很容易看到别人的不是，却看不到自己的缺点。有朝一日，自我反省，找到了自己的缺点，例如贪心太重、脾气太大、语言太多、习惯不好、心地不良等。假如知道自己的缺点而加以改正，这是多么值得庆贺的事。

二、找到了自己的问题。有一些事被人怨怪、被人责备，产生误会，找不到问题所在。有一天忽然发现问题的症结，是由于自己的自私、执著、礼貌不够、度量不宽……一旦找到问题的原因所在，并且加以改进，必是人生美事。

三、找到了自己的兴趣。有的人做任何事都提不起兴趣，假如能在工作之外找到自己的兴趣，例如喜欢绘画、欢喜唱歌、乐于寻幽览胜，甚至喜爱莳花植草等，只要有兴趣，人生就会活得很有乐趣。

四、找到了自己的目标。一个人没有目标、没有方向，像是无头苍蝇，找不到生活的重心、意义。假如能立定自己的志向，确立自己的目标，不管从政、经商、治学，或是务农、做工等，只要有了生活的目标，踏实地过日子，就算不能成大功、立大业，至少也能活得自在欢喜。

五、找到了自己的良师。世间男女想要找个结婚的对象比较容易，若想找个值得跟随学习的良师，就不是一件容易的事了。尤其“经师易遇，人师难遭”，士农工商各种技术上的老师还容易找，心性上、道德上、人格上的良师，就难遭难遇了。有幸找到了，要肯听他的指导、开示，要能接受他的纠正、改错，那真是人生至乐。

六、找到了自己的益友。俗语说，在家靠父母，出外靠朋友，但是朋友也有益友与损友之别。能够找到一个相知相惜的知心益友，彼此志同道合，患难与共，生死不弃，那真是人间最幸福美好的事。

七、找到了自己的因缘。世间凡事要靠因缘际会，因缘不到，求也求不来；因缘成熟了，不求自然能成就。所以，一旦遇到自己的好因缘，当然是好事，只是因缘也要靠自己培养。种善因，结善缘，自然会有好的因缘帮助我们成就好事。

八、找到了自己的真心。人如果不认识自己，不明白自己，就像行尸走肉一般，做不了主。有一天忽然找到了自己，明明白白地认识了自己的本性、本心，见到了自己本来的面目，那就是找到了自己的本家，这才是人生真正最值得欢喜的事。

整　理

家庭里，客厅乱了要整理一下，厨房脏了也要整理一下。甚至庭院里的花草树木，每隔一段时间如果不加以修剪整理，就会草秽从生。生活里，每日的开支用度，账目久不整理，也难免会透支。

人生数十年的岁月，应该整理的事物很多。就说每天出门之前，总得把衣冠整理干净整洁，才能走向人前。颜面也要整理得容光焕发，才可以和人会面。其他尤其应该整理的事项，诸如：

一、整理生活，才有纪律。人每天都要生活，但有的人当睡觉的时候不睡觉，该起床的时候不起床。白天睡觉，晚间挑灯夜战，这种晨昏颠倒的混乱生活，造成起居不能正常，三餐不能按时，不但影响身体健康，甚至精神萎靡、情绪不稳，间接影响工作效率。因此，除非工作需要不得不如此，否则没事喜欢昼伏夜出、习惯过夜生活的人，必须加以调整，让生活恢复规律，让生理时钟恢复正常，生活才能步上轨道。如果作息无常，要想让人生正常，此实难矣哉！

二、整理思绪，才有条理。有人说，思想像一堆乱麻，千头万绪，剪不断，理还乱。尽管思绪如麻、如丝，人还是应该整理出头绪来，才能驾驭情绪，而不至于庸人自扰。所以，思想的杂乱、情绪的起伏，在在都需要整理和驾驭。平时经常听人说“让我想一想”，他就是在整理思绪；“请给我一些时间考虑考虑”，他也是在整理思绪。只要思想集中，有了重点、纲目，思绪就不至于紊乱，情绪就不至于像海潮澎湃汹涌、起伏不定了。当你整理好思绪，当你无明的风浪停止，情绪自然也会获得平静。

三、整理心灵，才能安定。乱糟糟的人生，就是由于没有把心灵整理好，内心妄想纷飞，千头万绪，面对外面的境界，只要遇到不如意的人事，就会心烦意躁、扰攘不安。这是由于平时没有训练好自己的心灵，由于心灵统率无方，驾驭不了眼耳鼻舌身，不但不会重用它们，反而受其干扰。如果经过训练，心灵驾驭有术，让眼耳鼻舌身都受心的主人领导、指挥，当看则看，当听则听，当说则说，当行则行，不当的一概按兵不动，偃旗息鼓。如此内外都经过整理，让眼耳鼻舌身听心的指挥，心不随境转，自然就能安定自如了。

四、整理言语，才能优雅。在人生的各项整理当中，整理语言也是重要的大事。有的人开口就是长篇大论，但言不及义；有的人说话颠三倒四，没有条理；有的人说话空洞没有内容；有的人说话是非不明。所以，语言不加以整理，简直无法与人相处。语言主要是为了沟通彼此的思想，说出来的语言要能让对方欢喜接受。别人不接受，或不欢喜，说得再多，又有什么用呢？所以老师上课，教材都要事先经过整理；名人讲演，更要整理一下语言的组织、架构；即使是平时的闲话家常，说话也要有分寸，经过整理的语言才不至于出错。

勇　气

在佛经里有许多菩萨救苦救难，他们不只是凭着大慈悲、大智慧就够了，还要有大勇气。过去的人把勇气和智慧并称，所谓“智勇双全”；佛教也主张“悲智双运”，都是需要有勇气。

谈起勇气，人生在面对很多的逆境时，都需要有勇气，包括：

一、面对艰难困苦要有勇气。人的一生，不可能事事一帆风顺，所以在面对艰难困苦时，要奋勇突围而出，没有勇气是无法达到目的的。所谓“勇气”，不是匹夫之勇，也不是刚愎自用。所谓勇气，是从艰难困苦中提炼出来的一种克服艰难困苦的力量。人要在艰难困苦中成为一个胜利者，那就非得依靠勇气不可了。

二、面对人我是非要有勇气。在这个世间，此也是是非，彼也是是非，是非满天飞。如果没有勇气的人，往往就被是非打倒，或被人我是非折腾得心灰意冷，毫无办法。假如有勇气，不管是是非非，表现出事实来给人知道，所有的流言、毁谤，当水落石出、真相大白时，人我是非自然就烟消云散了。

三、面对无明烦恼要有勇气。人的无明烦恼，就如魔鬼，一直与我们纠缠不清。佛经讲，人有八万四千烦恼，有大烦恼、中烦恼、小烦恼。“贪嗔痴”就是统领三千烦恼魔军的大元帅，他们指挥烦恼无明，神勇无比。所以，吾人也要有强大的战斗力，要有般若智慧，要能像金刚般勇猛，才能与烦恼魔军作战。能够降伏烦恼魔军的人，才是有为的人。

四、面对生死迷惘要有勇气。懦弱的人，一到生死关头，往往手足无措，不知如何是好！尤其对于死后要到哪里去一概不知的迷惘，更要有勇气、智慧，才能从容面对。一般人鼓励人面对生死要“节哀顺变”，所谓节哀顺变，就是必须鼓起勇气，认清生死的真相，明白人虽有生死，但不要随生死起舞。就是办丧亡佛事时，也要有勇气、智慧，才能克服那一份生死所造成的痛苦与迷惘。

五、面对失败挫折要有勇气。人的一生，难免有挫折，难免会遭遇失败。一次挫折失败就被打倒的人，太经不起考验了。孙中山先生革命，经过十次失败才能成功；历代开国的君主，南征北讨，数十次的疆场考验，才能称霸为雄。所以，失败是成功之母，挫折是经验之学。在失败挫折之前，应该更加鼓起勇气，奋发图强，不达目的誓不罢休。

六、面对冤枉委屈要有勇气。一般人受人冤枉、委屈，除了自怨自艾、自悲自叹以外，毫无办法。但看一些有为的人，如孔子被冤枉，误以为是鲁国的叛臣阳虎，差一点遭受牢狱之灾，甚至在周游列国途中，也曾落难，饱受饥饿之苦，难道他不觉得委屈吗？自古多少正人君子，被人冤枉，甚至受人陷害，都是凭着自己的勇气，冲破难关，才能有出头的一日。

七、面对财色诱惑要有勇气。摆明对你不友善的敌人，容易对付；伪装的陷阱，往往让人防不胜防地身陷其中，难以自救。世间上的财色，所谓“财不诱人人自诱，色不迷人人自迷”。面对财色，能有智慧把持，不受引诱、迷惑的人，才是真正最有勇气的人。

承担

人到世间来，是享受吗？未必！是受苦吗？也不见得！这是一个苦乐参半的世间，我们来到世间，不管苦乐，都要“承担”。人生要承担一些什么呢？

一、生活的承担。人要生活，就不能不吃饭、不穿衣等。生活所需的费用从哪里来呢？这时就必须承担生活的担子！不但承担个人的生活所需，一家老小我们都要帮助承担。有时日常生活所需之外，偶尔有个病痛，还要负担额外的医疗费用，所以生活的担子、生活的压力，常压得人喘不过气来，如何调适，就看个人的承担力了。

二、心理的承担。生活的负担以外，心理上有烦恼、欲望、贪嗔、嫉妒等，你心理上承担不起外面的人事、境界的压力，就会痛苦不堪。所以，心理上的七情六欲，重重叠叠的因缘事端，都压在我们的心上。有能力的人当然懂得化解，用知识化解，用信仰化解。没有力量、不能化解的人，只有承担心理上的压力了。

三、声望的承担。有的人一直要名，希望有声望。等到名望有了，才发现名望也是一种承担。你会讲经，每到讲演时，你的声望告诉你，不能随便，你要有与声望相等的演说；你会音乐，一场音乐会，你要有和声望相当的音乐素养来表演，不能坏了自己的名声，这都必须要承担。

四、责任的承担。人到世间来，父母交给我们的责任、长官托付给我们的使命，乃至在职业上应该承担的责任，在感情上应该负起的责任，甚至对国家社会应负的责任，你说我能不承担这许多责任吗？要承担这些责任，必须要有时间、空间，尤其要有力量，才能承担这么多林林总总的责任。

五、身份的承担。在人生的舞台上，每个人都有自己应该扮演的角色，甚至是多重身份、多种角色。你是父母就有父母的承担，是教师就有教师的承担，乃至士农工商，老板、员工都有各自的承担。要做董事长，没有领导人的承担，甚至当警察没有警察的承担，不能配合身份，不能承担身份所应负担的责任，就会被淘汰。

六、关系的承担。人与人之间，不管亲疏，父母儿女有伦理上的承担，亲戚朋友有社会上往来关系的道义承担。一个团体上下人等，都有彼此工作上的承担。甚至我拥有了一块土地，就必须缴税；我买了一栋房子，就必须承担它的保养；我种的花草树木，就要承担浇水施肥的责任；我领养的小猫小狗，也不能让它挨饿受冻，必须承担它生存的责任，这都是关系的承担。

七、道义的承担。除了上述的承担之外，有时候道义之交也要承担道义的责任。例如，你的家人有婚丧喜庆等各种事务，我跟你是朋友，在道义上我不能不帮你承担；我过去曾接受别人的关怀、协助，在人情道义上，我不能不处处、时时帮助他承担一些责任，这就是道义的承担。

八、负面的承担。在各种承担当中，负面的承担应该是最辛苦的了。例如，别人加诸我的毁谤、说我的是非、对我的陷害，我必须承担这些有的、没有的罪名。此外，自己身体上的疾病、心理上的烦恼、情感上的挫折、财富上的得失，乃至大自然的灾害、社会的刀兵盗贼、政治的迫害等，在在都叫人难以承担。

一个人在世间，到底能承担多少重量？仔细算一算，若没有坚强的大勇气，在世间活着，实在不容易承担！

极 限

人的潜能无限，但是在世间上，有形有相的东西，都有极限。大楼能建多高，已经给你放宽到极限了；土地能用多少，已经给你开放到极限了。

甚至人的体能，也有极限。亚洲铁人杨传广先生，在世界奥林匹克运动会中，十项全能只得到亚军，因为他已经到了极限。“飞跃的羚羊”纪政女士，虽然跑得很快，也没有得到过冠军，因为她的体能已经到了极限。

民众要求官员给予帮忙，官员说“我能用的权力已经到了极限”；百姓到银行贷款，行员说“你的贷款额度已经到了极限”。世间都有“极限”，在极限里做事，当然不能超越极限。不过极限以外，还是有“无限”，例如我无限的想念、我无限的爱羡、我无限的尊敬、我无限的发心。只是这种无限的标准在哪里？只是一个概念的思想而已。

在佛教里都讲究“无限”。虚空无限，我愿也是无限；众生无限，我的慈悲也是无限。其实，世间到处都是“有限公司”，从来没有“无限公司”的成立。因为在财务上、业务发展上，总有个极限。

人也有极限，人的极限源自于：

一、极限在恐惧里。人有恐惧，缺乏信心，因此生起了“我不会”“我不能”的心理，就为自己设了一个极限。恐惧我的钱财用完了，不能再来，就限制自己的开支。担心把东西给人，自己没得用，就限制了跟人结缘的机会，所以恐惧是造成极限的罪魁祸首。其实人生不要怕没有，只要甘于牺牲，欢喜奉献，人生的潜能、因缘是无限的。

二、极限在懒惰里。懒惰也是造成极限的原因，因为懒惰就不想再有更大的发展、更高的成就，他觉得有一碗饭吃就好，有一份工作做就好。由于自己懒于奋斗、懒于向前，就自我设限，不敢向无限挑战。做一件事情，懒惰的人认为自己没有办法把事情做好，于是干脆不做。好不容易发了一个心，想到老人院去当义工，才为老人服务半天，就觉得累不可支，于是打退堂鼓。一个人因为惰性使然，连带把自己的爱心、能力都减弱了，所以成就自然也有极限。

三、极限在安逸里。人性以追求快乐为目的，多数人在得到少许快乐之后，立刻心满意足，不想再追求更高的解脱自在之乐。由于人性喜欢安逸，容易满足现状，对于无限的法喜、无限的禅悦，不懂得要去追求，因此无法超越极限。唯有对无限的真理之乐，生起向往之心，并且发大勇猛精进，不断地追求，不断地发掘，才能突破极限。

四、极限在固执里。固执更是限制吾人向无限发展的最大障碍。所谓“无限”，就是没有藩篱，没有限制。但是有一些人思想固执，于是限制了自己的心量，限制了自己的慈悲。一个固执于小心小量、小志小愿的人，正是所谓“夏虫不足以语冰，井蛙不足以曰天”，如此怎么能超越极限呢?

化繁就简

在“管理学”盛行的今日社会，不管人事、财务、行政等管理，都要“化繁就简”。过去儒家，光是一个婚丧礼节，就有很多的繁文缛节，让人消受不了，因此为人诟病。在宗教界，有些宗教仪式也因执著于前规，繁复不已，让人生厌。所以社会要改革，首先就从礼仪的“化繁就简”开始。

在一般家庭里，一个长辈往生，后面接着就有一大堆事情要处理，也有很多问题要解决。从买棺木、找葬地、择日期、发讣文，乃至要怎样入殓、怎样停灵、怎样殡丧、怎样超度等，众多的意见主张，都要摆平。甚至一个告别的仪式，乐队、祭品、谁前谁后，乃至诵经超度，从头七、三七直到七七，后面还有百日、周年等，光是这许多繁复不堪的礼节，真是让人觉得“死不起”，也愈加觉得“化繁就简”的重要。

在当今的社会，由于时代不同了，不仅婚丧喜庆要化繁就简，甚至于公司行号、各种经营管理，都要化繁就简。如何“化繁就简”呢?

一、复杂的事情简单做。一件人事的调动，看起来再简单不过，但是“一个萝卜一个坑”，一个人的调动，牵涉到调去哪个位置，那边的人又要调往哪里去，所以牵连到的相关人事，都要经过协调、说明。如此往返，可能没有一两个月都难以完成。假如以制度、以规矩行事，不要临时个别去做人情商量，就不会那么复杂了。中国人常说“看我的情面”“看我的面子”！看我的情面，情面有了特权就会复杂；看我的面子，面子不合法规更是复杂。所以，现在的社会，大小机构都要定制度、立办法，有了制度、办法，本来很复杂的事，就可以简单应付了。

二、散乱的念头简单想。我们内心经常妄想纷飞，杂念不停。心念在短短的时间内，可以上天入地，可以东半球、西半球两地来往。甚至多少亲戚朋友，人事往来，都会不时从眼前晃过，各种悲欢离合的前尘往事，也不时在心头涌现。我们的心里念头太多、太复杂，真的负担很重。假如对于这些复杂散乱的念头，都能单纯化，凡事简单地想，不要想太多，心中的担子一轻，人生不就好过多了吗?

三、应酬的言词简单说。我们经常看到一些活动场合、会议典礼，各方贵宾云集，每个人都要上台讲话，表示受人重视。其实这种应酬的场合，上台三五句就可以交代，有的人偏要发表长篇大论，费时惹厌。既是应酬，没有给人好感，反而引人嫌烦，真是不智。所以，一些应酬的场面，说一些应酬的话，还是简短为宜。

四、纷纭的人事简单化。在人世间，人最麻烦、最难管理。平时我们管事，事情这么做、那么做，他都不会有意见。管钱，钱财这样用、那样用，他也不会反抗。只有人有意见，有不同的看法，所以就很麻烦。假如纷纭的人事也能化繁就简，从管理上把人事简单化，人事一简单，一切都会跟着简单。

捷　径

“捷径”就是抄近路，因为不需要绕远道就可以到达目的地，所以一般人都喜欢抄捷径，甚至当官也有“终南捷径”可走。

所谓“终南捷径”，话说唐朝宰相卢藏用，在他初中进士时，未能如愿获得官职，因此特意隐居在长安南面的终南山，以待朝廷征召，后来果然以“高士”之名入仕。后世一般士子起而效法，认为到山林隐居，建立社会清流的形象，博得隐士的美名之后，比较容易获得应诏当官的机会，因此“终南捷径”乃成为官场捷径的代称。

说到捷径，人生也有一些可以获得事半功倍的捷径，例如：

一、走路是健康的捷径。现代人为了健康，三餐吃有机饮食养生，并且补充各种营养品，甚至聘请家庭医师。其实养生最简单的方法，就是“走路”。中国人早就说过“饭后千步走，活到九十九”，只要早晚五千步，勤于走路，就是健康的捷径，这在医学上已经获得证实，毋庸置疑。所以，现代人想要长寿，就要勤于走路。

二、勤劳是致富的捷径。人人都想发财，却苦无方法，其实勤劳就是致富的捷径。“勤有功，戏无益”，你勤于工作，工作有成果，那就是财富。一个人只要有心，山林的开垦、农林的种植、工厂的劳动、商店的经营，甚至摆个地摊，每天都有收入，则致富只是时间早晚的问题而已。

三、读书是成名的捷径。知识学问是无形的财富，所谓“书中自有黄金屋，书中自有颜如玉”。读书人“十载寒窗无人问，一举成名天下知”。如果你读书有成就，那就是成名的捷径。因为读书以后，知识丰富，器度恢宏，能办大事，怎么不会成名呢?

四、亲切是交友的捷径。每个人都希望结交朋友，所谓“在家靠父母，出外靠朋友”，多结交益友，对自己的前途会有很大的帮助。但是一个人如果傲慢、悭吝、自私，很难交到朋友。待人要真心、热诚、主动、亲切，不但热心为人服务，而且脸上多一些笑容，口中多一些赞美。能够真心、亲切地待人，自能赢得友谊，所以亲切是交友的捷径。

五、服务是结缘的捷径。人缘好，就代表一个人做人成功。不是靠阿谀谄媚、虚伪奉承别人就有好人缘，人缘要靠我们真心诚意地为人服务，热心帮人排难解纷。在这个现实的社会里，热心服务的人不会寂寞，你给人多少服务，别人也会回馈给你同等的友谊。所以，只要你热心助人，给人方便，给人欢喜，还怕没有好人缘吗?

六、赞美是升迁的捷径。每个主管、领导人，都希望获得属下的服从、拥戴，甚至赞美，最忌讳部属与他意见相左，想法不一，乃至语言讥讽。假如我们对上司多一些赞美，多一些顺从，则升迁的机会自然会增加，所以说“路在口边”，升迁的道路也在口边。

人生的道路，必须脚踏实地，一步一脚印地走，不能躐等，不能好高骛远。但有时候懂得一些捷径，可以迅速到达目标，只要是正道，也不是全然不可行！

快不得

现在是一个追求速度的时代，什么事都讲究快速。吃的有方便面、快餐。

交通有了快速的汽车，还要更快的高铁、飞机。此外，穿的有迅速的烘干机，用的有快速的印刷机等，一切都要讲究快速。

现在一般社会大众大都希望愈快愈好，不过也有一些人不希望太快，因此提出“慢活”的主张。确实也是，人生有些事是“快不得”的，例如：

一、煮菜的火候快不得。我们每天三餐的饭菜，必须要用柴火、煤气、电力等烧煮，才能把饭菜煮熟。这当中不只要有火力，还要时间，不能求速。火力太快，煮不熟烂，味道煮不出来就不好吃。中国人酿酒、做酱菜，也要有一定的时间酝酿。就如饭菜一样，经过一定的时间，等火候到了，自能成熟。

二、成功的基业快不得。一个人要求成功，当然愈快愈好，但成功不能一蹴而就。就像读书，要熟读，得有十载寒窗，经年累月的功夫；又像唱歌，曲要多哼几遍，多加酝酿，唱腔才会更圆润。事业的成功，就像建房子，不但地基要稳固，即使地面上的楼层，灌好水泥混凝土之后，如果不依照二十一天才能拆除板模的规定，房子终将龟裂，甚至因为不牢固而发生危险，所以快不得。

三、人生的经验快不得。年轻人做事，总有一些不到的地方，因此常被人批评为“经验不够”。经验不是嘴上说的，也不是一下子就能学得的，经验需要时间。就如航空驾驶，必须练习飞行几百个小时，再跟总机师学习飞行几千个小时，有了实足的经验之后，航空公司才敢录用你。经验的累积就是智慧。农夫靠经验，知道何时要播种；商人靠经验，生意不致蚀本；球场上的各种球类比赛，不但要有高明的技术，还要经验老到，才能制胜。经验要靠时间累积，一点都快不得。

四、学问的养成快不得。人生要有学问，有学问才有内涵。人生的学问，活到老，学不了。人从启蒙到幼儿园，而后小学、中学、大学，循序而上，即使是天才，除非特殊的个案，否则都不能躐等。学问要扎实，等于爬楼梯，一阶一阶，拾级而上。就算你天赋异禀，过目不忘，但人生的阅历、经验，火候不够，也不能体悟。所以，学问的养成，快不得。

五、岁月的成长快不得。古代有个国王，喜获一位小公主，但是看到小小的女婴，像只小猫，大失所望。国王立刻下令，谁能让公主“立刻长大”，将有重赏。一名医生自称有此能力，但条件是国王十二年不能见公主。在国王允诺下，医生带着公主到世界各地旅行，十二年后回国。国王一看，喜出望外，公主真的“立刻长大”了。

其实，世间哪有不经岁月就能长大的人呢？不仅岁月的成长快不得，有很多事都是快不得的。登高山，无法一步登顶。即使乘坐快速电梯，一百零一层的大楼，也要三分钟才能到顶。既然世事无法快速完成，吾人就不能贪快，否则“欲速则不达”，此不能不知。

不可能

世间万事，有“可能”的，也有“不可能”的。当初佛陀成道时，几乎为此问题而想要即刻涅槃。因为佛陀发现自己所证悟的道理，与世间众生所认知的完全相违。佛陀认为真如佛性是真的，但众生认为是假的；众生认为荣华富贵是真的，但佛陀认为那是虚幻的。佛陀有感于自己证悟的佛法，不能与世人相契，不如早早涅槃的好。所幸帝释天请佛陀体念大众，所以佛陀还是住世四十九年，说法三百余会。

总说世间法有“可能”的，也有“不可能”的。兹略述“不可能”的如下：

一、一步登天不可能。佛教讲，成佛要经过菩萨五十一阶位的修行；罗汉也要经过四禅八定，慢慢修成四果罗汉；就是往生西方极乐世界，也不可以少福德因缘。所以，世间事总要“一步一脚印”，妄想“一步登天”，那是不可能的。

二、幻想成真不可能。有人说“梦想可以成真”。梦本来是虚幻的，但是有梦想就有心愿，就有动力，所以在虚幻世界之外，另有真实的心力存在，因此梦想可以成真。但是“幻想”就不是如此了，幻想是虚幻不实的事，既是虚幻，哪有实体？所以，“幻想成真”不可能。

三、无因之果不可能。世间一切都是因缘所生法，离不开“因果”关系。所谓“果从因生”，这是必然的道理，没有经过努力播种的因，哪能有收成的果？所以，“种瓜得瓜，种豆得豆”，无因之果是不可能的。

四、无中生有不可能。在佛教的义理里，“真空生妙有”，甚至“有依空立”“事待理成”，这都是合理的说法。但在一般世间法里，本来没有的东西，忽然冒出来，除非是变魔术，否则没有因缘，“无中生有”是不可能的。

五、肉身不坏不可能。经常听到佛教界说，某位高僧大德圆寂后肉身不坏。肉身真能不坏吗？肉身是有为法，有为法必然会有成住坏空、生住异灭。常保肉身不坏，若非僵尸，就是木乃伊，或是经过特殊处理，当然也有可能保存一段时间，但基本上，佛法里没有肉身不坏的道理。

六、怒发冲冠不可能。在《满江红》里，岳飞精忠报国，他以“怒发冲冠”来表达内心对敌人的愤怒。“怒发冲冠”从文学的角度赏析是可以的，如李白的《秋浦歌》有“白发三千丈，缘愁似个长。”但事实上，从物理学来看，“怒发冲冠”是不可能的，这只是一种情绪的表达。

七、真常不变不可能。佛教讲“真常唯心”，那是出世间法。世间法里沧海桑田，物换星移，世界分分秒秒都在变，所以除了法身之外，世间法没有恒常不变的东西。

八、人生不死不可能。在无为法里，生死只是一种循环，生命的本体是不死的。不过从事相上来看，人生了要死，死了要生，有生必然有死，生死是自然的，要求人生不死是不可能的。

总之，佛法讲究因果，有因缘才有结果，就如不经过大冶洪炉的千锤百炼，哪能成金成玉？因此凡事不能心存侥幸，更不要妄想“不劳而获”。有了耕耘，才有收成，这是最浅显易懂的因果道理。

不能错

人的一生，犯错是难免的事，但是知错必改，也非常重要。一个人如果能时时注意自己的言行、思想，尤其待人处事都能不会错，则前途无灾无难，必能一生平顺。所谓“不能错”，有数点意见奉告如下：

一、不能扣错一颗扣子。人在穿衣服时，匆忙中常会扣错扣子。如果扣错了第一颗扣子，下面的怎么扣都不完整，衣服穿起来就不平整，如此为人笑话还是小事。一个人在做人处事当中，如果投资错误、喜爱错误、求职错误、交友错误，所谓“一错再错”，错到自己都不知如何回头，则人生前途堪忧。

二、不能下错一步棋。俗语说：“下棋错一步，满盘皆输。”军人作战，也会“兵败如山倒”；医师用药，打错了一针，或是吃错了药，都可能让患者“毕命”；一个人走错了路，背道而驰，永远也到不了目的地；船只在海上航行，方向错误，差之毫厘，谬以千里。因此，吾人应该步步谨慎，人间万事出错不得，千万不可大意。所谓“一步一脚印”，当跨前一步时，就要想到之后的步伐如何走法。下棋的高手，都会预料到三步、五步后面的招式。但是一些初学棋艺的人，一心只想吃对方的棋子，不懂布局。所以，人生从结婚、求职、拜师学艺，都要步步为营，不能走错一步路，否则再回头已是百年身。

三、不能用错一个人。社会上各行各业，兴衰之道都看领导用人之方，所谓“人能弘道，非道弘人；人能成事，非事助人”。所以，吾人给人用，要能让人觉得没有错用了我；我要用人，也要看清楚所用之人果能有助于事业多少。尤其用人时，人品比能力重要。诸葛亮先生一世英名，但最后在历史性的一役“街亭之战”时，因为错用了马谡，致有街亭之败，最后虽然忍痛“挥泪斩马谡”，但也等于为蜀汉唱起了挽歌。

四、不能说错一句话。东西打破了，可以再买，甚至房子烧了，可以再建，但是说错了一句话，伤了人情，就再也难以恢复了。所谓“病从口入，祸从口出”“一言以兴邦，一言以丧邦”，一句话的影响，就像一粒石子投到大海里，波涛荡漾，无休无止。因此，人在日常生活中，虽然不能不说话，但如孔老夫子所说要“三思而后言”，有时用一辈子的悔恨，也换不回说错了的一句话。一句话得罪了人，让人刻骨铭心，结下仇恨的种子，不知道会长出什么样的后果，所以千错万错，说话不能错。

不能错，就是叫我们言行举止、思想观念都要谨慎，否则扣错一颗扣子、下错一步棋、说错一句话、用错一个人，都可能造成严重的后果，岂能不慎！

不得已

世间有很多“不得已”的事，例如孟子批杨墨之说，倡导儒家之学，他到处推行圣人之道，但又怕人误会，所以说：“予岂好辩哉？予不得已也。”

历史上，汉朝从高祖统一全国开始，为了安抚匈奴，不断以“公主和亲”来息事宁人，尤其汉明帝时脍炙人口的“王昭君和番”，更是说明，大汉王朝对匈奴实行“和亲政策”，实乃不得已也。

再以民国时代的蔡锷来说，他为了瞒过袁世凯的耳目，表面上迷恋京都名妓小凤仙，实际上是等待时机潜逃云南，最后终于组织护国军打倒袁世凯，再兴民国。所谓“迷恋风尘女郎”，后代历史学家都以歌颂的心情，称其乃不得已也。

《水浒传》里，梁山泊聚集了一百零八条好汉，每个好汉都是被迫上了梁山。被迫就是不得已也，当他们走投无路的时候，不上梁山又能怎么办呢？古代有些人穷得没有办法，卖儿卖女，甚至在战乱的时代交换儿女充饥，都是不得已的事。

所谓“不得已”，有些事确实情有可原，但如果是为了争权夺位而兄弟相残，骨肉相杀，甚至逼死他人，这种“不得已”就难以令人认同了，例如：

一、唐玄宗令杨贵妃自缢，不得已也。唐天宝十四年（755），玄宗因宠幸杨贵妃，导致“安史之乱”爆发。仓皇间，玄宗携贵妃出走，途经马嵬驿时，忽然大军不前，要求玄宗诛杀杨国忠，赐死杨贵妃，否则军队不肯保驾。这时年已七十多岁的唐玄宗，虽然百般不忍，但为了自己保命，也为了国家前途，不得已赐杨贵妃自缢，以平息众怒。其实，唐玄宗如果早一点懂得举用贤良、明辨是非、清心寡欲，何至于有此一幕？

二、李世民玄武门杀兄弟，不得已也。缔造“贞观之治”的李世民，为了争夺皇位而杀兄屠弟，演出一出人伦的悲剧，但历史上反为李世民说话，认为他发动“玄武门之变”是不得已的事。甚至历朝历代，为争权夺位而父杀子者，如汉武帝杀太子；母杀子者，如武则天杀儿杀女；乃至兄弟相残者，率皆有之。大家都说是不得已的，只是为了争权夺位，这个“不得已”能成为理由吗？

三、诸葛亮挥泪斩杀马谡，不得已也。三国时的诸葛亮，接受刘备托孤，尽心辅佐阿斗，并以匡复中原、兴复汉室为毕生志愿，但最后不幸北伐失败，退守汉中，其中关键性的一战就是“街亭之役”。当时镇守街亭的蜀国大将是诸葛亮所倚重的爱将马谡，但在街亭失守后，诸葛亮碍于军令、舆论，不得不挥泪斩马谡，以服军心。诸葛亮此举，一般认为是不得已的事，但认真说来，街亭失守，这是战略上的失败，并非将领投敌，其实也可以令其戴罪立功，毕竟人才得之不易，何必一定非要杀之而说是不得已的呢？

四、汉景帝为平乱诛晁错，不得已也。汉景帝时，御史大夫晁错为帮助中央巩固极权，提出“削藩策”，未料引起吴、楚等七国之乱，汉景帝为平息七王之变，因此不得已将晁错腰斩于市。晁错一生忠于国家，至死还要为汉景帝洗刷罪名，谓其乃不得已也。然而此中的是非得失，岂是一句“不得已”所能解说的？

上述的历史，用“不得已”而为杀戮脱罪，不知后世的文明认同否？

误

“误”是可怕的事。应该到达的时间没有到达，是“误时”；应该完成的事没有完成，是“误事”；说话会意不清，造成“误会”；送一份礼，如果不适当，也会有误。

人与人之间最好不要产生误会，万一有了误会，也要赶快解释清楚，因为

“误”难免会造成憾事，例如：

一、医生误诊。医师替人看病，应该对症下药，但是诊疗时出了差错，造成误诊，后果不堪设想。例如，本来只是肠胃不舒服，误诊为肠癌；本来只是精神欠佳，他说得了忧郁症。许多的检查，误断病情，造成病人身心的煎熬。有时候身体已经有了严重的病兆，却没有及时检查出来，以致延误就医，更会造成无法弥补的后果。

二、法官误判。“清官难断家务事”，就是再优秀的法官，对于一些刑案有时也容易发生误判的情形。现在的官司，当事人能言善道，或者请律师出场，或者懂得法律常识的人加以指导，原告、被告，谁是谁非，法官就很难裁决了。一些司法案件，经过初审、二审，甚至三审定谳，其中还是有隐情，有时引法困难，还要靠大赦来解决，可见法律上有时也会造成误判。

三、记者误报。记者报道新闻，是提供民众知晓的方便，但是有的记者笔下不公，写好写坏，全凭个人好恶。有时一字之差，或者全篇立场不公，都可能误导民众。甚至不只记者误报，到了报社编辑处，还要经过主管修改，本来是“狗咬人”，但为了耸人听闻，偏要改成“人咬狗”。今日的媒体报道，小事扩大，大事又更渲染，造成读者要想知道事情的真相，此实难矣！读者读不到真实的报道，倒也罢了，有些当事人受到误报所产生的伤害，那就无法估计了。

四、球员误传。打篮球，一个误传，不但自己不能得分，反而给了对方可乘之机，这一进一出就少了四分。踢足球，一个误传，对方就靠你的失误而赢了球。棒球比赛，全队都是明星，阵容强大，但只要一场战役中有人误传，或没有及时把球正确传出，让对方上垒，甚至回到本垒得分，战局急转直下，后果就难以预料了。

其实也不只是球赛会误传，还有电信局人员把电报误传，邮政人员把邮件误送，政府机关公文误发。所有的来往只要有误，后面都可能产生严重的结果。

五、教师误导。学校里的老师，所有教学的目的，是要引导学生走上一个新知的世界，走上一个正派的未来。《佛遗教经》说：“我如善导，导人善路，汝若不行，过不在导。”但现在的老师教学，有时也会发生误导，让学生因而在思想上有了偏差，误入歧途，是则教师也难辞其咎。老师的言行影响学生的未来甚巨，尤其思想是未来成败的重要关键，不能不慎。

六、官员误国。政治人物，在施政上有时也会误民，甚至误国。犯了严重误国、误民之过的官员，实际上最后是误己。举凡图利私人、贪赃枉法、处事不公、决策错误，乃至外交、军事上误信情资等，官员误国，害的人可就多了。

说到“误”，像流言的误传、功臣的误杀，甚至台风的误报等，其可怕的后果，在在说明，人间不能有误。

选

日常生活里，人都有很多选择的机会和权利。选择一所房子，选择一件衣服，选择一种饮食，我有选择的权利，这是人生最大的幸福。但是，有时候选择错误，也会发生严重的后果，例如：

一、选错职业。中国历史上，最纷乱的春秋战国以及三国时代，乃至五胡十六国等时期，很多人都知道“贤臣择主而事，良禽择木而栖”，但是很不幸地，因为选错了国家、选错了主子，因此抱憾一生。现在的职场上，有的人选错职业，工作与兴趣、理想不符，但为了现实生活，只有忍耐消极过一生。不过，也有的人发现选错职业以后，及时转换跑道。只是做了这样的选择，人生就必须再次接受另一个挑战。

二、选错朋友。所谓“近朱者赤，近墨者黑”，有的人选择朋友，只是因为臭味相投，根本不计好坏，也没有付出真心；有的人慎选朋友，一旦决定和这个人结交，就会生死与共。历史上，钟子期与俞伯牙成为朋友，他们是“知音之交”；刘关张桃园三结义，是因为“有志一同”；竹林七贤则是基于“同好”而结交。也有一些人不交世俗之人，宁可以梅为妻，以鹤为友。过去蒋介石先生经常结交拜把兄弟，希望在军中建立自己的势力，但是这些军阀以利为重，今日是友，明日反叛，所以蒋介石也经常选错朋友，良可慨叹。

三、选错婚姻。婚姻是人生大事，选错对象虽然可以离婚再婚，但已是不名誉的事，所以结婚一定要慎重为之。过去的人结婚，要选门当户对，选其财富家世，或选其从事的职业。但也有人选人品学问，选待人处事，选诙谐风趣有幽默感。只是有时候选来选去，错失了婚姻。所谓“良缘天成”，有缘的话，什么都好；没有缘，一切条件都是假的。男女双方，既然结婚，就要对自己的选择负责，不必三心二意、种种计较，彼此应该互信、互谅，这就是对终身负责。

四、选错时间。时间是任人安排的，时间也是听我们选择的，例如莳花刈草，你是选择早晨或黄昏？阅报看电视，你是选择午后或晚间？你要拜访客人，你选上午或下午？当然，时间与别人有关，一定要获得别人的同意，别人不同意你去拜访，他正在吃饭、盥洗、忙于急事，你上门当然只有吃闭门羹的份。这不是他不懂礼貌，而是你选错时间，来的不是时候，所以不受欢迎。诺曼底登陆，因为选对时间，故能胜利；周瑜因为诸葛亮算准时间借东风，才能大破曹军。中国人行事都要选良辰吉日，何时适宜结婚，何时适宜迁居，何时适宜开张，何时适宜安葬……现在多数人都选星期六、星期日，因为大家放假就是最好的时间，所以选择时间不是为自己而选，应该为大家选择。

五、选错人才。现在自由民主时代，经常要选举，所谓“选贤与能”，但事实上，民主是要学习的，不可一蹴而就。现在的选民，多数还是习惯选金钱、选人情、选关系，不选政见，甚至不选好坏，只要你给我钞票，给我招待，我吃了你的五谷，就要为你消灾。所以，最后这一票投下去，就是选错了人。这是民主的悲哀，也是全民的民主素养有待提升的地方。

听什么？

人，都有一双眼睛，是给我们看的；人，也都有两个耳朵，是给我们听的。

人的一生，假如活到八十岁，甚至一百岁，我们究竟都听了一些什么声音呢？

一、十岁的人生，要听父母的训诫。虽然很多儿女，对父母的训诫、关怀、慈爱，都嫌太唠叨了，一般小儿女并不欢喜听这些唠叨的声音，但是又奈何呢？其实父母唠叨的声音里，蕴藏了多少的爱心与希望啊！

二、二十岁的人生，要听朋友的谈话。到了二十岁的青年人，不喜欢听父母的话，开口闭口都说“我朋友说的”“我朋友告诉我的”。这时候朋友非常重要，所谓“近朱者赤，近墨者黑”，所以要让儿女“龙交龙，凤交凤”，千万不能让他们“交个老鼠的儿子会打洞”。

三、三十岁的人生，要听情人的诉说。三十而立之年，父母的话不容易引起认同，朋友的意见也不容易相互影响，这时只有听恋爱中的情人诉说，力量最大了。因为力量最大，所以更应该谨慎，自己要确定人生的价值，要知道自己人生何去何从。前途的成败，人生的苦乐，都不能儿戏，所以不能草率决定。

四、四十岁的人生，要听社会的建议。人生到了四十岁，依孔子所说，已经是“不惑”之龄，但现代人生长在知识爆炸的时代，到了四十岁还是要听社会人士的建议。孔老夫子“十五志于学”，现在的人，有的到了三四十岁，才晓得立志学习，所以在各大学里，老硕士、老博士为数很多。

五、五十岁的人生，要听妻儿的抱怨。五十岁的人生，想让妻儿高唱“丈夫真伟大”“爸爸真伟大”，并不容易。这个时候，多数的丈夫都是听妻儿抱怨，嫌所赚的钱不够多、不能买汽车豪宅、不能出国旅行，所以五十岁的男人，真的很难为。

六、六十岁的人生，要听大众的批评。孔子说，六十岁的人生，应该是耳顺的年龄。而现在的六十岁，人生正好要听社会大众给予自己的批评。我们每天打开电视，看电视里臧否天下人物者，都是中老年的人士。政治家、企业家，这个年龄都要受社会大众的公评，所批评的内容，除了才华、能力以外，道德更为重要。

七、七十岁的人生，要听自己的主张。古人说“人生七十古来稀”，今人说“人生七十才开始”。管他古来稀，管他刚开始，总之今日高龄化的社会里，七十岁以上的老人愈来愈多。七十岁的人生，在社会里浮沉奋斗了五六十年的时间，对社会的认知，对自己的了解，都有一定的程度，这个时候应该听听自己的主张。最好七十岁的人，要把经验传承，把自己的主张诉说给人听，所谓“退而不休”，是其时也。

八、八十岁的人生，要随自然的去留。人生到了八十岁，甚至九十岁、一百岁，这个时候应该不必计较人间寿命长短、有无得失，甚至连生死都不足挂怀，一切任凭自然的生命法则，随缘自在，就如陶渊明所说：“乐夫天命复奚疑！”

毕 业

每年到了夏秋之际，各级学校都会举行毕业典礼，大学生、硕士、博士都要毕业，连中学、小学、幼儿园，也都在举行毕业典礼。毕业只是代表阶段性的学习暂告一段落，并不是人生的完成。在人生的每个学程结束时，都会举行一次毕业典礼，所以人生有好多次的毕业典礼。

毕业之后，可以升学，可以就业。有的学生希望毕业，因为可以告别枯燥乏味的学习生涯，可以摆脱课业及考试的压力，今后可以海阔天空地飞翔，可以为社会服务。但是也有的人不希望毕业，因为“毕业”就是“失业”，还不如留在学校里多学习几年，等学习得够扎实以后，再来服务社会。

关于“毕业”，我曾经为大学毕业生讲过四个观念，略表如下：

一、毕业不是自我完成，而是进取目标。毕业不是代表所学业已完成，不是人生学习的句点，只是人生途中的一个逗点符号而已，应该由此继续向前，向更高、更远的知识学海去探究、学习。例如进入研究所、实验所，或是到各自专研的领域里去实习、参学，以广见闻。所谓“生也有涯，学也无涯”，人生学无止境，要把学习的目标定得更长、更远，才能让自己百尺竿头，更进一步。

二、毕业不是所学皆办，而是扩大实践。毕业是事业学习的开始。大学毕业了，学到的只是诸多学科中的某一科系，甚至某一科系都未必能学得完全，所以不能认为毕业就是所学皆办，一切完成。这只是一个基础的教育，只是增加一些人生的知识而已，接着要进一步去实践、完成。所谓“书到用时方恨少，事非经过不知难”，学与行是完全不同的两种领域。学习是思想的酝酿，纸上谈兵，实践就是上战场，一刀一枪，彼此真实地较量。大家在学校所学，能派得上用场，能学以致用吗?

三、毕业不是贫乏受者，而是富有感恩。毕业是服务社会大众的开始。毕业之后，不能像贫穷的人，等着接受别人的给予，而是应该开始回馈社会。我们在学习阶段，努力吸收世间的各种知识、学问，开发自己的思想、智慧，就是为了将来有朝一日能贡献社会。所以，在学校从老师那里学得的经验、知识，不可以当为己有，作为私藏，应该发挥出来，为人服务、奉献，以此感恩师长、父母、社会的成就之恩。因此，一个阶段学习结束后，可以再继续深造，也可以投入社会，奉献所学。能以感恩之心回馈社会，使社会在我微薄能力的奉献下，有所进步，有所增进，自己才是一个富有的人。

四、毕业不是个体独立，而是融入社会。毕业是融入大我的开始，毕业不是个人的事，还关系到父母、家人、师长。他们和你一样，完成了一个阶段，下面还会继续帮助你融入更大的社会群众，让你和大众融合在一起，彼此观摩，彼此研讨，彼此资助，彼此互惜。这样才能使自己所学，得到实际的应用，获得实际的发挥，让自己一方面施展所长，一方面与社会大众的力量结合。

今日社会都讲究“集体创作”。毕业后投入社会，和所有有志一同的人通力合作，集体创作，这不但是自己应有的态度，也是父母、师长所期望于你的成就。

磨

人与人相处，难免偶有摩擦，摩擦当然不好，但是如果把一切逆境都当成磨炼，那就是成长的助缘了。就如黄金白玉经过琢磨以后，才能制成各种饰品。

物品经过磨拭，就会更加精美。人的个性，尤其一些青少年血气方刚，如果经过社会的一番磨炼，才会更圆融、更成熟。所以一个人的成长过程中，都是要经过几番磨合，才会更进步。

关于磨，世间万物都要磨，才能更好加以利用。例如：

一、黄豆磨了成为豆浆。米麦磨了可以做成糕饼，黄豆磨了可以制成豆浆。中国人早在汉武帝时代，就发现了黄豆可以磨成豆浆，还可以制成豆腐。豆腐是中国人的一大发明。一些卖豆腐的人，每天一早就要起床磨豆浆，再把豆浆制成豆腐、豆干、豆皮，成为中国人餐饮的重要食材。一个人即使餐餐吃山珍海味，久了也会腻，唯有每天一碗豆浆，每天一碟青菜豆腐，那是百吃不厌的家常生活饮食。

二、芝麻磨了成为香油。黄豆磨了可以成为豆浆，芝麻磨了可以成为香油。芝麻磨成的香油，成为家庭主妇必备的煮菜作料之一。平时家常饮食，或是宴会请客，只要在菜肴里滴入几滴香油，可以增加美味，甚至光闻那股扑鼻的清香之味，就会让人食欲大振。不管黄豆制成豆浆，或是芝麻制成香油，都是要经过“磨”，才能成其味。

三、钢铁磨了成为刀剑。俗语说：“只要功夫下得深，铁杵磨成绣花针。”铁杵当然可以磨成绣花针，但是铁杵磨成锐利的刀剑，更为厉害。一些破铜烂铁经过大冶洪炉熔炼之后，有的成为建材的钢筋原料，有些再加以制造，磨成厨刀、剪刀、剃头刀、指甲刀等，成为生活中不可少的器具。例如，三餐要用厨刀切菜，头发长了要用剪刀修整，甚至指甲长了，没有指甲刀也很难处理。所以，即使坚硬的钢铁，也要磨了以后，用途才会更多、更大。

四、木材磨了成为家具。家庭里，美丽实用的桌椅、橱柜等家具，都是一些原木，经过木工刨磨之后，才能制成各种精致美观的家具。甚至一些用来隔间、装潢室内的地板、木材等，长短方圆，尺寸大小，都要经过裁切、刨磨，甚至要打光，才能成为上等的建材。所以，木材磨了，才会更有用。

五、个性磨了成为圣贤。世间万物既然都要经过磨，才能合用，人也是一样，要能经得起磨炼，要能堪受得了外境的折磨。一个能经得起磨炼、能堪受得住折磨的人，就像万物，磨过以后才能成为精品。人，经过磨炼、折磨，才能成为圣贤。磨，是成才、成器不可少的功夫。

适　合

现代社会倡导“和谐”，其实和谐重要，“适合”也非常重要。因为彼此适合，才能和谐；能够和谐，必定适合。

眼看今日社会，许多纷争，都是因为不适合。男女结婚，个性不合，只有离婚；合伙创业，理念不同，看法不一，因为诸多不合，只有分道扬镳。或者在很多的场合，因为身份不合；很多的工作，因为能力不合；很多的休闲，因为兴趣不合，甚至环境不合、时机不合、意见不合等，造成分裂，纷乱不已。所以，现代社会，提倡和谐之外，也要提倡“适合”，例如：

一、适合时势。审时度势，这是创业的人先要具备的眼光与能力，因为无论什么事，都有时间性。春暖花开过去了，你只有接受夏天炎热的煎熬；湖水涨潮，对你造成不便，只有等待退潮。所以，时机、因缘、情势，如果没有观察周全，缺少一样，都难成事。就如农夫播种，也要知道时令；商人批货，也要看好市场。时势对吾人的事业，不能说不重要。

二、适合环境。家里想要养一只狗，环境适合吗？客厅要成为工厂，空间适合吗？台湾的水果扬名大陆，大陆的土地广大，台湾何能比也！但是因为气候、雨量、土质、环境不同，结果当然也不一样，这是不能勉强的。

三、适合身份。你是普通平民，硬要跻身上流社会，身份不合，所以“龙交龙，凤交凤”，这也是勉强不来的。想要跻身上流社会，必先养成上流社会的礼仪、气质。如系上流社会的人士，硬要他到农工之家生活，也会格格不入。所以，过去男女结婚，讲究门当户对。人格本来是平等的，可是表现到身份上，还是有差别。

四、适合能力。我是读书人，叫我用劳力工作；你在工厂上班，偏要你到农场栽种。能力不适合，不但痛苦，而且成效不彰。因此，士农工商，各行各业，都要找适合的人共同创业，才能事半功倍。

五、适合需要。今天家中有贵宾来访，需要一套沙发，你送来许多长板凳，不合需要；我家墙壁很小，只能挂一小幅挂轴，你送我一幅大大的世界名画，也与现实不合。平常的鞋袜衣帽，都要合用才有价值，不合需要，即使名牌也派不上用场。

六、适合兴趣。每个人都有自己的兴趣、爱好，不论工作、休闲，适合兴趣，生活充满无限乐趣。不合兴趣，日子枯燥难过，所以适合兴趣很重要。

总之，人和人的相处，物和物的使用，情与情的交往，都要讲究适合。适合则和，不适合则分，此乃理所当然也。

易

易，对一个人的个性来说，从一个字当中很容易就可以看得出来。有的人喜欢做“容易”的事，凡是困难的事他总是望而却步；有的人喜欢做充满“变易”性的工作，因为有变易才有变化，没有变化，他就感觉枯燥乏味。

“易”之一字，内容很丰富。就如一部《易经》，包括天、地、人、宇宙的运行，甚至世间万事万物的生灭变化，乃至人的幸与不幸等，都有事理可循。其实，人生的道理，有时候是变易的，有时候是不易的，所谓“常”与“无常”，这是二分法，可是在“无常”与“恒常”之间，还有一种“中道”的思想。

以下兹将“易”之一字，分四点解说其义：

一、变“易”无常。世间万法，没有一样是恒常不变的。论时间，春夏秋冬，物换星移；论空间，东西南北，沧海桑田；论人生，真心实相，生老病死；论万物，有形无形，生住异灭。

“无常”是不变的真理，世间尽管哲学家提出再多的理论，物理学家研究出再多的定律，但是在无常的时空流转中，只有宗教家能超越时空的对待，而能脱离“无常”，找到生命的永恒。

二、不“易”真理。变易是真理，不易不变才更是真理，因为“无常”的本身就是一个“不易”的真理，所以世间千变万变中，唯一不变的就是真理。

变易是世间实相，世间最善变的就是人心，一对情侣一旦变了心，怎么样都难以和乐相处；朋友到了变心的时候，也是难以真诚相待。因此，在世间法里，身体、感情、金钱随时都会变化，都在生灭流转。但是在出世间法里，吾人的真如本性则是不变不易的，所以唯有觉性、涅槃、真如、法身，才是不易的真理。

三、简“易”可行。易之一字，里面包含了无限的智慧，例如一个聪明的人，不管做任何事都觉得简易可行。易之一字，象征着无比的力量，只要有力量，再多的事都能轻易完成；易之一字，蕴含了多少的巧妙，凡事只要懂得巧妙，则事半功倍；易之一字，个中拥有万千的因缘关系，凡事只要因缘具足，就能成就。

所以，愚痴的人，一件简易的事都可能被他弄得很复杂。反之，聪明的人懂得“化繁就简”，从单纯的说话、单纯的思想、单纯的工作、单纯的办事中，一切都是顺理成章，无需特别着力，因为简易就容易入门。

四、平“易”近人。人与人之间的关系，从古代的经济“以物易物”开始，这个“易”已经拉近了人际之间的关系。因此，如果我与人有意见冲突，或是利益冲突时，只要把立场互易，也能找出一个是非曲直来。尤其人我立场互易，则世间的道理、看法，就会有不一样的结果。所以，一个有智慧的人，总是经常变换各种立场来看待世间万事。如此我与物、我与人、我与金钱、我与感情、我与心、我与世界，就不会因为执着自己的道理，而与大众格格不入了。

“易”理虽然艰深难懂，但是如果用平常心去看待，其实也很浅显易解，所谓“平易近人”“简易能行”，所以易有其艰深的一面，也有通俗的一面。总之，“易”之一字，就是要吾人过简朴的生活、讲实在的语言，存平易的心灵。凡事懂得“化繁就简”，那就是处世的上上之策了。

时代的退步

时代在进步，这是不容置疑的事实。我们看，经济生产方面，从最初的游牧到畜牧，进而农业，再到工业，现在是高度工业时代；宗教信仰方面，从自然宗教、英雄宗教，而到真理宗教；政治方面，从神权到皇权，进而民主时代，现在更进一步提倡生权，一切都在进步。但是，从另一个层面来看，随着时代进步，人类有某些方面的能力也在逐渐退步中，例如：

一、写字能力退步。中国的方块文字，是世界有名的文化艺术，尤其中国的书法，各种书体，挥洒起来真是龙飞凤舞，气势奔放。过去中国人从童蒙入学开始，就要练习写字，从写字可以看出一个人的学问、品格。但是自从电脑问世以后，现在中国的儿童、青年，习惯用电脑打字，记录文案。忽然之间，似乎大家都不用笔写字，也不会写字了，不免让人忧心：中国的写字文化今后要到哪里去找呢？所以，相对而言，这不是时代的退步吗？

二、走路能量减退。过去中国人通过双脚走路，行遍千山万水、万水千山，甚至发出豪语说“天下都在足下”。而今由于交通工具发达，出门都是

“以车代步”，中国人走路的体力减退了。现代人不只在都市以车代步，当然少有人走路。即使偏远的山区，交通网络遍布，公共汽车、火车、地铁等，都能代步。其实走路能训练耐力，走路能走出健康，但现代人走路的机会愈来愈少，走路的能量不断在减退，这也是时代的退步之一。

三、处理家务无能。过去每个家庭，家庭主妇固然有处理家务的能力，甚至男士对厨艺、园艺，也都能展露一手。近年来餐馆林立，到处都有小吃店，男女婚嫁后，也不讲究家务管理，只要你侬我侬，婚后都到外面的餐馆、小吃店用餐，不需要天天为家务忙碌辛苦就能生活。但是相对地，原本的家庭生活乐趣，也因时代的退步而减弱了。

四、沟通能力退化。春秋战国时代，许多游走各国的说客，他们以沟通的才华纵横于当代。历朝也有很多善于沟通的名士，甚至到了民国军阀割据，大家也都讲究沟通。但是到了现代，沟通双方的代表称为“密使”，可见沟通愈来愈退化了。职是之故，现在民间团体搬弄是非者有之，造成事端者有之，越沟通越糟者有之，真正能让双方皆大欢喜的沟通人选，又在哪里呢?

五、观察天象减弱。过去中国的一个乡下农夫，都能从四时节气，知道何时会下雨，应该适时播种；何时会起风，应该收拾细软。他们凭的不是知识，而是经验。过去民间听到鸟雀鸣叫，知道天将有异象；看到蚂蚁搬家，知道天将降雨。现代人都依靠气象台报告，但往往预测不准天气的变化，可见时代愈向前，人们观察大自然天气的能力，却是不进反退。

六、人体耐力不足。古老时代，人们靠力气走路，也靠力气做事，不管农工商，都要用力生产。但现在工业进步，生产以机器代替，人力甚少能用得上了，所以现代人的体力、耐力，也在逐渐退步中。

从以上所举，不禁要问：时代到底是进步了，还是退步了呢?

舞 台

舞台是表演戏剧的地方。演艺人员要有舞台，喜欢观赏各种歌唱戏剧表演的人，也要有舞台。其实，人生在世，每一个人都要有舞台，喜爱政治的人有政治舞台，喜爱教育的人也要有教学讲台。舞台、讲台，就是让人有用武之地也。

谈情说爱的人，要有情场让他驰骋。走江湖耍猴把戏的人，因为没有舞台，只有在街头巷尾临时就地发挥了。人生不能不重视舞台，只是舞台上的角色，从帝王将相到贩夫走卒，从忠臣孝子到奸猾小人，从热闹的喜剧到凄凉的悲剧，不管什么舞台，表演的人都有主角、配角，甚至丑角、跑龙套等各种角色之别。

我们在人生的舞台上，大家可曾想过，自己的角色是什么吗？甚至我们要具备什么条件才能有舞台呢？

一、坚守工作岗位的人有舞台。不管男女老少，无论专才通才，或是临时小工也罢，只要你能敬业，都有舞台。因为舞台上，固然需要男女主角，但也需要有人跑龙套，所谓扛旗打伞，也是需要各种人等配合。因此，只要你肯跟人合作，你有敬业的精神，舞台上的演员就不能少了你一个。

二、主动发心奉献的人有舞台。人生如戏，人生的舞台就要看各自的表演了。如果你能成为大牌、名演员，自然会有来自各方的邀请，但是在你还未成名立万之前，就必须要有敬业进取的精神，尤其要发心奉献，主动争取表演的机会。你不能计较角色的大小，也不要在乎报酬的厚薄，只要能演出，演得称职，演得让观众拍掌叫好，就是成功。《西厢记》里的丫环小红娘，不是也能成为主角吗？《秋霜寸草心》中，一个贫苦的儿童也能赚取多少人的眼泪。只要你有实力，你能主动发心，抱持奉献服务的精神，还怕未来不能成为一个光耀十方的明星吗？

三、具备才华抱负的人有舞台。舞台是勤劳人的用武之地，演出人间的公侯将相、士子学人，乃至人生百业、社会各色人等，都要靠我们展现才华。在人生的舞台上，只要适合自己的兴趣，只要对社会有益，都能随时听候别人的差遣，尽力发挥自己的所能，如此还怕人生没有用武之地吗？在人生的舞台上，有的人昙花一现，有的人历久不衰，原因无他，主要的就要看自己的才华、抱负和发心了。

四、心中怀有大众的人有舞台。舞台上的表演者，最重要的是要有观众。观众是表演者的衣食父母，是表演者的支持动力。如果演艺人员心目之中没有观众，不能以观众之心为心，不肯以大众之好为好，心目中没有人，就不容易在人生的舞台上立足、表演。所以，心中怀有大众的人，才有舞台，否则在人生的舞台上，即使不被自己淘汰，也会被社会大众所遗弃。

跑道

在世间，人所以能往来交通，因为有道路。过去的羊肠小道，靠人力挑担、推车运货。现代的道路不断加宽，汽车的跑道有双车道、四车道，甚至还有高速公路等。道路改变了世界，道路也改变了人生。人生需要各种“跑道”，有跑道才能跑出理想、目标。人生有些什么跑道呢？

一、选手的跑道。田径场上，运动员们各就自己的跑道，在起跑点上蓄势待发，只要裁判的枪声一响，大家无不一马当先，勇往向前，希望能跑得最快、最远，跑出人生的极限。尤其每次的奥林匹克运动大会，所有选手都希望在运动场上打破纪录。只要有人破了纪录，获得金牌，全世界的人都会为他鼓掌。所以，选手需要跑道，才能创造纪录，留下历史。

二、职业的跑道。每个人都需要有职业，职业也是每一个人的跑道。有的人从事教育工作，有的人在工商业发展，有的人投身军警、财经、外交等领域。只要对该项事业有深入的研究，并且有成绩贡献，他就能在这条跑道上不断发展，不断向前冲刺，以便对国家社会做出贡献。但有的人在职业的跑道上跑得不顺，就换跑道。一换跑道，过去在这条跑道上的历史、成绩，一笔勾销，重新来过。不过，有的人为了兴趣，为了人事，总之为了他的理由、原因，转换跑道也心甘情愿。有的人的跑道比较狭小，有的人的跑道比较宽阔，难如运动员一样，每个人的跑道都一样。在职业的跑道上，有的人为的是金钱，有的人为的是名位，有的人为的是兴趣，有的人是不得已。不管怎么样，人都应该有职业，所以在职业的跑道上都勇往向前。直到退休后，有的人仍希望有个比较轻松的跑道，让他能“退而不休”地继续向前跑。

三、信仰的跑道。人在信仰的跑道上，也希望跑出成绩：修身安心，减少烦恼，增加智慧。人在信仰的跑道上，也希望自己跑得远，跑得有所见，有所得：得到什么灵感，见到什么神父。这些当然只是一些普通的信仰，比较高级的信仰是，他觉得自己的心灵清净了，精神力量增加了，动荡的烦恼减少了，所以智慧好像灯光亮了起来。他在信仰的跑道上，找到的不是吃喝玩乐，找到的是法乐；找到的不是游山玩水之乐，而是与大自然融为一体的禅悦。他懂得往昔今朝，以及来生种种都是一体的。他对于信仰的终极提升了，在人格道德上，奉行人我一如的胜举。在信仰的跑道上，他好像是行云流水、腾云驾雾地自由解脱，已经不为庸俗的人事所烦恼了。

四、人生的跑道。人的一生，读书求学、结婚生子、工作升迁，在人生的跑道上，也有驿站供我们休息，同时也有同伴同行。家人、父母，结婚之后就要离我而去。儿女我在关心他们，能跟得上我的脚步吗？我也知道，在人生的跑道上，有人在为我喝彩，有人在为我惋惜，也有人给我批评，甚至要我帮忙。我只能以有限的能力，给他们些许的关怀。人生的跑道实在漫长，我很费力地在跑，有时候有人跟我并肩向前，有时候一堆人挤在一起，我想超越他们，但我要如何才能摆脱他们呢？跑到最后，觉得人生的跑道愈来愈孤单，同时起跑的人愈来愈少。跑到最后，有没有获得金牌、名次，都已不是那么重要了，因为轮回的人生，只要因缘具足，还会重来，还有机会再跑。

锦 绣

人生就如一块织锦。这块织锦如果绣工精细、构图典雅、色彩美丽，就会为人所喜爱。所以，创造锦绣人生，应该是每一个人的希望。什么是锦绣人生呢?

一、锦绣年华，是人生的开始。人生从婴儿呱呱坠地，慢慢成长至稍懂人事的童年，这时开始读书求学、结交朋友，之后求职创业，展开社交生活，一切无比顺遂，觉得人生前途真是无限美好，这也正是人生最灿烂的锦绣年华。

二、锦绣前程，是人生的希望。在锦绣年华时，一方面享受青春洋溢的美好岁月，一方面编织自己的前途未来，感到人生充满无限希望。锦绣前程的希望，一般人莫不向往组织一个幸福美满的家庭，能够娶个贤惠的妻子，生养两个可爱的儿女，而且从政经商都能如愿以偿，凭着社会的人望、事业的顺利，到处让人羡慕，这是锦绣前程最美好的梦想。

三、锦绣河山，是人生的家园。人生也不能只是关心自己，还要关心社会、关心国家，尤其关心大地。现在举世有不少环保人士，忧心人间的生态、地球的环境被破坏，所以积极投入环保工作，也呼吁世人重视环保。毕竟地球是人类共同的家园，唯有大家共同保护，一起创造锦绣河山，大家的生命才能有所依靠，所以锦绣山河不容糟蹋。

四、锦绣语文，是人生的表达。人生享受了锦绣的大自然，经历了锦绣的社会面，感受了锦绣人生的爱与欢乐后，也会很自然地从内心散发出锦绣般的内涵与特质。因此，所说的是锦绣的语言、所写的是锦绣的文章、所做的是锦绣的事情。每一个人都把自己的世界装点成锦绣的人间净土，在净土里任性逍遥地与大自然共舞，这是多么惬意的人生。

五、锦绣人生，是人生的追求。“锦绣人生”是大家共同追求的目标，锦绣人生不是梦想，而是可以实现的事实。其实，我们在社会上，每日三餐所吃，有农夫耕种；身上所穿，有工人织布；要外出，有各种交通设施；要娱乐，有很多演艺人员表演。我们不就像是生活在天堂一样，可以随心所欲，如愿所求，这不就是锦绣人生吗？因此，一个人如果不能感受到自己所过的是锦绣人生，那就太辜负人生的拥有了。

六、锦绣生命，是人生的未来。我们的人生享受着“众缘和谐”所成就的一切，不但缔造了自己的“锦绣生命”，自己也要立功、立德、立言。如此善因善缘，必能招感未来善美的果报。所以，我们不必挂念未来能否进入天堂，只要懂得“随缘消旧业，切莫造新殃”，现在的人生就已经在为我们创造未来的净土了。我们以当前锦绣人生的因缘，寻找一个锦绣人生的未来世界，那不是很自然的事吗？